# 英検®とは？

　文部科学省後援　実用英語技能検〔...〕「読む・聞く・話す・書く」を総合的に測定〔...〕が実施されて以来，日本社会の国際化に伴っ〔...〕は，学校・自治体などの団体を対象とした英語〔...〕どもを対象としたリスニングテスト「英検Jr.®」を合わせると，年間約420万人が受験しています。大学入試や高校入試，就職試験でも，英語力を測るものさしとして活用されており，入試においての活用校も年々増えています。アメリカ，オーストラリアを中心に，海外でも英検®は，数多くの大学・大学院などの教育機関で，留学時の語学力証明資格として認められています（英検®を語学力証明として認定している海外の教育機関は英検®ウェブサイトに掲載されています）。

# 本書の使い方

　本書は，2021年度第3回から2023年度第2回まで過去6回分の試験問題を掲載した，過去問題集です。**6回分すべてのリスニング問題CDがついています**ので，過去6回の本試験と同じ練習を行うことができます。また，リスニング問題の小問ごとにトラック番号を設定していますので，自分の弱点を知ること，そしてその弱点を強化するためにくり返し問題を聞くことができます。※収録時間の関係により，本CDでは解答時間が本試験よりも短くなっています。

　　また本書では，**英検®で出題されやすい項目と単語・イディオム・口語表現**を，効率的に学習できるようまとめてあります。過去問題と併せて活用していただければ幸いです。

　英検®では，能力を公正に測定するという試験の性格上，各回・各年度ほぼ同レベルの問題が出されます。したがって，試験はある程度限定されたパターンをとることになりますので，過去の試験問題をくり返し解き，本試験へと備えてください。

　本書を利用される皆様が，一日も早く栄冠を勝ちとられますよう，心より祈念いたします。

　英検®，英検Jr.®，英検IBA®は，公益財団法人 日本英語検定協会の登録商標です。

# CONTENTS

## 2023年度

# 2022年度

# 2021年度

本書は，原則として2024年1月10日現在の情報に基づいて編集しています。

# 受験ガイド

## 2024年度　試験日程（本会場）

| | | | |
|---|---|---|---|
| 第1回 | 申込期間 | 2024年3月15日〜5月5日 （書店は4月19日締切） | |
| | 試験日程 | 一次試験 | 2024年6月2日（日） |
| 第2回 | 申込期間 | 2024年7月1日〜9月6日 （書店は8月30日締切） | |
| | 試験日程 | 一次試験 | 2024年10月6日（日） |
| 第3回 | 申込期間 | 2024年11月1日〜12月13日 （書店は12月6日締切） | |
| | 試験日程 | 一次試験 | 2025年1月26日（日） |

※1〜3級には二次試験（面接）があります。
※クレジットカード決済の場合，申込締切は上記の日付の3日後になります。

## 申込方法

① 個人申込
・特約書店・・・検定料を払い込み，「書店払込証書」と「願書」を必着日までに協会へ郵送。
・インターネット・・・英検®ウェブサイト（https://www.eiken.or.jp/eiken/）から申込。
・コンビニ申込・・・ローソン・ミニストップ「Loppi」，セブン-イレブン・ファミリーマート「マルチコピー機」などの情報端末機から申し込み。

問い合わせ先　公益財団法人 日本英語検定協会
　　　　　　　TEL 03-3266-8311　英検®サービスセンター（個人受付）
　　　　　　　（平日9:30〜17:00　土・日・祝日を除く）

② 団体申込
団体申込に関しましては各団体の責任者の指示に従ってお申し込みください。

## 成績表

成績表には合否結果のほかに，英検バンド，英検CSEスコアも表示されます。

●**英検バンド**　一次試験，二次試験の合格スコアを起点として，自分がいる位置を＋，－で示したものです。例えば，英検バンドの値が＋1ならばぎりぎりで合格，－1ならば，もう少しのところで合格だったということがわかります。

●**英検CSEスコア**　欧米で広く導入されている，語学能力のレベルを示すCEFR（Common European Framework of Reference for Languages）に関連づけて作られた，リーディング，リスニング，ライティング，スピーキングの4技能を評価する尺度で，英検®のテストの結果がスコアとして出されます。4技能それぞれのレベルと総合のレベルがスコアとして出されます。

## スピーキングテストの受験期間

スピーキングテストは，英検®の申し込みをした当該回次の一次試験の合否結果閲覧可能日（一次試験実施日から約2週間後）から受験できます。利用終了日は，申し込みをした当該回次の二次試験（1～3級）実施日から1年を経過した日です。

※検定料，試験時間については，英検®ウェブサイトでご確認ください。

# 4級受験の注意点

## 解答用紙の記入についての注意

筆記試験，リスニングテストともに，別紙の解答用紙にマークシート方式で解答します。解答にあたっては，次の点に留意してください。

**1**　解答用紙には，はじめに氏名，生年月日などを記入します。生年月日はマーク欄をぬりつぶす指示もありますので，忘れずにマークしてください。

　不正確な記入は答案が無効になることもあるので注意してください。

| 解　答　欄 | | | | |
|---|---|---|---|---|
| 問題番号 | 1 | 2 | 3 | 4 |
| (1) | ① | ② | ③ | ④ |
| (2) | ① | ② | ③ | ④ |
| (3) | ① | ② | ③ | ④ |
| (4) | ① | ② | ③ | ④ |
| (5) | ① | ② | ③ | ④ |

**2**　マークはHBの黒鉛筆またはシャープペンシルを使って「マーク例」に示された以上の濃さで正確にぬりつぶします。

　解答の訂正は，プラスチックの消しゴムで完全に消してから行ってください。

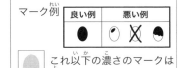

**3**　解答用紙を汚したり折り曲げたりすることは厳禁です。また，所定の欄以外は絶対に記入しないでください。

## 4級のめやすと試験の形式

### ●4級のめやす

　4級のレベルは中学中級程度で，**簡単な英語を理解し，それを使って表現できる**ことが求められます。

〈審査領域〉

**読む**……簡単な文章を理解することができる。
**聞く**……簡単な内容を理解することができる。
**話す**……簡単な内容についてやりとりすることができる。
**書く**……簡単な文を書くことができる。

## ●4級試験の内容と形式

4級は一次試験（筆記試験とリスニングテスト）とスピーキングテストがあります。一次試験は筆記試験，リスニングテストの順に行われます。

## 筆記（35問・35分）

筆記試験は，4つの大問で構成されており，問題数は35問です。この35問の問題を35分かけて解きます。

| 大問 | 内容 | 問題数 |
|---|---|---|
| 1 | **短文の穴うめ問題** 短文または短い会話文を読み，文脈に合う適切な語句を補う。 | 15問 |
| 2 | **会話文の穴うめ問題** 1〜1.5往復程度の会話文を読み，会話文中の空所に適切な文や語句を補う。 | 5問 |
| 3 | **語句の並べかえ問題** 与えられた語句を，日本文の意味を表すように並べかえ，それらを並べかえた際に2番目と4番目にくる語句の組み合わせを選ぶ。 | 5問 |
| 4 | **長文の内容に関する問題** 掲示・案内，Eメール（手紙文），説明文などの内容に関する質問に答える。 | 10問 |

## リスニング（30問・約30分）

リスニングテストは，第1部〜第3部で構成されており，問題数は30問です。この30問の問題を約30分かけて解きます。

| 大問 | 内容 | 問題数 |
|---|---|---|
| 1 | **会話の返事を選ぶ問題** 会話文を聞き，会話の最後の発話に対する応答として最も適切なものを補う。 | 10問 |
| 2 | **会話の内容に関する質問** 会話文を聞き，会話の内容に関する質問に答える。 | 10問 |
| 3 | **文の内容に関する質問** 物語文や説明文などを聞き，その内容に関する質問に答える。 | 10問 |

## スピーキング（5問・約4分）

| | |
|---|---|
| 受験資格 | 一次試験の合否に関係なく，申込者全員が受験できる。 |
| 試験方法 | 面接委員と対面して行われるテストではなく，コンピューター端末を使った録音形式で実施される。自宅や学校のパソコン，スマートフォン，タブレット端末等から，インターネット上のスピーキングテストサイトにアクセスして受験する。 |
| 受験日 | 英検®の申し込みをした当該回次の一次試験合否結果閲覧可能日から，受験が可能になる。利用終了日は当該回次の二次試験日（1〜3級）から1年を経過した日まで。 |
| 合否判定 | 4級認定については一次試験の結果のみで合否を判定する。スピーキングテストの結果は現状の級認定とは別に，「4級スピーキングテスト合格」として判定される。合否結果はパソコンを通して録音される解答を採点官が採点したうえ，後日通知される。 |

| 大問 | 内容 | 問題数 |
|---|---|---|
| | **音読** 画面上に，イラストとその内容を説明する25語程度の英文が示される。その英文を黙読したあと，音読する。 | 1問 |
| No. 1, 2 | **英文の内容に関する質問** 音読した英文の内容に関する英語の質問を聞き，それぞれの質問に対して英語で解答する。 | 2問 |
| No. 3 | **イラストの内容に関する質問** イラスト内の人物や物の行動や様子に関する英語の質問を聞き，その質問に対して英語で解答する。 | 1問 |
| No. 4 | **解答者自身に関する質問** 英文の内容に関連して解答者自身に関する質問を聞き，その質問に対して英語で解答する。質問は，英文の内容と関連しない場合もある。 | 1問 |

# 4級の傾向と対策

英検®は出題パターンがある程度決まっているため，過去の問題を何度も解いて傾向をつかめば，本番にも効果的。慣れてきたら，本番どおりの時間配分で解いてみよう。

## 筆記テスト

### 1 短文の穴うめ問題

★出題傾向

短文／会話文の（　　）の中に適する語句を4つの選択肢から選び，英文を完成させる。

> **対策**
> * 重要単語・イディオム・文法が問われるので，よく出るものを復習しておく。
> * （　　）の中にはどのような品詞がくるか，前後とのつながりにふさわしいものは何かを正確につかむことが大切。

### 2 会話文の穴うめ問題

★出題傾向

会話文の（　　）の中に適する文を4つの選択肢から選び，会話を完成させる。

> **対策**
> * 相手の発言に対する応答の文を選ぶ場合が多いが，問いかけの文を選ぶこともある。
> * （　　）の直前・直後の発言がポイントとなるので，しっかり読んで意味をつかむことが大切。
> * 疑問詞・助動詞を使った疑問文がよく出題される。
> * 依頼や許可を表す疑問文，口語表現の決まり文句には要注意。

# 3 語句の並べかえ問題

★出題傾向

　日本語の文を読み，その意味に合うように英文中の語句を並べかえる。5つの語句を並べかえ，その2番目と4番目の語の組み合わせを4つの選択肢の中から選ぶ。

## 対策

- 日本語をよく読んで，肯定文・疑問文・否定文，命令文，過去の文・未来の文などのどれにあたるかをつかみ，文の構造を判断する。
- まず文の基幹となる主語と動詞を見つけ，それから目的語など，他の部分を考えていく。

# 4 長文の内容に関する問題

　以下の**A** **B** **C**の種類の出題形式がある。

## 対策（全長文問題共通）

　まず質問文を読んでから長文を読むようにするとよい。何が問われているかをつかんでから英文を読むことで，効率的に読み進めることができる。また過去問など多くの長文を音読することで，読解力が鍛えられる。

## **A** 掲示・表など

★出題傾向

　掲示や表などを読み，その内容に関する質問の答えを4つの選択肢から選ぶ。

●質問数

　長文1つに質問2問が基本。

## ●長文の体裁
・短くて簡潔な表現が使われている。省略表現も多い。
・大切なことは，めだつように大きな文字で書いてある。
## ●長文のテーマ
・行事やメンバー募集のお知らせ，広告，スケジュールなど。

**対策**

> 掲示などの特性から，未来に予定されていることが問われる出題が多い。日付・曜日・時刻など時を表すことばと，場所を表すことばには特に注意する。

# Ⓑ Eメール（手紙文）

## ★出題傾向
Eメールや手紙文を読み，その内容に関する質問の答えを4つの選択肢から選ぶ。近年はEメールの出題がほとんどである。
## ●質問数
長文1つに質問3問が基本。
## ●長文の体裁
・Eメールと手紙文には特有の体裁がある。特にEメールの体裁は独特で，ヘッダに多くの情報がつまっているので必ずチェックしたい。

〈Eメール・ヘッダの形式〉

From: Jane Smith ……………………………………… 差出人（書き手）
To: Ai Suzuki ………………………………………… 受取人（読み手）
Date : July 22 ……………………………………… 日付（メール送信日）
Subject: Birthday Card … 件名（本文のテーマになっていることが多い）
## ●長文のテーマ
・友だちや家族にあてたEメール（手紙）が多く，テーマも日常生活に関するものが多い。

主に５つのW〈When（時），Where（場所），Who（人），What（もの），Why（理由）〉が問われる。特に時を表すことばは解答のカギになることが多いので，チェックしながら英文を読むとよい。

## C 英文（物語文）

### ★出題傾向
英文を読み，その内容に関する質問の答えを４つの選択肢から選ぶ。

### ●質問数
長文１つに質問５問が基本。

### ●長文の体裁
・３〜４段落のまとまった量の長文。
・時間の流れに沿って書かれていることが多い。

### ●長文のテーマ
・日常生活の１コマを切り取ったもの。

**対策**

- 第１段落から，物語の中心となる人物と人間関係，周囲の環境などをつかむ。
- 物語の展開，流れを正しくつかめるように，5W1H，「いつ」「どこ」「だれ」「何」「なぜ」「どのようにして」に注意しながら読む。
- 質問文の順番と英文の流れは原則として一致しているので，まず質問文を読み，その答えとなる箇所を順番に英文から探すとよい。

# リスニングテスト

## 【第1部】会話の返事を選ぶ問題

★出題傾向

　会話の最後のせりふに対する応答として適するものを3つの選択肢から選ぶ。選択肢もすべて音声で,問題用紙にはイラストのみがある。

●放送されるもの

　会話1回目→選択肢1回目→会話2回目→選択肢2回目

### 対策

- 放送文が流れる前
　→問題用紙のイラストを見て,会話の場面を想像する。
- 会話・選択肢1回目
　→会話している2人の関係と,最後の文の発言内容をつかむ。
- 会話・選択肢2回目
　→最後の文にふさわしい応答を考えながら聞き,解答する。

## 【第2部】会話の内容に関する質問

★出題傾向

　会話を聞き,その内容に関する質問の答えを4つの選択肢から選ぶ。

●放送されるもの

　会話1回目→質問文1回目→会話2回目→質問文2回目

13

- 放送文が流れる前
  →問題用紙の4つの選択肢に目を通して，会話の内容を想像しておく。
- 会話・質問文1回目
  →AとBの人間関係をつかむ。
  →会話に関する質問の内容をつかむ。
  Wh疑問文が多いので，特に文の最初に注意。
- 会話・質問文2回目
  →質問の内容を頭に入れて，会話の中で答えとなる情報を確認。

## 【第3部】文の内容に関する質問

### ★出題傾向
英文を聞き，その内容に関する質問の答えを4つの選択肢から選ぶ。

### ●放送されるもの
英文1回目→質問文1回目→英文2回目→質問文2回目

対策

- 放送文が流れる前
  →問題用紙の4つの選択肢に目を通して，英文の内容を想像しておく。
- 英文・質問文1回目
  →英文のテーマをつかむ。数字や人の名前には特に注意。
  →英文に関する質問の内容をつかむ。
  Wh疑問文が多いので，特に文の最初に注意。
- 英文・質問文2回目
  →質問の内容を頭に入れて，英文の中で答えとなる情報を確認。

# スピーキングテスト

## ★出題傾向

身近な場面を表すイラストが用いられる。質問内容は，イラストに描かれている人物やものについて問うものと，イラストの内容に関連して解答者自身のことを答えるもの（例えば，イラストにバナナの絵が描かれていれば，Do you like fruit?「あなたはくだものが好きですか」，What fruit do you like?「あなたはどんなくだものが好きですか」など）である。

## 対策

- 音読では，特に速く読もうとせずに，はっきり発音するように心がけよう。

- 「だれ」「何」「いつ」「どこで」「どのように」の基本的な質問内容のほか，「年齢」「時間」「数」「色」などをたずねる表現に慣れておこう。

- イラストに描かれている人やもの・動物などを含む文について，「時」「場所」「手段」などを表す語句に注意して音声を聞こう。

- 自分の趣味，好きなものやこと（食べ物，スポーツ，季節など），ふだんしていることなどについて，英語で簡単に説明できるようにしておこう。

- 英検®ウェブサイトでスピーキングテストのサンプル問題が公開されているので，受験前に見て，実際の試験がどのようなものかよく確認しておこう。

15

※スピーキングに関する音声は，本書CDには収録されていません。

---

### Judy's Future

Judy likes flowers very much.  Judy goes to parks and gardens to see flowers on Sundays.  Judy is going to study flowers at college.

※上記四角の枠内が受験者に画面上で提示される情報です。

【質問】

（下記質問の前に，パッセージ（英文）の黙読・音読タスクが課されます）

No. 1　Please look at the passage.  What is Judy going to do?

No. 2　Where does Judy go to see flowers?

No. 3　Please look at the picture.  What is the man doing?

No. 4　Do you like to see flowers?

　　　　Yes. — What flower do you like?

※実際の画面はカラーです。

# スピーキングテスト 予想問題・1の解答例と解説

**訳** ジュディーの将来

　ジュディーは花が大好きです。ジュディーは毎週日曜日に，花を見るために公園や庭園に行きます。ジュディーは大学で花を研究するつもりです。

**質問の訳**

No. 1　本文を見てください。ジュディーは何をするつもりですか。

No. 2　ジュディーは花を見るためにどこへ行きますか。

No. 3　イラストを見てください。男性は何をしていますか。

No. 4　あなたは花を見ることが好きですか。

　　　　はい。→あなたはどんな花が好きですか。

## No.1　解答例　She is going to study flowers.

**解答例の訳** 彼女は花を研究するつもりです。

**解説** ジュディーが将来しようと考えていることをたずねている。最後の文に，質問と同じ be going to ～「～するつもりだ」を使った文があることに着目する。最後に at college を加えてもよい。

## No. 2　解答例　She goes to parks and gardens.

**解答例の訳** 彼女は公園や庭園に行きます。

**解説** ジュディーが花を見に行く場所は2つめの文の parks and gardens「公園や庭園」。最後に to see flowers を加えてもよい。

## No. 3　解答例　He is drinking water.

**解答例の訳** 彼は水を飲んでいます。

**解説** イラストの内容に関する質問。イラストの中の男性は水を飲んでいる。質問と同じ現在進行形を使って答える。water「水」は数えられない名詞なので，a をつけたり複数形にしたりしないように注意する。

## No. 4　解答例　I like roses.

**解答例の訳** 私はバラが好きです。

**解説** 受験者自身に関する質問。自分が好きな花を I like ～. の形で答える。花を見ることに関心がなければ，最初の質問には No, I don't. と答える。

17

## スピーキングテスト　予想問題・2

※スピーキングに関する音声は，本書CDには収録されていません。

---

### Tom's Hobby

Tom is interested in animals.　Tom often goes to a zoo and enjoys watching animals on Sunday.　Tom hopes to visit many zoos in the world.

※上記四角の枠内が受験者に画面上で提示される情報です。

---

### 【質問】
### （下記質問の前に，パッセージ（英文）の黙読・音読タスクが課されます）

No. 1　Please look at the passage.　What does Tom hope to do?

No. 2　When does Tom go to a zoo?

No. 3　Please look at the picture.　What is the woman doing?

No. 4　Do you have a pet?

　　　　Yes. ─ What pet do you have?

※実際の画面はカラーです。

**訳**　トムの趣味

　トムは動物に興味を持っています。トムは日曜日によく動物園に行って，動物を見て楽しんでいます。トムは世界のたくさんの動物園を訪れたいと思っています。

**質問の訳**

No. 1　本文を見てください。トムは何をしたいと思っていますか。

No. 2　トムはいつ動物園に行きますか。

No. 3　イラストを見てください。女性は何をしていますか。

No. 4　あなたはペットを飼っていますか。

　　　　はい。→あなたはどんなペットを飼っていますか。

## No. 1　解答例　He hopes to visit many zoos in the world.

**解答例の訳**　彼は世界のたくさんの動物園を訪れたいと思っています。

**解説**　トムがしたいと思っていることをたずねている。最後の文にhope to ～「～したい」を使った文があり，トムがしたいことが書かれている。

## No. 2　解答例　He goes to a zoo on Sunday.

**解答例の訳**　彼は日曜日に動物園に行きます。

**解説**　トムがいつ動物園に行くかをたずねている。2つめの文のon Sunday「日曜日に」が答えにあたる部分。enjoy ～ingは「～して楽しむ」という意味。

## No. 3　解答例　She is taking a picture.

**解答例の訳**　彼女は写真を撮っています。

**解説**　イラストの内容に関する質問。イラストの中の女性は，父親と息子の写真を撮っている。質問と同じ現在進行形を使って，She is ～ingの形で答える。「写真を撮る」はtake a pictureで表す。

## No. 4　解答例　I have a cat.

**解答例の訳**　私は猫を飼っています。

**解説**　受験者自身に関する質問。自分が飼っているペットをI have ～.の形で答える。ペットを飼っていなければ，最初の質問にNo, I don't.と答える。その場合，「どのようなペットがほしいか」，「どのような動物が好きか」，といった質問が予想される。

# よく出る語句を覚えよう

※p.20〜p.44は付属の赤シートで答えや意味などを隠して取り組みましょう。

| 重要な語句・表現 1 | 名詞・代名詞 |
|---|---|

人やものの名前を表す名詞はすべての基本。建物，食べ物，乗り物など，日常生活でよく使うことばを覚えよう。代名詞は性別と形に注意しよう。

**練習問題** （　）に入る語句を選びなさい。

**1** Hurry up!  The train will arrive at the ( **4** ) soon.

**1** school　　**2** library　　**3** post office　　**4** station

**訳**「急ぎなさい。もうすぐ列車が駅に到着しますよ。」

**解説** 「列車」(train)が「到着する」(arrive)場所なので, station「駅」が適切。

**2** This is a ( **2** ) for your birthday. ― Oh, thank you!

**1** hobby　　**2** present　　**3** job　　　　**4** kind

**訳**「これ, きみの誕生日のプレゼントだよ。― まあ, ありがとう！」

**解説** 誕生日(birthday)にあげるものはpresent「プレゼント」。

**3** What's your favorite ( **3** )? ― I like science the best.

**1** sport　　**2** club　　　**3** subject　　**4** festival

**訳**「あなたのいちばん好きな科目は何ですか。― 理科がいちばん好きです。」

**解説** scienceという科目名を答えているので, subject「科目, 教科」が正解。

**4** Jack was able to get two ( **3** ) for the concert.

**1** cards　　**2** passports　**3** tickets　　**4** reports

**訳**「ジャックはそのコンサートのチケットを2枚手に入れることができた。」

**解説** for the concert「そのコンサートのための」から, tickets「チケット」を選ぶ。

**5** Which ( **3** ) do you like the best? ― Summer.

**1** date　　　**2** weather　**3** season　　**4** time

**訳**「あなたはどの季節がいちばん好きですか。― 夏です。」

**解説** 「夏」と答えているので, 好きなseason「季節」をたずねている。

*6* Makoto went on a bus ( **1** ) to Nagano last weekend.

    **1** trip        **2** uniform        **3** guest        **4** step

🈯「マコトは先週の週末,長野までバス旅行に出かけた。」

【解説】 バス(bus)で長野まで行ったということなので,trip「旅行」が適切。

*7* I drink much ( **2** ) for breakfast.

    **1** lunch        **2** milk        **3** egg        **4** bread

🈯「私は朝食にたくさんのミルクを飲みます。」

【解説】 動詞がdrink「～を飲む」で,直前に数えられない名詞につける much「たくさんの」があるので,milkが適切。

*8* Many birds are flying in the ( **4** ).

    **1** ground        **2** roof        **3** sea        **4** sky

🈯「たくさんの鳥が空を飛んでいます。」

【解説】 鳥が飛ぶ場所なので,sky「空」が適切。

*9* The train ran through the long ( **1** ).

    **1** tunnel        **2** river        **3** street        **4** holiday

🈯「列車は長いトンネルを走りぬけました。」

【解説】 throughは「～を通りぬけて」という意味。通りぬけるものなので tunnel「トンネル」が適切。

*10* Katie showed ( **3** ) her new camera.

    **1** my        **2** mine        **3** me        **4** our

🈯「ケイティーは私に彼女の新しいカメラを見せてくれた。」

【解説】 〈show＋(人)＋(物)〉「人に物を見せる」。

*11* Bob is my new friend. I talk with ( **2** ) every day.

    **1** his        **2** him        **3** their        **4** them

🈯「ボブは私の新しい友だちだ。私は彼と毎日話す。」

【解説】 前置詞のwith「～と一緒に」の後にはhim「彼を[に]」の形が続く。

*12* Is this your sister's bag? — No. It's ( **4** ).

    **1** I        **2** my        **3** me        **4** mine

🈯「これはあなたのお姉[妹]さんのバッグですか。― いいえ,それは私のです。」

【解説】 「(姉[妹]のバッグではなく)私のバッグだ」という答えになるよう に,mine「私のもの」を選ぶ。ここでは,mineはmy bagのこと。

# 重要な語句・表現2 | 動詞の形

英語では，現在・過去・未来や主語によって動詞の形が変わる。時を表すことばや主語の数に注意しよう。

**◆練習問題◆** （　）に入る語句を選びなさい。

**1** I （ 3 ） John on the street last Sunday.

    **1** see      **2** sees      **3** saw      **4** seeing

    **訳**「この間の日曜日，私は通りでジョンを見かけた。」

    **解説** last Sunday「この間の日曜日」が過去の時間を表すので，過去形sawを選ぶ。

**2** Yuki and I （ 3 ） good friends.

    **1** am      **2** is      **3** are      **4** was

    **訳**「ユキと私は仲のよい友だちである。」

    **解説** 主語がYuki and I「ユキと私」で複数なので，be動詞の形はareとなる。

**3** （ 2 ） your parents like baseball, too? — No, they don't.

    **1** Does      **2** Do      **3** Are      **4** Is

    **訳**「あなたのご両親も野球が好きですか？ — いいえ，好きではありません。」

    **解説** 主語はyour parents「あなたの両親」で複数の人。一般動詞の疑問文の形は〈Do＋主語＋動詞の原形 〜?〉となる。

**4** Paul and Alice （ 4 ） watch a soccer game next Saturday.

    **1** does      **2** will be      **3** is going to    **4** are going to

    **訳**「ポールとアリスは，今度の土曜日にサッカーの試合を見る予定だ。」

    **解説** 主語がPaul and Aliceで複数の人。未来の予定はare going to〜で表す。

**5** I （ 4 ） your cell phone when I get home.

    **1** am      **2** am call      **3** called      **4** will call

    **訳**「家に着いたら，あなたの携帯電話に電話します。」

    **解説**「電話する」はこれからすることなので，未来形のwill callが適切。

*6* Where is Mom? — In the garden. She is ( 3 ) some flowers.

    **1** plant     **2** plants     **3** planting     **4** planted

**訳**「ママはどこにいるの？ — 庭だよ。ママなら庭で花を植えてるよ。」

**解説** 現在進行している動作を表すように, plantingを入れる。

*7* Anne wants ( 3 ) a volleyball club.

    **1** join     **2** joined     **3** to join     **4** joining

**訳**「アンはバレーボール部に入りたがっている。」

**解説** wantは不定詞（to＋動詞の原形）を目的語にとるので, 正解はto join。

*8* Tom stopped ( 1 ) TV and began to study.

    **1** watching     **2** watches     **3** watched     **4** to watch

**訳**「トムはテレビを見るのをやめて, 勉強し始めた。」

**解説** stop ～ing（動名詞）で「～するのをやめる」という意味。

*9* You must ( 1 ) this work by tomorrow.

    **1** finish     **2** finishes     **3** to finish     **4** finishing

**訳**「あなたは明日までにその仕事を終わらせなければなりません。」

**解説** mustは助動詞なので, あとに動詞の原形を続ける。

*10* My mother ( 4 ) cookies when I went into the living room.

    **1** eats     **2** ate     **3** is eating     **4** was eating

**訳**「私が居間に入っていったとき, 母はクッキーを食べていました。」

**解説** 「居間に入っていったとき」と過去のある時点で母がしていたことを表すので, 過去進行形〈was[were]＋ing形〉で表す。

*11* We will go fishing if it ( 3 ) sunny tomorrow.

    **1** be     **2** will be     **3** is     **4** was

**訳**「明日晴れたら私たちは釣りに行くつもりです。」

**解説** if「（もし）～ならば」に続く文の中では未来のことでも動詞は現在形を使う。

# 重要な語句・表現3 | 形容詞・副詞

happy「幸せな」やrainy「雨降りの」など，人やものごとのようすを表すのが形容詞。副詞は動詞や形容詞を修飾する働きをする。

**練習問題** （　）に入る語句を選びなさい。

**1**　Dictionaries are very (　2　) when you study English.

   **1**　difficult　　**2**　useful　　**3**　sunny　　**4**　happy

  **訳**「英語を勉強するとき，辞書はとても役に立つ。」

  **解説**　dictionaries「辞書」とstudy Englishを手がかりに，useful「役に立つ」を選ぶ。

**2**　The singer is very (　4　). Many people listen to his albums.

   **1**　small　　**2**　angry　　**3**　different　　**4**　popular

  **訳**「その歌手はとても人気がある。多くの人々が彼のアルバムを聞く。」

  **解説**　2番目の文から，歌手は「人々に人気がある」と考える。正解はpopular。

**3**　It's (　1　) today, so let's stay home and watch some DVDs.

   **1**　rainy　　**2**　free　　**3**　busy　　**4**　soft

  **訳**「今日は雨が降っているから，家にいてDVDを見ようよ。」

  **解説**　「家にいる」(stay home)理由となるのは，1のrainy「雨降りの」。

**4**　Be (　3　). The box is very heavy.

   **1**　quiet　　**2**　sad　　**3**　careful　　**4**　favorite

  **訳**「気をつけて。その箱はとても重いよ。」

  **解説**　Be careful.で「注意しなさい」という意味の命令文になる。

**5**　How was the party last night? — It was really (　4　).

   **1**　kind　　**2**　poor　　**3**　quick　　**4**　fun

  **訳**「昨晩のパーティーはどうだった？ — とても楽しかったよ。」

  **解説**　パーティーの感想を表す語が入る。fun「楽しい」が適切。

*6*　There is (　4　) water in the glass.

**1**　many　　　　**2**　few　　　　**3**　a few　　　　**4**　little

訳「グラスにはほとんど水が入っていません。」

**解説**　water「水」は数えられない名詞。manyとfewは数えられる名詞に使う。littleやfewにaをつけないと「ほとんど〜ない」という意味になる。

*7*　Nami can speak English very (　3　).

**1**　much　　　　**2**　long　　　　**3**　well　　　　**4**　high

訳「ナミはとても上手に英語を話すことができる。」

**解説**　英語を話す様子を表す副詞としては, well「上手に」が適切。

*8*　Please slow down.　You walk too (　2　).

**1**　early　　　　**2**　fast　　　　**3**　much　　　　**4**　late

訳「もっとペースを落としてちょうだい。あなたは歩くのが速すぎるわ。」

**解説**　「ペースを落とす」(slow down)ように頼んでいる理由は, 相手が「速く歩きすぎる」から。正解はfast「速く」。tooは「あまりにも」という意味。

*9*　Takuya came home (　2　) because he practiced soccer after school.

**1**　ago　　　　**2**　late　　　　**3**　away　　　　**4**　often

訳「タクヤは放課後サッカーを練習したので, 遅く家に帰った。」

**解説**　because以下で述べている理由から, 「帰宅時間が遅くなった」と考える。正解はlate「遅く」。came home late「遅く家に帰った」の語順にも注意。

*10*　Your brother has (　3　) many CDs!

**1**　much　　　　**2**　not　　　　**3**　so　　　　**4**　few

訳「あなたのお兄[弟]さんはとてもたくさんのCDを持っていますね。」

**解説**　many「たくさんの」を強調するときにはsoを使う。

*11*　I drank coffee (　4　) before I went to bed.

**1**　very　　　　**2**　few　　　　**3**　well　　　　**4**　a little

訳「私は寝る前にコーヒーを少し飲みました。」

**解説**　動作について「少し〜する」と言うときはa littleを使う。

# 重要な語句・表現4 | 助動詞

動詞にさまざまな意味をつけ加える働きをするのが助動詞。助動詞は動詞のすぐ前に置き，主語が何であっても動詞は原形（もとの形）になる。

**◆練習問題◆** （　）に入る語句を選びなさい。

**1** Can Jane ( **1** ) Japanese? — Yes, she can.

   **1** speak　　　**2** speaks　　　**3** speaking　　　**4** spoke

**訳**「ジェーンは日本語を話せますか。— はい，話せます。」

**解説** 助動詞canは「〜できる」（≒be able to）という意味。主語が3人称単数のJaneでも，助動詞の後の動詞は原形。

**2** You ( **3** ) finish your homework before you watch TV.

   **1** are　　　**2** may　　　**3** must　　　**4** do

**訳**「テレビを見る前に宿題を終わらせないといけないよ。」

**解説** 宿題を終わらせるように強い調子で言っているので，must「〜しなければならない」が適切。

**3** You ( **3** ) run in this building.　Walk slowly.

   **1** can　　　**2** will not　　　**3** must not　　　**4** have to

**訳**「この建物の中で走ってはいけません。ゆっくり歩きなさい。」

**解説** must notは「〜してはならない」という禁止の意味を表す。

**4** I have ( **3** ) home early tomorrow morning.

   **1** left　　　**2** to leaving　**3** to leave　　　**4** leave

**訳**「私は明日の朝早く家を出発しないといけません。」

**解説** 〈have to＋動詞の原形〉は〈must＋動詞の原形〉とほぼ同じ意味。

**5** Today is a holiday, so Masao ( **4** ) have to go to school.

   **1** isn't　　　**2** don't　　　**3** not　　　**4** doesn't

**訳**「今日は休日なので，マサオは学校に行かなくてもよい。」

**解説** 〈don't have to＋動詞の原形〉は「〜しなくてもよい，〜する必要はない」という意味。mustの否定形must not「〜してはいけない」とは違う意味になるので，注意しよう。

*6* ( **2** ) you show me the magazine?

    **1** Are       **2** Will       **3** Shall       **4** May

**訳**「私にその雑誌を見せてもらえますか。」

**解説** Will you ～?で「～してくれませんか」と人に何かを頼む言い方。Would you ～?「～していただけませんか」とすると,よりていねいな頼み方になる。

*7* ( **4** ) I carry one of these boxes? — Oh, thank you.

    **1** Does       **2** Have       **3** Will       **4** Shall

**訳**「これらの箱の1つを運びましょうか? — まあ,ありがとう。」

**解説** Shall I ～?で「(私が)～しましょうか」と申し出る言い方。

*8* ( **2** ) I visit your office this afternoon? — Yes, of course.

    **1** Have       **2** May       **3** Will       **4** Do

**訳**「今日の午後,あなたの事務所に伺ってもよろしいですか? — ええ,もちろんですよ。」

**解説** May I ～?で「～してもよろしいですか」と許可を求める言い方。改まった感じのする言い方なので,親しい人同士ではCan I ～?が使われる。

*9* That English book was difficult, so Ryo ( **1** ) read it at all.

    **1** could not   **2** must not   **3** is not      **4** shall not

**訳**「その英語の本は難しかったので,リョウはまったく読むことができなかった。」

**解説** 〈could not＋動詞の原形〉で「～することができなかった」という意味。couldはcanの過去形。

*10* ( **4** ) I have your name, please?

    **1** Must       **2** Do       **3** Would       **4** Could

**訳**「あなたのお名前を伺ってもよろしいでしょうか。」

**解説** Could I ～?で「～してもよろしいでしょうか」という意味。May I ～?よりもさらにていねいに許可を求める言い方。

# 重要な語句・表現5 | 疑問文

Who「だれ」，When「いつ」，Where「どこ」，Why「なぜ」，What「何」，Which「どちら」，How「どのように」などの疑問詞で始まる疑問文は，筆記試験だけでなく，リスニングでも聞き取りのポイントとなる。

**練習問題** （ ）に入る語句を選びなさい。

*1* （ **2** ）are you going to move to Osaka, Mr. Sasaki? ― Next month.

**1** Why **2** When **3** Where **4** What

**訳**「ササキさん，あなたはいつ大阪に引っ越す予定ですか。― 来月です。」

**解説** いつ大阪に引っ越す予定かをたずねている。正しい疑問詞はWhen「いつ」。

*2* （ **1** ）do you usually do on weekends? ― I enjoy playing tennis.

**1** What **2** How **3** Where **4** Why

**訳**「あなたは週末はふつう何をしますか。― 私はテニスを楽しみます。」

**解説** 後のdoは「～をする」という意味の一般動詞。このdoの目的語になる物事を知りたいのでWhat「何」を使ってたずねる。

*3* Jane, （ **4** ）is your umbrella, this one or that one? ― This one.

**1** who **2** when **3** whose **4** which

**訳**「ジェーン，この傘とあの傘のどちらがあなたのですか。― この傘です。」

**解説** 「（2つのうち）どちら？」とたずねる場合は，疑問詞はWhichを使う。代名詞のoneはすべてumbrellaの代わり。

*4* （ **4** ）told you about the village? ― My grandfather did.

**1** What **2** Which **3** Whose **4** Who

**訳**「だれがあなたにその村のことを話したのですか。― 私の祖父です。」

**解説** 答えの文がMy grandfather did(＝told me about the village).で，「村のことを話した人」を答えているので，正解はWho。

*5* Karen, ( **3** ) were you late for school this morning? — I had a headache.

    **1** where　　**2** how　　**3** why　　**4** when

訳「カレン，どうして今朝学校に遅刻したの？ — 頭が痛かったのです。」

解説 カレンが学校に遅刻した理由をWhy「なぜ」でたずねる文。

*6* ( **3** ) is it in all? — It's 4,800 yen.

    **1** How far　　**2** How many　**3** How much　**4** How long

訳「全部でいくらになりますか。— 4,800円になります。」

解説 金額を「いくら？」とたずねるときはHow muchを使う。

*7* ( **4** ) can I get a ticket for the concert?

    **1** What　　**2** Who　　**3** Which　　**4** How

訳「そのコンサートのチケットをどうやって手に入れられますか。」

解説 Howは「どうやって」と手段・方法をたずねるときに使う。ほかの選択肢では文が成り立たない。

*8* ( **3** ) are you going to stay at the hotel?

    **1** What time　**2** What kind　**3** How long　　**4** How many

訳「そのホテルにはどれくらい滞在する予定ですか。」

解説 〈be going to＋動詞の原形〉は予定を表す。ホテルに滞在する予定についてたずねているので，滞在期間をたずねるHow long「どれくらいの間」が合う。

# 重要な語句・表現６ | 接続詞・前置詞

接続詞は，and「そして，〜と…」，but「しかし」，when「〜するとき」，because「〜だから」など語句と語句，文と文をつなぐ語である。前置詞は，in，at，to，onなど，つづりの短い語が多いが，いろいろな意味を持つものが多い。

**◆練習問題◆** （　）に入る語句を選びなさい。

*1*　In Japan, school usually begins （　2　） April.

　　**1**　on　　　　　**2**　in　　　　　**3**　at　　　　　**4**　from

　　**訳**「日本で，学校はふつう４月に始まる。」

　　**解説**　「〜月に」という場合，前置詞はin。ほかに，年号や季節などにもinを使う。

*2*　We visited the museum （　2　） the first day of our trip.

　　**1**　in　　　　　**2**　on　　　　　**3**　from　　　　**4**　at

　　**訳**「私たちはその美術館を旅行の初日に訪問した。」

　　**解説**　「特定の日に」という場合，前置詞はonを用いる。on Sunday「日曜日に」，on March 15「３月15日に」，on his 10th birthday「彼の10歳の誕生日に」など。

*3*　The concert begins （　3　） 6:00.

　　**1**　in　　　　　**2**　on　　　　　**3**　at　　　　　**4**　from

　　**訳**「コンサートは6時に始まります。」

　　**解説**　「〜時に」と時刻を言う場合，前置詞はat。「〜から始まる」と考えてfromを選ばないよう注意。

*4*　The French restaurant is open （　2　） 11:00 a.m. to 10:00 p.m.

　　**1**　off　　　　　**2**　from　　　　**3**　in　　　　　**4**　at

　　**訳**「そのフランス料理店は午前11時から午後10時まで営業しています。」

　　**解説**　from A to Bで「AからBまで」という意味。時間・場所の両方に使える。from Tokyo to Hakata「東京から博多まで」

*5*　It is sunny, (　2　) it is very cold today.

**1**　and　　　　　**2**　but　　　　　**3**　so　　　　　**4**　or

訳 「今日は晴れているが, とても寒い。」

解説 対照的な内容をつなぐ接続詞はbut。

*6*　There are some beautiful pictures (　3　) the wall.

**1**　in　　　　　**2**　from　　　　　**3**　on　　　　　**4**　with

訳 「壁には何枚かの美しい絵がかかっている。」

解説 onの最も基本的な意味は「〜に接触して」。on the wallは「壁に接している」状態を表す。

*7*　A large ship was passing (　2　) the bridge.

**1**　across　　　　**2**　under　　　　**3**　near　　　　**4**　through

訳 「大きな船が橋の下を通っていた。」

解説 pass under 〜で「〜の下をくぐるようにして通る」という意味。

*8*　I was very sleepy, (　2　) I finished my homework.

**1**　and　　　　　**2**　but　　　　　**3**　so　　　　　**4**　or

訳 「私はとても眠かったですが, 宿題を終わらせました。」

解説 「眠かった」と「宿題を終わらせた」をつなぐのに適するのは逆接の接続詞but。

*9*　It was raining hard (　3　) we arrived at the station.

**1**　if　　　　　**2**　that　　　　　**3**　when　　　　**4**　because

訳 「私たちが駅に着いたとき, 雨が激しく降っていました。」

解説 「雨が激しく降っていた」と「私たちが駅に着いた」という2つの文をつなげるのに適するのはwhen「〜するとき」。

*10*　Do you know (　1　) Tom will visit Tokyo next month?

**1**　that　　　　**2**　where　　　　**3**　how　　　　**4**　what

訳 「あなたはトムが来月東京を訪れることを知っていますか。」

解説 「あなたは〜を知っていますか」という文の「〜」に合うようにthat「〜ということ」を入れる。

動詞の原形で始まる命令文。Please 〜.「〜してください」, Don't 〜.「〜してはいけません」, Let's 〜.「〜しよう」の形もしっかり覚えよう。

**練習問題** ( ) に入る語句を選びなさい。

*1* Please ( 4 ) more slowly.

**1** speaking **2** speaks **3** you speak **4** speak

**訳**「もっとゆっくり話してください。」

**解説** 〈Please＋動詞の原形 〜〉の形の命令文。

*2* ( 3 ) quiet. I'm listening to music.

**1** You are **2** You be **3** Be **4** Do be

**訳**「静かにしてよ。音楽を聴いているんだ。」

**解説** be動詞の命令文も原形のbeで始める。〈Be＋形容詞〉で「〜でありなさい」という命令文。

*3* Don't ( 4 ) sad, Sakura. I'm sure you will win the next game.

**1** is **2** are **3** being **4** be

**訳**「サクラ, 悲しまないで。あなたは次の試合にはきっと勝つわ。」

**解説** be動詞の否定の命令文は, 〈Don't be＋形容詞〉の形。

*4* Hurry up, ( 3 ) you'll miss the train.

**1** and **2** so **3** or **4** if

**訳**「急ぎなさい, さもないと列車に乗り遅れますよ。」

**解説** 〈命令文, ＋or＋主語＋動詞〉は, 「〜しなさい, さもないと…」と忠告する言い方。

*5*  Study harder, ( **2** ) you'll get better grades.

    **1**  before       **2**  and       **3**  when       **4**  or

**訳**「もっと一生懸命勉強しなさい。そうすれば成績が上がりますよ。」

**解説** 〈命令文，＋and＋主語＋動詞〉は，「～しなさい，そうすれば…」という意味。

*6*  ( **2** ) go for a drive after breakfast.

    **1**  Let you      **2**  Let's      **3**  Let       **4**  Let we

**訳**「朝食の後でドライブに行こうよ。」

**解説** 〈Let's＋動詞の原形〉で「～しよう」と提案する言い方。提案に賛成するときはYes, let's.「そうしよう」，反対するときはNo, let's not.「いや, やめよう」などを使う。

*7*  ( **3** ) run in the classroom, please.

    **1**  Not       **2**  No       **3**  Don't      **4**  Isn't

**訳**「教室の中で走らないでください。」

**解説** 動詞の原形runの前に入れることができるのはdon'tだけ。〈don't＋動詞の原形〉で「～してはいけない」という意味を表すが, ここではpleaseがあるので, 「～しないでください」とお願いする意味になる。

*8*  Give me some water, ( **4** )

    **1**  be        **2**  do       **3**  let's      **4**  please

**訳**「私に水をください。」

**解説** 選択肢の中で文の最後に置いて意味が成り立つのはpleaseだけ。文の最初か最後にpleaseを置くと, 「(どうぞ)～してください」と相手にていねいにお願いする言い方になる。

# 重要な語句・表現8 | 比較

2つ以上のものを比べて「より～だ」「いちばん～だ」のように言う表現。基本の形と，よく出る特別な形をチェックしておこう。

*1*　My room is smaller (　**1**　) Bill's.

**1**　than　　　　**2**　by　　　　**3**　when　　　　**4**　to

**訳**「私の部屋はビルの部屋より小さい。」

**解説**　空所前が比較級smallerなのでthan「～より」が正解。Bill's は Bill's roomのこと。

*2*　Andy is the (　**1**　) in his family.

**1**　tallest　　　**2**　tall　　　　**3**　taller　　　　**4**　most tall

**訳**「アンディーは彼の家族の中でいちばん背が高い。」

**解説**　空所前のthe，範囲を表すin his familyから考えて，空所に入るのは形容詞の最上級。tallの最上級は語尾にestを付けたtallest。

*3*　My mother's stew is (　**4**　) than the stew at this restaurant.

**1**　much　　　**2**　good　　　　**3**　best　　　　**4**　better

**訳**「私の母の作るシチューは，このレストランで出すシチューよりもおいしい。」

**解説**　空所の後がthanなので，good「おいしい」の比較級betterを選ぶ。

*4*　This computer is (　**3**　) expensive than that one.

**1**　much　　　**2**　better　　　**3**　more　　　　**4**　too

**訳**「このコンピューターはあのコンピューターよりも値段が高い。」

**解説**　expensive「値段が高い」のようにつづりが長い形容詞・副詞の比較級は，〈more＋もとの形〉。

*5*  Who is the (  **4**  ) player in the tennis club?

    **1**  well        **2**  most        **3**  more        **4**  best

**訳**「テニス部でいちばんうまい選手はだれですか。」

**解説** good「上手な, うまい」の最上級はbest。

*6*  Anne can play the piano the best (  **2**  ) her family.

    **1**  of        **2**  in        **3**  than        **4**  to

**訳**「アンは家族の中でいちばん上手にピアノが弾ける。」

**解説** 「(場所や範囲)の中でいちばん～」〈最上級＋in＋場所や範囲を表す単数の名詞（family, class, 国名など）〉

*7*  Which do you like (  **4**  ), fish or meat?

    **1**  more        **2**  much        **3**  best        **4**  better

**訳**「魚と肉では, あなたはどちらが好きですか。」

**解説** 「AとBではどちらのほうが好きですか」〈Which do you like better, A or B?〉

*8*  Who is the oldest (  **3**  ) the three?

    **1**  than        **2**  as        **3**  of        **4**  in

**訳**「3人の中でだれがいちばん年上ですか。」

**解説** 最上級oldestがあるので, 後に「～の中で」という語句がくる。「(複数の人・もの)の中で」というときはofを使う。

*9*  Jack can run as (  **2**  ) Mike.

    **1**  faster than        **2**  fast as        **3**  fastest in        **4**  fast than

**訳**「ジャックはマイクと同じくらい速く走れます。」

**解説** asの後なので,〈as＋形容詞・副詞の原級＋as ～〉「～と同じくらい…」の文にする。

# 重要な語句・表現9 | いろいろな会話表現

「～してくれませんか」と何かを頼んだり，「～していいですか」と許可を求めたりするとき，英語では助動詞をよく使う。4級では，会話文がたくさん出題されるので，ここで基本的な表現をまとめてチェックしておこう。

**●練習問題●** （　）に入る文を選びなさい。

*1* Can you help me with my homework? — Sure. （　**1**　）

   **1** No problem.       **2** Yes, please.

   **3** You're welcome.     **4** It was a lot of fun.

**訳**「宿題を手伝ってくれる？　― もちろん。かまわないよ。」

**選択肢の訳**　1　かまわないよ。　2　ええ，お願いします。　3　どういたしまして。　4　とても楽しかった。

*2* May I see your ticket, ma'am? — （　**2**　）

   **1** Good luck.        **2** Here you are.

   **3** Don't worry.      **4** That's all.

        **訳**「切符を拝見できますか，お客様。― はい，どうぞ。」

**選択肢の訳**　1　幸運を祈ります。　2　はい，どうぞ。　3　心配しないで。　4　それで全部です，それだけです。

*3* I'm going on a trip to Hokkaido next week. — Oh, really? （　**1**　）

   **1** Have a good time.    **2** That's too bad.

   **3** I don't know.      **4** Over there.

        **訳**「来週，北海道へ旅行に行く予定なの。― へえ，本当？　楽しんできてね。」

**選択肢の訳**　1　楽しんできてね。　2　それはお気の毒に。　3　わかりません。　4　あそこにあります。

*4*  Will you bring me the menu? ─ Certainly. (　4　), sir.
    **1**　I'm not sure　　　　　　**2**　Please go ahead
    **3**　I think so　　　　　　**4**　Just a minute
      訳「メニューを持って来ていただけますか。― かしこまりました。少々
お待ちください,お客様。」

選択肢の訳 　1　よくわかりません　2　お先にどうぞ　3　私はそう思い
ます　4　少々お待ちください

*5*  Get up, Mary.  Breakfast is ready. ─(　3　)
    **1**　No, it isn't.　　　　　　**2**　I hope so.
    **3**　I'm coming.　　　　　　**4**　I'll do it.
      訳「起きなさい,メアリー。朝ご飯の用意ができたよ。― 今行きます。」

選択肢の訳 　1　ちがうわ。　2　そうだといいわね。　3　今行きます。
　4　私がやります。

*6*  Can I eat lunch in this room? ─(　3　)
    **1**　Yes, let's.　　　　　　**2**　You're welcome.
    **3**　Of course.　　　　　　**4**　No, I'm not.
      訳「この部屋で昼食を食べてもいいですか。―もちろんです。」

選択肢の訳 　1　はい,そうしましょう。　2　どういたしまして。　3　もち
ろんです。　4　いいえ,私はちがいます。

*7*  How about going swimming this afternoon? ─(　1　)
    **1**　Good idea.　　　　　　**2**　Nice to meet you.
    **3**　Me, too.　　　　　　**4**　Here you are.
      訳「今日の午後,泳ぎに行きませんか。」

選択肢の訳 　1　いい考えですね。　2　初めまして。　3　私もです。
　4　さあ,どうぞ。

# 重要な語句・表現10 | 熟語

2語以上が組み合わさって，まとまった意味を表すものを熟語と呼ぶ。日常会話でよく使われる身近な表現も多く，筆記試験でよく出題されるだけでなく，リスニングテストでも聞き取りのポイントとなることが多い。

**●練習問題●** （　）に入る語句を選びなさい。

*1* Let's go and ( **3** ) goodbye to Jake.

   **1** tell      **2** meet      **3** say      **4** pay

**訳**「ジェイクにさようならを言いに行こう。」

**解説** say goodbye to ～「～にさようならを言う」　関連熟語 say hello to ～「～によろしくと言う」

*2* Sam really looks ( **1** ) his father.

   **1** like      **2** at      **3** for      **4** into

**訳**「サムは本当に父親とよく似ている。」

**解説** look like ～「～と似ている，～のように見える」

*3* I ( **1** ) for Mari at the station for an hour yesterday.

   **1** waited      **2** spoke      **3** stood      **4** went

**訳**「きのう，私は駅でマリのことを1時間待った。」

**解説** wait for ～「～を待つ」

*4* Stan can't play soccer today because he ( **2** ) a cold.

   **1** draws      **2** has      **3** feels      **4** leaves

**訳**「スタンはかぜをひいているので，今日はサッカーをすることができない。」

**解説** have a coldで「かぜをひいている」という状態を表す。関連熟語 catch a cold「かぜをひく」

*5* Satoshi ( **2** ) a shower before dinner.

   **1** gave      **2** took      **3** put      **4** picked

**訳**「サトシは夕食前にシャワーを浴びた。」

**解説** take a shower「シャワーを浴びる」　関連熟語 take a bath「風呂に入る」

*6* Hurry up, Kazuki.  You'll be late ( **2** ) school.

**1** in　　　　**2** for　　　　**3** with　　　　**4** at

訳「カズキ,急ぎなさい。学校に遅れるよ。」

**解説** be late for school「学校に遅れる」。schoolの前にはaもthe もつけない。

*7* I like winter sports — for ( **4** ), skiing and ice skating.

**1** speech　　**2** question　　**3** answer　　**4** example

訳「私はウィンタースポーツが好きです,例えばスキーやアイススケートで す。」

**解説** for example「例えば」は具体例を挙げるときに使う。

*8* What's your dream, Nami?

　　— I want to be a pianist in the ( **3** ).

**1** year　　　　**2** date　　　　**3** future　　　　**4** moment

訳「ナミ,あなたの夢は何だい？ — 私は将来,ピアニストになりたいの。」

**解説** in the future「将来,今後は」

*9* It was raining ( **1** ) yesterday.

**1** all day　　**2** one day　　**3** right now　　**4** at once

訳「きのうは一日中雨が降っていた。」

**解説** all day「一日中」。all day longとも言う。

*10* Kate gave a ( **1** ) of shoes to her sister.

**1** pair　　　　**2** bar　　　　**3** piece　　　　**4** glass

訳「ケイトは妹［姉］に1足の靴をあげた。」

**解説** a pair of ～「1足の～, 1組の～」　関連熟語a piece of ～「1 つ［1本, 1枚, 1切れ］の～」, a glass of ～「コップ1杯の」

*11* Excuse me.  How much is this coffee?

　　— You can get it ( **4** ).

**1** at work　　**2** in the end　**3** by the way　**4** for free

訳「すみません。このコーヒーはおいくらですか。 — そちらは無料でお飲みい ただけますよ。」

**解説** for free「無料で」。

# 4級で出る重要単語

## ☞ 時に関する基本単語

### 曜日

| | | | | | |
|---|---|---|---|---|---|
| Sunday | 日曜日 | Monday | 月曜日 | Tuesday | 火曜日 |
| Wednesday | 水曜日 | Thursday | 木曜日 | Friday | 金曜日 |
| Saturday | 土曜日 | | | | |

### 月

| | | | | | |
|---|---|---|---|---|---|
| January | 1月 | February | 2月 | March | 3月 |
| April | 4月 | May | 5月 | June | 6月 |
| July | 7月 | August | 8月 | September | 9月 |
| October | 10月 | November | 11月 | December | 12月 |

### 季節

| | | | | | |
|---|---|---|---|---|---|
| spring | 春 | summer | 夏 | fall / autumn | 秋 |
| winter | 冬 | | | | |

## ☞ 学校・勉強に関する基本単語

| | | | | | |
|---|---|---|---|---|---|
| school | 学校 | classroom | 教室 | student | 生徒 |
| teacher | 先生 | friend | 友だち | | |
| class | 授業，クラス | gym | 体育館 | club | クラブ |
| club activity | クラブ活動，部活 | subject | 科目 | | |
| lesson | レッスン，授業 | English | 英語 | | |
| Japanese | 日本語，国語 | math | 数学 | science | 理科，科学 |
| social studies | 社会 | P.E. | 体育 | art | 美術 |
| music | 音楽 | | | | |

## ☞ 家族に関する基本単語

| | | | | | |
|---|---|---|---|---|---|
| parents | 両親 | mother | 母親 | father | 父親 |
| mom | お母さん | dad | お父さん | | |
| sister | 姉，妹 | brother | 兄，弟 | | |
| grandparents | 祖父母 | grandmother | 祖母 | grandfather | 祖父 |
| grandma | おばあちゃん | grandpa | おじいちゃん | | |
| aunt | おば | uncle | おじ | cousin | いとこ |
| wife | 妻 | husband | 夫 | | |

| | | | | | |
|---|---|---|---|---|---|
| baby | 赤ちゃん | child | 子ども | | |

### ☞食事に関する基本単語

| | | | | | |
|---|---|---|---|---|---|
| water | 水 | milk | 牛乳 | coffee | コーヒー |
| tea | 紅茶，茶 | salt | 塩 | sugar | 砂糖 |
| rice | 米，ごはん | bread | パン | meat | 肉 |
| fish | 魚 | breakfast | 朝食 | lunch | 昼食 |
| dinner | 夕食 | restaurant | レストラン | | |

### ☞暮らし（交通・町・自然）に関する基本単語

| | | | | | |
|---|---|---|---|---|---|
| car | 車 | bus | バス | train | 電車 |
| plane | 飛行機 | bike | 自転車 | park | 公園 |
| station | 駅 | airport | 空港 | shop | 店 |
| library | 図書館 | supermarket | スーパーマーケット | | |
| hospital | 病院 | bank | 銀行 | post office | 郵便局 |
| city | 市，街 | town | 町 | village | 村 |
| river | 川 | lake | 湖 | pond | 池 |
| sea | 海 | mountain | 山 | hill | 丘 |

### ☞趣味（スポーツ・音楽）に関する基本単語

| | | | | | |
|---|---|---|---|---|---|
| hobby | 趣味 | sport | スポーツ | soccer | サッカー |
| tennis | テニス | baseball | 野球 | game | 試合 |
| music | 音楽 | violin | バイオリン | guitar | ギター |
| piano | ピアノ | concert | コンサート | radio | ラジオ |

### ☞天気・気候に関する基本単語

| | | | | |
|---|---|---|---|---|
| weather | 天気 | fine / sunny | 天気のよい |
| rain | 雨，雨が降る | rainy | 雨降りの |
| snow | 雪，雪が降る | snowy | 雪の降る |
| wind | 風 | windy | 風の強い |
| cold | 寒い | cool | 涼しい |
| hot | 暑い | warm | 暖かい |

### ☞気持ち・感情や健康状態に関する基本単語

| | | | | |
|---|---|---|---|---|
| happy | 幸せな，楽しい | sad | 悲しい |
| excited | （人が）興奮した | exciting | （物事が人を）興奮させる |
| angry | 怒った | kind | 親切な，優しい |

| | | | |
|---|---|---|---|
| tired | 疲れた | hungry | 空腹の，お腹の空いた |
| sleepy | 眠い | sick | 病気の |

## ☞場所・位置関係に関する基本単語・熟語

| | | | |
|---|---|---|---|
| on | 〜の上に，〜に接して | in | 〜（の中）に |
| near | 〜の近くに | by | 〜のそばに |
| between | 〜の間に | under | 〜の下に |
| into | 〜の中へ | out of 〜 | 〜から外へ |
| over there | 向こうに | in front of 〜 | 〜の前に |
| next to 〜 | 〜のとなりに | at home | 家に |
| here | ここに | there | そこに |
| outside | 外に，〜の外側に | inside | 屋内に，〜の内側に |

## ☞よく出る一般動詞1（規則動詞）

| | | | |
|---|---|---|---|
| arrive | 着く，到着する | ask | 質問する，聞く |
| call | 電話する，呼ぶ | clean | 掃除する，きれいにする |
| close | 閉める | cook | 料理する |
| cry | 泣く | finish | 終わる，終える |
| help | 手伝う，助ける | like | 好きだ，好む |
| listen | 〔listen to 〜〕〜を聞く | live | 住む，生きる |
| need | 必要とする | open | 開ける |
| pass | 渡す | practice | 練習する |
| play | （スポーツを）する，（楽器を）弾く，遊ぶ | | |
| start | 始まる，始める | stay | 滞在する，とどまる |
| stop | 止まる，止める | study | 勉強する |
| talk | 話す | use | 使う |
| visit | 訪れる，訪ねる | wait | 待つ |
| walk | 歩く | wash | 洗う |
| want | ほしい，〔want to 〜〕〜したい | | |
| watch | （動くものをじっと）見る | work | 働く |

## ☞よく出る一般動詞2（不規則動詞）　<の後が過去形

| | | | |
|---|---|---|---|
| begin < began | 始まる，始める | bring < brought | 持って［連れて］くる |
| buy < bought | 買う | come < came | 来る |
| drink < drank | 飲む | eat < ate | 食べる |

| | | | |
|---|---|---|---|
| fall < fell | 落ちる | feel < felt | 感じる |
| get < got | 手に入れる | give < gave | あげる，くれる |
| go < went | 行く | have < had | 持っている，食べる |
| hear < heard | 聞く，聞こえる | know < knew | 知る，知っている |
| leave < left | 去る | lend < lent | 貸す |
| make < made | 作る | meet < met | 会う |
| read < read[réd] | 読む | run < ran | 走る |
| say < said | 言う | see < saw | 見る，見える，会う |
| sell < sold | 売る | send < sent | 送る |
| shut < shut | 閉める | sing < sang | 歌う |
| sit < sat | 座る | speak < spoke | 話す |
| stand < stood | 立つ | swim < swam | 泳ぐ |
| teach < taught | 教える | throw < threw | 投げる |
| take < took | 持って［連れて］いく | | |
| wear < wore | 着ている，身につけている | | |

## 4級で出る会話の決まり文句

| | | | |
|---|---|---|---|
| Thank you. | ありがとう。 | You're welcome. | どういたしまして。 |
| I'm sorry. | ごめんなさい。 | That's OK[all right]. | 大丈夫です。 |
| Take care. | お大事に。 | Don't worry. | 心配しないで。 |
| Here you are. | はい，どうぞ。（ものを手渡すときに使う） | | |
| That's great[good / nice]. | それはいいですね。 | | |
| That's too bad. | お気の毒に。 | I'm coming. | 今行くよ。 |
| May[Can] I help you? | （店で）いらっしゃいませ。 | | |
| See you (later). | じゃあね，またね。 | | |
| Have a nice day. | よい1日を，行ってらっしゃい。 | | |
| I see. | なるほど，わかりました。 | | |
| Pardon (me)? / Excuse me? | すみませんが，もう一度言ってください。 | | |
| （上げ調子で発音する） | | | |

| Let me see ... / Let's see ... / Well ... | ええと，そうですね…。 |
| What's up[wrong]? | どうしたの？ |

## 4級で出る重要熟語

### ☞ よく出る熟語1 （動詞を含む熟語）

| have a good time | 楽しく過ごす | have a good idea | いい考えがある |
| catch a cold | かぜをひく | have a cold | かぜをひいている |
| get up | 起きる | go to bed | 寝る |
| go home | 帰宅する | go back | 帰る，戻る |
| come back | 帰ってくる | arrive at[in] ～ | ～に着く，到着する |
| look at ～ | ～を見る | look for ～ | ～を探す |
| look like ～ | ～に似ている | listen to ～ | ～を聞く |
| wait for ～ | ～を待つ | give up ～ | ～をあきらめる |

### ☞ よく出る熟語2 （時間・回数・頻度を表す熟語）

| in the morning | 朝に，午前中に | in the afternoon | 午後に |
| in the evening | 夕方に，晩に | at night | 夜に |
| after school | 放課後に | before[after] dinner | 夕食前［後］に |
| one day | ある日 | some day | いつか，いつの日か |
| all day (long) | 一日中 | in those days | 当時は |
| for the first time | 初めて | at first | 最初は |
| at last | ついに，最後に | at once | すぐに |
| right now | たった今，現在 | in the future | 将来は，今後は |
| for a long time | 長い間 | for a moment | 少しの間 |
| again and again | 何度も繰り返して | once more | もう一度 |

# 4級

## 2023年度 第2回

2023.10.8実施

筆記(35分)

pp.46〜55

リスニング(約29分)

pp.56〜61

CD赤-1〜33

※解答一覧はp.3
※解答と解説はpp.4〜30

※巻末についている解答用マークシートを使いましょう。

## 合格基準スコア

● 622(満点1000／リーディング500, リスニング500)

**1** 次の(1)から(15)までの（　　）に入れるのに最も適切なものを1, 2, 3, 4の中から一つ選び、その番号のマーク欄をぬりつぶしなさい。

(1) The coach (　　) at the players during the soccer game.
**1** cared　　**2** played　　**3** shouted　　**4** learned

(2) *A:* Thanks for the present, Alice. I really like it.
*B:* I'm (　　) to hear that.
**1** tired　　**2** glad　　**3** sick　　　**4** nice

(3) James wants to talk about his favorite food at the speech (　　) next week.
**1** contest　　**2** story　　**3** classroom　**4** race

(4) This (　　) has a big park and many interesting museums.
**1** house　　　　　　　**2** post office
**3** restaurant　　　　　**4** town

(5) *A:* Did you buy your airplane (　　) to Taiwan?
*B:* No. But I will buy it this weekend.
**1** sale　　**2** ticket　　**3** bag　　**4** number

(6) My dad likes to listen to music on the (　　) in the car.
**1** singer　　**2** kitchen　　**3** clock　　**4** radio

(7) *A:* I can't study tonight. I'm too (　　).
*B:* David, you have a big test tomorrow. Please study a little before you go to bed.
**1** close　　**2** warm　　**3** pretty　　**4** sleepy

*(8)* **A:** Jennifer, you (　　) to eat some vegetables before dessert.

    **B:** I know, Dad.

    **1** must    **2** come    **3** go    **4** have

*(9)* **A:** Let's go to the beach.

    **B:** OK. I'll make us some food before we go, so please (　　) a minute.

    **1** stand    **2** wait    **3** jump    **4** hurry

*(10)* **A:** Do you often cook?

    **B:** Yes. I make breakfast every morning, so I wake (　　) at six o'clock.

    **1** down    **2** off    **3** up    **4** in

*(11)* Mary loves to take her dogs for a walk. She's (　　) to her pets.

    **1** smart    **2** difficult    **3** kind    **4** happy

*(12)* **A:** Do you know this song?

    **B:** Yes. The last (　　) of this song is so exciting.

    **1** part    **2** time    **3** ship    **4** clock

*(13)* **A:** I want to go to the movie theater this Saturday. Are you busy?

    **B:** I have a baseball game on Saturday, but I (　　) go on Sunday.

    **1** am    **2** can    **3** had    **4** have

*(14)* **A:** Whose hat is this?

    **B:** Oh, that's (　　).

    **1** I    **2** me    **3** my    **4** mine

*(15)* **A:** Will it rain tomorrow?

    **B:** I don't know. I'm going to (　　) on the Internet.

    **1** check    **2** checks    **3** checking    **4** checked

**2** 次の(16)から(20)までの会話について，(   )に入れるのに最も適切なものを**1**, **2**, **3**, **4**の中から一つ選び，その番号のマーク欄をぬりつぶしなさい。

(16) **Girl 1 :** Let's have a Halloween party.
**Girl 2 :** (        ) I want to be a black cat.
**1** Nice to meet you.　　**2** Welcome back.
**3** Sounds good.　　**4** See you soon.

(17) **Teacher :** Do you like baseball, Vincent?
**Student :** Yes, Mr. White. (       ) and I play it every weekend.
**1** It's not fun,　　**2** I didn't do it,
**3** It's my favorite sport,　　**4** I often wear it,

(18) **Clerk :** Your room number is 101. (        )
**Man :** Thank you.
**Clerk :** Enjoy your stay.
**1** Here's your key.　　**2** It closes at nine.
**3** My pleasure.　　**4** That's a good idea.

(19) **Boy :** It's a beautiful day today. What do you want to do?
**Girl :** Let me see. (       )
**Boy :** Good idea.
**1** How about playing tennis?
**2** How are you?
**3** How much is it?
**4** How is the weather?

(20) **Girl 1 :** This is my new watch. (       )
**Girl 2 :** I like it.
**1** What about you?　　**2** What do you think?
**3** What are you doing?　　**4** What time is it?

**3**

次の(21)から(25)までの日本文の意味を表すように①から⑤までを並べかえて ☐ の中に入れなさい。そして，**2番目**と**4番目**にくるものの最も適切な組合せを**1**，**2**，**3**，**4**の中から一つ選び，その番号のマーク欄をぬりつぶしなさい。※ただし，（　　）の中では，文のはじめにくる語も小文字になっています。

**(21)** 今日は雨が降っていたので，シンディはキャンプに行くことができませんでした。

( ① camping　② because　③ go　④ it　⑤ couldn't )

Cindy ☐ ☐(2番目) ☐ ☐(4番目) ☐ was raining today.

**1** ①―③　　**2** ②―④　　**3** ③―②　　**4** ⑤―④

**(22)** 私が帰宅した時，兄はメールを書いていました。

( ① e-mail　② was　③ my brother　④ writing　⑤ an )

☐ ☐(2番目) ☐ ☐(4番目) ☐ when I came home.

**1** ⑤―③　　**2** ②―⑤　　**3** ③―④　　**4** ④―①

**(23)** 父は私の誕生日に，新しい自転車をくれました。

( ① for　② gave　③ a new bike　④ me　⑤ my father )

☐ ☐(2番目) ☐ ☐(4番目) ☐ my birthday.

**1** ①―④　　**2** ②―④　　**3** ②―③　　**4** ⑤―③

**(24)** ナンシーと私は昨夜，コンサートホールにいました。

( ① the concert hall　② I　③ at　④ and　⑤ were )

Nancy ☐ ☐(2番目) ☐ ☐(4番目) ☐ last night.

**1** ④―③　　**2** ④―⑤　　**3** ②―①　　**4** ②―③

**(25)** 今日の午後，あなたに電話してもいいですか。

( ① this　② may　③ you　④ I　⑤ call )

☐ ☐(2番目) ☐ ☐(4番目) ☐ afternoon?

**1** ④―③　　**2** ①―③　　**3** ⑤―①　　**4** ③―①

**4**　次の掲示の内容に関して，(26) と (27) の質問に対する答えとして最も適切なもの，または文を完成させるのに最も適切なものを **1**，**2**，**3**，**4**の中から一つ選び，その番号のマーク欄をぬりつぶしなさい。

## [A]

### Sterlington Zoo
### January News

#### See amazing animals at our zoo!

## White Tigers

Two white tigers will come from Blackriver Zoo on January 5. They're almost six months old. Their names are Nela and Lulu.

## Brown Bear

A brown bear will arrive at Sterlington Zoo on January 12. His name is Bobby, and he's almost two years old.

(26) How old are the white tigers?
  **1** Almost two months old.
  **2** Almost six months old.
  **3** Almost two years old.
  **4** Almost five years old.

(27) When will the brown bear come to Sterlington Zoo?
  **1** On January 2.
  **2** On January 5.
  **3** On January 6.
  **4** On January 12.

**4**　次のＥメールの内容に関して，(28)から(30)までの質問に対する答えとして最も適切なもの，または文を完成させるのに最も適切なものを**1**, **2**, **3**, **4**の中から一つ選び，その番号のマーク欄をぬりつぶしなさい。

## [B]

From: Paul Keller
To: Jenny Peterson
Date: September 7
Subject: New club

Hello Jenny,
The school has a new chess club! I learned how to play chess last summer. My grandfather taught me. Now, I play with my sister every Sunday. I joined the club because I want to be good at chess. Why don't you join the club, too? Students must sign up* by next Tuesday. The club members meet every Wednesday afternoon.
See you tomorrow,
Paul

From: Jenny Peterson
To: Paul Keller
Date: September 8
Subject: Yes!

Hi Paul,
I want to join the chess club, too! My brother and I sometimes play chess. Our dad taught us the rules. But my brother doesn't like chess very much, so I don't play often. I want to play more, so I'll sign up for the club tomorrow.
See you,
Jenny

*sign up: 参加登録をする

*(28)* The chess club members meet
**1** on Mondays.
**2** on Tuesdays.
**3** on Wednesdays.
**4** on Sundays.

*(29)* Who taught Jenny how to play chess?
**1** Her grandfather.
**2** Her sister.
**3** Her father.
**4** Her brother.

*(30)* Why does Jenny want to join the chess club?
**1** She wants to play chess more.
**2** She wants to play chess with Paul's sister.
**3** She wants to win a tournament.
**4** She wants to win a game with her brother.

## [C]

# Andrew's New Teacher

Andrew started high school last year. In December, he took some tests. He got high scores in math, English, and science. But he got a low score on his history test, so his parents were worried. His father said, "You must study harder." But Andrew didn't like studying history.

In January, a new history teacher came to Andrew's school. She took Andrew's class to interesting places to learn about history. They went to a castle in April and a history museum in May. In class, her students wrote reports about famous people from history. Andrew's friend Sally wrote about an artist, and his friend Bill wrote about a king. Andrew wrote about a famous scientist.

Andrew told his parents about his new teacher. He said, "I want to study more about history." Andrew's mother said, "You should go to the library. It has many books and videos about history." Now, Andrew goes to the library every Saturday morning.

(31) Why were Andrew's parents worried?
- **1** Andrew only wanted to study history.
- **2** Andrew arrived at the history museum late.
- **3** Andrew got a low score on a test.
- **4** Andrew was late for a class.

(32) Andrew's class went to a castle in
- **1** January.
- **2** April.
- **3** May.
- **4** September.

(33) Who wrote a report about a king?
- **1** Sally.
- **2** Bill.
- **3** Andrew.
- **4** Andrew's teacher.

(34) Who told Andrew about the library?
- **1** His father.
- **2** His mother.
- **3** His teacher.
- **4** His friend.

(35) What does Andrew do every Saturday morning?
- **1** He plays with his friends.
- **2** He works at the bookshop.
- **3** He goes to the library.
- **4** He goes to school.

# ●リスニング

## 4級リスニングテストについて

❶このテストには，第1部から第3部まであります。
　★英文は二度放送されます。
　第1部……イラストを参考にしながら対話と応答を聞き，最も適切な応答を1，2，3の中から一つ選びなさい。
　第2部……対話と質問を聞き，その答えとして最も適切なものを1，2，3，4の中から一つ選びなさい。
　第3部……英文と質問を聞き，その答えとして最も適切なものを1，2，3，4の中から一つ選びなさい。
❷No. 30のあと，10秒すると試験終了の合図がありますので，筆記用具を置いてください。

## 第1部

[例題]

CD
赤-1

No. 1

CD
赤-2

No. 2

CD
赤-3

**No. 3**

**No. 4**

**No. 5**

**No. 6**

**No. 7**

**No. 8**

**No. 9**

**No. 10**

**No. 11**

1 A bookstore.
2 A dictionary.
3 A travel magazine.
4 A French restaurant.

**No. 12**

1 Buy a new bag.
2 Make her lunch.
3 Close a window.
4 Wash her lunchbox.

**No. 13**

1 To the movies.
2 To Japan.
3 To school.
4 To the airport.

**No. 14**

1 One dollar each.
2 Two dollars each.
3 Four dollars each.
4 Five dollars each.

**No. 15**

1 He was tired.
2 He watched TV.
3 He studied hard at school.
4 He wanted to get up early.

**No. 16**

1 The girl's band.
2 The girl's guitar.
3 The boy's birthday.
4 The boy's trip to Italy.

**No. 17**

1  Look for a job.
2  Help at her parents' restaurant.
3  Help with cleaning the house.
4  Have coffee with a friend.

**No. 18**

1  Strawberries.
2  Pancakes.
3  Butter.
4  Blueberries.

**No. 19**

1  Frank.
2  Jill.
3  Frank's sister.
4  Jill's sister.

**No. 20**

1  Two weeks ago.
2  Two months ago.
3  Last year.
4  Yesterday.

**No. 21**

1 For five days.
2 For one week.
3 For two weeks.
4 For one year.

**No. 22**

1 His favorite sport.
2 His family trip.
3 His favorite animal.
4 His new car.

**No. 23**

1 He found a bag.
2 He found a sweater.
3 He lost his baseball.
4 He lost his cap.

**No. 24**

1 Her teacher.
2 Her brother.
3 Her mother.
4 Her father.

**No. 25**

1 This afternoon.
2 Tonight.
3 Tomorrow morning.
4 Tomorrow afternoon.

**No. 26**

1 He cooked some food.
2 He drew some pandas.
3 He took pictures.
4 He gave food to animals.

**No. 27**

1. Some curry.
2. Some dessert.
3. Some chicken.
4. Some beef.

**No. 28**

1. Children's clothes.
2. Men's clothes.
3. Women's clothes.
4. Toys.

**No. 29**

1. Meet his friends at the park.
2. Go to baseball practice.
3. Go on a school trip.
4. Go on a camping trip.

**No. 30**

1. At 8:15.
2. At 8:30.
3. At 9:15.
4. At 9:30.

# 2023年度 第回

2023.6.4実施

**筆記(35分)**

pp.64〜73

**リスニング(約29分)**

pp.74〜79

CD赤-34〜66

※解答一覧はp.31
※解答と解説はpp.32〜58

※巻末についている解答用マークシートを使いましょう。

## 合格基準スコア

● 622(満点1000／リーディング500, リスニング500)

**1**  次の(1)から(15)までの（　　）に入れるのに最も適切なものを1, 2, 3, 4の中から一つ選び, その番号のマーク欄をぬりつぶしなさい。

(1) John only had three (　　) today, so he got home at two o'clock.

1 bicycles          2 classes
3 walls             4 umbrellas

(2) My parents (　　) living in Canada over 50 years ago. They are from Japan.

1 bought   2 answered   3 began   4 climbed

(3) **A:** What did you do last night?
**B:** I watched a good TV (　　) about birds.

1 gym               2 culture
3 office            4 program

(4) **A:** Be (　　) when you wash Dad's new car!
**B:** I know. Dad and I are going to do it together.

1 careful           2 angry
3 easy              4 important

(5) My grandmother always walks her dog (　　) she has breakfast.

1 since   2 before   3 so   4 but

(6) **A:** When will we (　　) in Nagoya?
**B:** At around nine o'clock.

1 leave   2 arrive   3 become   4 forget

(7) **A:** Do you read the (　　)?
**B:** I usually read it on my smartphone.

1 kitchen   2 face   3 news   4 sheep

*(8)* Sally didn't (        ) home by ten o'clock last night, so her mother was angry.

**1** catch    **2** ask    **3** put    **4** come

*(9)* **A:** Where will you stay in Taiwan?
**B:** I'll stay (        ) a friend. She is from Taiwan.

**1** with    **2** about    **3** into    **4** across

*(10)* **A:** Can you (        ) down, Mr. Adams? I can't understand English well.
**B:** Sure.

**1** see    **2** tell    **3** slow    **4** listen

*(11)* **A:** Hello. I want to order some food.
**B:** OK. Just a (        ).

**1** time    **2** moment    **3** club    **4** member

*(12)* James (        ) an idea for Ms. Takeuchi's goodbye party. She will be very surprised.

**1** touches      **2** understands
**3** buys      **4** has

*(13)* Chris was (        ) a magazine on the beach yesterday. He really enjoyed it.

**1** reading    **2** read    **3** to read    **4** reads

*(14)* **A:** There are many temples in my hometown, but this is the (        ) one.
**B:** It's beautiful.

**1** much older      **2** as old
**3** oldest      **4** too old

*(15)* **A:** Who (        ) that picture of Grandma?
**B:** I did when I was 10.

**1** draw    **2** drew    **3** draws    **4** drawing

**(16)** **Girl 1:** I got this new magazine yesterday. (　　　)
**Girl 2:** Yeah! Thanks.
**1** How much is it?
**2** Is this yours?
**3** Do you want to read it?
**4** When will you get here?

**(17)** **Girl:** Which do you like better, cheesecake or cherry pie?
**Boy:** Cherry pie. (　　　) I have it every Sunday.
**1** I'm going shopping.　　**2** It's my favorite dessert.
**3** I eat cheese.　　**4** I have some cherries.

**(18)** **Son:** I cleaned my room, Mom.
**Mother:** Great job! (　　　)
**1** You didn't finish.　　**2** You can't buy that.
**3** It looks really nice.　　**4** It's in a different room.

**(19)** **Husband:** I'm going to have a cup of tea. Would you like one, too?
**Wife:** (　　　) I just had some tea.
**1** Sit down.　　**2** No, thanks.
**3** I don't have any.　　**4** It's not mine.

**(20)** **Mother:** Ted, I can't take you to your piano lesson today.
**Son:** (　　　)
**Mother:** I have to meet Grandma at the airport.
**1** Why not?　　**2** What time?
**3** Good job!　　**4** Great idea!

**3** 次の(21)から(25)までの日本文の意味を表すように①から⑤までを並べかえて □ の中に入れなさい。そして，**2番目**と**4番目**にくるものの最も適切な組合せを**1**，**2**，**3**，**4**の中から一つ選び，その番号のマーク欄をぬりつぶしなさい。※ただし，（  ）の中では，文のはじめにくる語も小文字になっています。

---

**(21)** マイクは久美と英語で話していました。
（ ① was  ② Kumi  ③ talking  ④ in  ⑤ with ）

Mike ☐ [2番目] ☐ [4番目] ☐ English.

**1** ③—①  **2** ③—④  **3** ③—②  **4** ①—⑤

---

**(22)** お母さん，明日は家の掃除をしなければいけませんか。
（ ① have  ② we  ③ clean  ④ to  ⑤ our ）

Mom, do ☐ [2番目] ☐ [4番目] ☐ house tomorrow?

**1** ②—①  **2** ⑤—①  **3** ①—③  **4** ⑤—②

---

**(23)** 今日のテストは昨日のテストより難しかったです。
（ ① than  ② was  ③ difficult  ④ more  ⑤ test ）

Today's ☐ [2番目] ☐ [4番目] ☐ yesterday's test.

**1** ②—③  **2** ⑤—①  **3** ①—⑤  **4** ②—④

---

**(24)** あなたはこのリストからプレゼントを選ぶことができます。
（ ① a present  ② choose  ③ from  ④ can  ⑤ you ）

☐ [2番目] ☐ [4番目] ☐ this list.

**1** ③—①  **2** ④—①  **3** ①—②  **4** ⑤—②

---

**(25)** カルロス，あなたのお姉さんは何語を話しますか。
（ ① language  ② your sister  ③ does  ④ speak  ⑤ what ）

Carlos, ☐ [2番目] ☐ [4番目] ☐ ?

**1** ①—②  **2** ③—①  **3** ④—②  **4** ③—⑤

---

67

次の掲示の内容に関して，(26)と(27)の質問に対する答えとして最も適切なもの，または文を完成させるのに最も適切なものを**1**，**2**，**3**，**4**の中から一つ選び，その番号のマーク欄をぬりつぶしなさい。

## [A]

## <u>To All Students</u>

There will be a guitar concert after school this week.

**When:** Friday, July 21, at 3:30 p.m.
**Where:** School cafeteria

The guitar club will play in a big music contest in August. This concert on Friday will be good practice for the guitar club members. They will play for 30 minutes. Come and enjoy!

*(26)* Where will the concert be on July 21?

**1** In the school cafeteria.

**2** In the guitar club's room.

**3** In a concert hall.

**4** In a music store.

*(27)* What will the guitar club members do in August?

**1** Buy some guitars.

**2** Practice with a new teacher.

**3** Go to a music camp.

**4** Play in a contest.

## [B]

From: Georgia Steele
To: Sam Harrison
Date: June 19
Subject: Science homework

---

Hi Sam,
How are you? I'm a little nervous because I don't understand our science homework. The homework is important for our science test on Friday, right? Mr. Blackwell told us that last week. I'm worried about the test. You always get good grades* in science. Can you help me with the homework after school on Tuesday?
Thank you,
Georgia

---

From: Sam Harrison
To: Georgia Steele
Date: June 20
Subject: Of course

---

Hi Georgia,
Sorry, I have baseball practice after school on Tuesday. But I want to help you. How about Wednesday afternoon? I'm free then. You should try to study by yourself, too. I know a good book. Maybe it'll help you. I'll bring it to school for you on Monday.
Your friend,
Sam

*grade: 成績

70

(28) What is Georgia's problem?
  **1** She didn't pass the science test.
  **2** She doesn't understand the science homework.
  **3** She got a bad grade in science.
  **4** She can't help Sam with his homework.

(29) When is the science test?
  **1** On Monday.
  **2** On Tuesday.
  **3** On Wednesday.
  **4** On Friday.

(30) What does Sam say to Georgia?
  **1** She should talk to the teacher.
  **2** She should ask another friend for help.
  **3** She should study by herself.
  **4** She should bring a book to school.

**4**

次の英文の内容に関して，*(31)* から *(35)* までの質問に対する答えとして最も適切なもの，または文を完成させるのに最も適切なものを **1**，**2**，**3**，**4**の中から一つ選び，その番号のマーク欄をぬりつぶしなさい。

## [C]

# A New Pet

Annie lives in Dublin in Ireland. She is a high school student. Last month, Annie started a new part-time job. She loves animals, so she got a job as a dog walker.* She walks dogs after school on Wednesdays and Fridays for about two hours each day.

One day last week, Annie was walking home after work, and she saw a kitten* on the street. The kitten was very small and white. Annie was worried because it was alone, so she picked it up and took it home. Annie showed her mother the kitten. Her mother said, "We should try to find the owner.*"

Last weekend, Annie and her mother looked for the kitten's owner. They talked to many people, but no one knew about the kitten. On Sunday afternoon, Annie's mother said, "OK, we can keep the kitten," and Annie was very happy. They gave it a name, "Luna," and Annie loves her new pet.

*dog walker: 犬を散歩させる人
*kitten: 子猫
*owner: 飼い主

(31) What did Annie do last month?
  **1** She met a volunteer.
  **2** She bought a new pet.
  **3** She started a new job.
  **4** She made a new friend.

(32) When does Annie walk dogs?
  **1** On Wednesdays and Fridays.
  **2** On Saturday mornings.
  **3** During the holidays.
  **4** On Sunday afternoons.

(33) What did Annie find last week?
  **1** A schoolbook.
  **2** A large dog.
  **3** A white kitten.
  **4** A new toy.

(34) Annie and her mother
  **1** bought a toy for the kitten.
  **2** took the kitten to the animal doctor.
  **3** looked for the kitten's owner.
  **4** made a poster about the kitten.

(35) Why was Annie happy?
  **1** She played with the kitten's mother.
  **2** She could keep the kitten.
  **3** She joined a club at school.
  **4** She helped her teacher.

# ●リスニング

## 4級リスニングテストについて

❶このテストには，第1部から第3部まであります。
★英文は二度放送されます。
第1部……イラストを参考にしながら対話と応答を聞き，最も適切な応答を1，2，3の中から一つ選びなさい。
第2部……対話と質問を聞き，その答えとして最も適切なものを1，2，3，4の中から一つ選びなさい。
第3部……英文と質問を聞き，その答えとして最も適切なものを1，2，3，4の中から一つ選びなさい。
❷No. 30のあと，10秒すると試験終了の合図がありますので，筆記用具を置いてください。

## 第1部

[例題]

CD
赤-34

No. 1

CD
赤-35

No. 2

CD
赤-36

**No. 3**

**No. 4**

**No. 5**

**No. 6**

**No. 7**

**No. 8**

**No. 9**

**No. 10**

**No. 11**

1 At the bus stop.
2 At school.
3 In her room.
4 In the bathroom.

**No. 12**

1 The boy's new trumpet.
2 The school festival.
3 A concert.
4 A new student.

**No. 13**

1 Open a window.
2 Check the weather.
3 Have a cold drink.
4 Put on a sweater.

**No. 14**

1 A convenience store.
2 A department store.
3 Her book.
4 Her library card.

**No. 15**

1 Sleep.
2 Play cards.
3 Go outside.
4 Go home.

**No. 16**

1 7:00.
2 7:10.
3 7:15.
4 7:30.

**No. 17**

1 A notebook.
2 A pencil.
3 A camera.
4 A bike.

**No. 18**

1 He broke his tennis racket.
2 He forgot his tennis racket.
3 He lost the tennis match.
4 He was late for tennis practice.

**No. 19**

1 On Monday.
2 On Friday.
3 On Saturday.
4 On Sunday.

**No. 20**

1 The boy.
2 The boy's sister.
3 The girl.
4 The girl's sister.

**No. 21**

**1** At an airport.
**2** At a restaurant.
**3** At a station.
**4** At a store.

**No. 22**

**1** Her father gave her a dress.
**2** Her father watched a DVD.
**3** Her father found some money.
**4** Her father forgot her birthday.

**No. 23**

**1** He took the bus.
**2** He took the train.
**3** He rode his bike.
**4** He walked.

**No. 24**

**1** Enter an art contest.
**2** Look at some pictures.
**3** Get a present.
**4** Buy some pencils.

**No. 25**

**1** Cook dinner.
**2** Write a cookbook.
**3** Eat at a restaurant.
**4** Go to a cooking lesson.

**No. 26**

**1** Matt.
**2** Olivia.
**3** Alice.
**4** Ed.

**No. 27**

1 To a museum.
2 To the beach.
3 To a shopping mall.
4 To the library.

**No. 28**

1 Once a week.
2 Twice a week.
3 Three times a week.
4 Every day.

**No. 29**

1 She took pictures of her son.
2 She went to a flower festival.
3 She took an art class.
4 She bought a camera.

**No. 30**

1 A textbook.
2 A calendar.
3 A comic book.
4 A dictionary.

# 4級

## 2022年度 第3回

2023.1.22実施

筆記(35分)
pp.82〜91

リスニング(約29分)
pp.92〜97
CD赤-67〜99

※解答一覧はp.59
※解答と解説はpp.60〜86

※巻末についている解答用マークシートを使いましょう。

## 合格基準スコア

● 622(満点1000／リーディング500, リスニング500)

**1** 次の(1)から(15)までの（　）に入れるのに最も適切なものを**1**, **2**, **3**, **4**の中から一つ選び，その番号のマーク欄をぬりつぶしなさい。

(1) John's teacher was (　　　) because John forgot to do his homework again.
**1** rich　　　**2** easy　　　**3** angry　　　**4** ready

(2) New York has many famous art (　　　), so I want to visit there someday.
**1** museums　　　　　　**2** doors
**3** towels　　　　　　　**4** pools

(3) My mother and father first (　　　) in high school.
**1** found　　　**2** met　　　**3** bought　　　**4** put

(4) The city (　　　) is very busy on weekends. It has many interesting books.
**1** gym　　　　　　　**2** mountain
**3** garden　　　　　　**4** library

(5) Learning languages is (　　　) for Takeru because he often travels to other countries.
**1** useful　　　**2** cold　　　**3** full　　　**4** clean

(6) *A:* I'll (　　　) myself. My name is Jeff, and I'm from Australia.
*B:* Hi, Jeff. I'm Martin.
**1** run　　　　　　　**2** introduce
**3** ask　　　　　　　**4** listen

(7) Many temples in Japan have a long (　　　).
**1** forest　　　**2** time　　　**3** country　　　**4** history

*(8)* ***A:*** (       ) up, Dad! The movie will start soon.

    ***B:*** OK.

    **1** Cut       **2** Find       **3** Hurry      **4** Read

*(9)* ***A:*** Let's go. We'll be (       ) for the bus. It'll leave in five minutes.

    ***B:*** OK.

    **1** late       **2** fast       **3** glad       **4** sure

*(10)* Dan will (       ) a train to the airport because he doesn't have a car.

    **1** arrive     **2** take     **3** sleep     **4** close

*(11)* At a party, Shelly (       ) some new friends. They will go to a movie on the weekend.

    **1** said     **2** cooked     **3** made     **4** forgot

*(12)* ***A:*** Will you be in Vancouver for the weekend?

    ***B:*** Yes, we'll stay (       ) my friend's place.

    **1** as       **2** to       **3** on       **4** at

*(13)* ***A:*** (       ) sport is more popular at your school, baseball or soccer?

    ***B:*** Baseball.

    **1** Which     **2** Whose     **3** Where     **4** Who

*(14)* Keiko can swim faster (       ) her classmates.

    **1** for       **2** and       **3** than       **4** because

*(15)* When Ben (       ) going home on the train yesterday, he saw his old friend.

    **1** be       **2** was       **3** were       **4** is

次の(16)から(20)までの会話について，（　　）に入れるのに最も適切なものを1, 2, 3, 4の中から一つ選び，その番号のマーク欄をぬりつぶしなさい。

**(16)** **Boy:** Today's science homework is difficult.
**Girl:** I know. (　　　)
**Boy:** Yes, let's.

**1** Is it yours?
**2** Do you want to do it together?
**3** Are there many students?
**4** Did you find the teacher?

**(17)** **Boy:** There's a rainbow!
**Girl:** Wow, (　　　) Let's take a picture.

**1** it's really pretty.　　**2** I can't see it.
**3** I got a new one.　　**4** it's not here.

**(18)** **Boy 1:** I called you last night, but (　　　) Where were you?
**Boy 2:** I went to watch a baseball game.

**1** I don't like sports.　　**2** it wasn't my phone.
**3** you weren't at home.　　**4** you lost my bat.

**(19)** **Son:** The spaghetti was delicious. Thanks, Mom.
**Mother:** You're welcome. (　　　)
**Son:** No, I'm full.

**1** Can I try it?　　**2** Did you make it?
**3** Is it in the kitchen?　　**4** Are you still hungry?

**(20)** **Man 1:** Mark, what time is it?
**Man 2:** It's 4:30.
**Man 1:** Oh, (　　　) It's time for the meeting.

**1** I wasn't there.
**2** I don't know his name.
**3** we must go now.
**4** we had lunch at the café.

**3** 次の(21)から(25)までの日本文の意味を表すように①から⑤までを並べかえて □ の中に入れなさい。そして，2番目と4番目にくるものの最も適切な組合せを1，2，3，4の中から一つ選び，その番号のマーク欄をぬりつぶしなさい。※ただし，（　　）の中では，文のはじめにくる語も小文字になっています。

**(21)** 彰子は先月，土曜日に働かなくてはなりませんでした。
（ ① Saturdays ② had ③ on ④ to ⑤ work ）

Akiko □ [2番目] □ [4番目] □ last month.

**1** ①—③ **2** ①—⑤ **3** ④—② **4** ④—③

**(22)** ピーターはサッカーの試合の前にボールを蹴る練習をしました。
（ ① the ball ② kicking ③ the soccer game ④ practiced ⑤ before ）

Peter □ [2番目] □ [4番目] □ .

**1** ①—③ **2** ②—⑤ **3** ③—② **4** ④—②

**(23)** トーマスは昨日オフィスの近くで有名な歌手を見ました。
（ ① near ② a famous singer ③ his ④ saw ⑤ office ）

Thomas □ [2番目] □ [4番目] □ yesterday.

**1** ②—④ **2** ②—③ **3** ③—① **4** ③—⑤

**(24)** ジャックはいつ映画を見に行く予定ですか。
（ ① Jack ② when ③ see ④ is ⑤ going to ）

□ [2番目] □ [4番目] □ the movie?

**1** ②—① **2** ②—③ **3** ④—③ **4** ④—⑤

**(25)** 私の夢はパイロットになることです。
（ ① to ② dream ③ is ④ be ⑤ a pilot ）

My □ [2番目] □ [4番目] □ .

**1** ③—④ **2** ③—② **3** ①—⑤ **4** ⑤—②

次の掲示の内容に関して，(26)と(27)の質問に対する答えとして最も適切なもの，または文を完成させるのに最も適切なものを1，2，3，4の中から一つ選び，その番号のマーク欄をぬりつぶしなさい。

## [A]

### Class Trip to Golden Park

On June 17, Mr. Grant's class will go to Golden Park by bus. The students can play soccer and borrow bikes there. After lunch, we'll clean the park.

**Please meet at the school gate at 8 a.m.**

- Please bring lunch and a large garbage bag.
- You should wear a hat or a cap.

*(26)* How will the students go to Golden Park?
**1** By car.
**2** By subway.
**3** By bus.
**4** By bike.

*(27)* Where will the students meet at 8 a.m. on June 17?
**1** At the school gate.
**2** At Golden Park.
**3** At a soccer stadium.
**4** At Mr. Grant's house.

**4** 次のEメールの内容に関して，(28)から(30)までの質問に対する答えとして最も適切なもの，または文を完成させるのに最も適切なものを**1**，**2**，**3**，**4**の中から一つ選び，その番号のマーク欄をぬりつぶしなさい。

## [B]

From: James Ryan
To: Norma Ryan
Date: January 14
Subject: Cake

---

Dear Grandma,
How are you? I was happy to see you last Sunday at Aunt Jenny's house. I forgot to ask you something then. It's my friend's birthday on Wednesday next week. I want to make a cake for him next Tuesday after school. He loves chocolate cake, and your cake is the best! Could you send me your recipe*?
Your grandson,
James

From: Norma Ryan
To: James Ryan
Date: January 14
Subject: No problem

---

Hello James,
Sure. I'll write down the chocolate cake recipe for you. I'll see your father on Friday. I'll give him the recipe then, and he can give it to you at home. You should put the cake in the fridge* on Tuesday night. Please ask me if you have any questions.
Love,
Grandma

*recipe: レシピ
*fridge: 冷蔵庫

*(28)* Who will James make a cake for?
  **1** His teacher.
  **2** His father.
  **3** His grandmother.
  **4** His friend.

*(29)* When does James want to make a cake?
  **1** Next Tuesday.
  **2** Next Wednesday.
  **3** Next Friday.
  **4** Next Sunday.

*(30)* What does James's grandmother say to James?
  **1** He should ask his parents for help.
  **2** He should put the cake in the fridge.
  **3** He should buy some chocolate.
  **4** He should send her a recipe.

**4**

次の英文の内容に関して，(31)から(35)までの質問に対する答えとして最も
適切なもの，または文を完成させるのに最も適切なものを1，2，3，4の中
から一つ選び，その番号のマーク欄をぬりつぶしなさい。

[C]

# Hannah's New Hobby

Hannah is a high school student from Sydney, Australia. Every year, Hannah goes on a trip with her family. Last January, they traveled to Fiji. Their hotel was next to a beautiful beach. The water was warm, and there were interesting fish in it. Hannah enjoyed looking at the fish.

One day, Hannah's mother asked, "Do you want to take a surfing* class with me?" Hannah said, "Yes, but it'll be my first time." Her mother said, "Don't worry. The teacher will help you."

The next day, they took a surfing class. The teacher was kind, and the class was fun. Hannah was happy when she stood up on her surfboard.* After the class, Hannah looked for other surfing schools on the Internet. She found one school in Sydney and decided to take surfing lessons there. Hannah likes surfing very much, and she can't wait to practice more.

*surfing: サーフィン
*surfboard: サーフボード

*(31)* What did Hannah do last January?

**1** She went to Fiji.

**2** She began high school.

**3** She visited Sydney.

**4** She went fishing.

*(32)* What did Hannah enjoy doing at the beach?

**1** Swimming in the sea.

**2** Playing with her family.

**3** Doing her homework.

**4** Looking at the fish.

*(33)* What did Hannah's mother say to Hannah?

**1** She will buy Hannah a surfboard.

**2** The teacher will teach Hannah about surfing.

**3** She is worried about surfing.

**4** The surfing teacher is good.

*(34)* When was Hannah happy?

**1** When she fell into the water.

**2** When she stood up on the surfboard.

**3** When her teacher was kind to her.

**4** When she got her surfboard.

*(35)* What did Hannah do after the surfing class?

**1** She asked her mother for a surfboard.

**2** She learned to surf in Fiji.

**3** She found a surfing school in Sydney.

**4** She talked to her friends on the Internet.

# ●リスニング

## 4級リスニングテストについて

❶このテストには，第1部から第3部まであります。
　★英文は二度放送されます。
　第1部……イラストを参考にしながら対話と応答を聞き，最も適切な応答を1，2，
　　　　　3の中から一つ選びなさい。
　第2部……対話と質問を聞き，その答えとして最も適切なものを1，2，3，4の中か
　　　　　ら一つ選びなさい。
　第3部……英文と質問を聞き，その答えとして最も適切なものを1，2，3，4の中か
　　　　　ら一つ選びなさい。
❷No. 30のあと，10秒すると試験終了の合図がありますので，筆記用具を置いてください。

## 第1部

［例題］

CD
赤-67

---

No. 1

CD
赤-68

No. 2

CD
赤-69

**No. 3**

CD
赤-70

**No. 4**

CD
赤-71

**No. 5**

CD
赤-72

**No. 6**

CD
赤-73

**No. 7**

CD
赤-74

**No. 8**

CD
赤-75

**No. 9**

CD
赤-76

**No. 10**

CD
赤-77

**No. 11**

1 To eat at a restaurant.
2 To buy her father a present.
3 To see a basketball game.
4 To get new shoes.

**No. 12**

1 Go to a movie.
2 Cook Mexican food.
3 Eat dinner.
4 Look for a new TV.

**No. 13**

1 John's.
2 Sally's.
3 John's mother's.
4 Sally's friend's.

**No. 14**

1 He ate too much.
2 He had a cold.
3 He went to bed late.
4 He doesn't like pizza.

**No. 15**

1 $15.
2 $20.
3 $25.
4 $50.

**No. 16**

1 It is windy.
2 It is warm.
3 It is raining.
4 It is snowing.

**No. 17**

1 His sweater.
2 His umbrella.
3 His house key.
4 His raincoat.

**No. 18**

1 The black ones.
2 The red ones.
3 The green ones.
4 The blue ones.

**No. 19**

1 Jack.
2 Ms. Norton.
3 The girl.
4 Ms. Norton's son.

**No. 20**

1 Today.
2 Tomorrow.
3 Next week.
4 Next month.

| No. 21  | **1** Math.<br>**2** English.<br>**3** History.<br>**4** Science. |
|---|---|

No. 22

**1** Her walk.
**2** Working at a café.
**3** Making lunch.
**4** Cleaning her house.

No. 23

**1** At a baseball stadium.
**2** In a school gym.
**3** At a sports store.
**4** In the teachers' room.

No. 24

**1** Next Tuesday.
**2** Next Thursday.
**3** Next Saturday.
**4** Next Sunday.

No. 25

**1** Spanish.
**2** French.
**3** German.
**4** English.

No. 26

**1** At 2:00.
**2** At 3:00.
**3** At 7:00.
**4** At 12:00.

**No. 27**

1 Cherry.
2 Strawberry.
3 Chocolate.
4 Vanilla.

**No. 28**

1 His trip.
2 His pet bird.
3 His weekend plans.
4 His favorite museum.

**No. 29**

1 Baseball is his favorite sport.
2 His friend is on the team.
3 There is no tennis team.
4 There is a game next week.

**No. 30**

1 At 7:00.
2 At 7:10.
3 At 7:50.
4 At 8:00.

# 4級

## 2022年度 第2回

2022.10.9実施

筆記(35分)

pp.100～109

リスニング(約29分)

pp.110～115

CD青-1～33

※解答一覧はp.87
※解答と解説はpp.88～114

※巻末についている解答用マークシートを使いましょう。

### 合格基準スコア

● 622(満点1000／リーディング500, リスニング500)

**1** 次の(1)から(15)までの（　）に入れるのに最も適切なものを1, 2, 3, 4の中から一つ選び、その番号のマーク欄をぬりつぶしなさい。

(1) **A:** Did you (　　) your mother about going to the movie?
**B:** Yes. I can go with you.
**1** watch　**2** make　**3** ask　**4** get

(2) In many countries, Christmas Day is a popular holiday, and many children get (　　) on this day.
**1** subjects　**2** sounds　**3** rooms　**4** presents

(3) **A:** What will you do this weekend?
**B:** I'll move to a new (　　). It's bigger, so I'm happy.
**1** apartment　　　　**2** band
**3** race　　　　**4** painting

(4) Wendy often (　　) some fruit to eat after lunch.
**1** meets　**2** brings　**3** sits　**4** falls

(5) **A:** Do you want to go camping this weekend? The weather will be great, so we can see many (　　) at night.
**B:** That sounds great.
**1** pens　**2** dishes　**3** stars　**4** teams

(6) Canada has many (　　) parks and lakes. Many people visit there in summer.
**1** beautiful　　　　**2** tired
**3** easy　　　　**4** necessary

(7) **A:** Can you cut this bread with this (　　)?
**B:** Sure.
**1** bridge　**2** picnic　**3** rest　**4** knife

*(8)* The members of the baseball team (      ) catch for 15 minutes during every practice.

**1** hold     **2** play     **3** want     **4** say

*(9)* The new English teacher from Australia was kind (      ) all the students in the class.

**1** of     **2** at     **3** to     **4** as

*(10)* **A:** Is there a good movie (      ) TV tonight?
**B:** Yes. It's about a young dancer.

**1** on     **2** for     **3** by     **4** after

*(11)* Rick often (      ) a long walk with his dog early in the morning.

**1** calls     **2** listens     **3** shows     **4** takes

*(12)* **A:** What do you (      ) of my chocolate chip cookies?
**B:** They're great.

**1** think     **2** sing     **3** open     **4** come

*(13)* James (      ) go to today's baseball game because he hurt his leg.

**1** won't     **2** isn't     **3** hasn't     **4** don't

*(14)* My sister and I came home from school at noon. My mother made lunch for (      ).

**1** our     **2** we     **3** us     **4** their

*(15)* **A:** Grandma is still (      ), so don't watch TV.
**B:** OK, Mom.

**1** sleeps     **2** sleeping     **3** slept     **4** sleep

(16) **Father:** Come to the dining room, Tim. (　　)
　　　**Son:** OK, Dad. I'm coming.
　**1** It's a new house.　　　**2** I like your bedroom.
　**3** It's not for you.　　　**4** Lunch is ready.

(17) **Girl 1:** Does our swimming race start soon?
　　　**Girl 2:** Yes, in five minutes. (　　)
　　　**Girl 1:** Thanks. You, too.
　**1** That's fast.　　　**2** Not this time.
　**3** In the pool.　　　**4** Good luck.

(18) **Student:** Where did you go during your summer
　　　　　　　vacation, Ms. Richards?
　　　**Teacher:** (　　) I go fishing there every summer.
　**1** In my living room.　　**2** To Lake Belmore.
　**3** In spring.　　　**4** For five days.

(19) **Girl 1:** How was your sister's birthday party?
　　　**Girl 2:** It was fun. (　　)
　　　**Girl 1:** Wow! That's a lot.
　**1** There were 30 people there.
　**2** It started late.
　**3** I forgot my gift.
　**4** You can come with us.

(20) 　　**Mother:** Jenny, can you help me in the kitchen?
　　　**Daughter:** (　　) Mom. I just need to send this
　　　　　　　e-mail first.
　**1** It's your computer,　　**2** We had dinner,
　**3** Just a minute,　　　**4** I like it,

**3**

次の(21)から(25)までの日本文の意味を表すように①から⑤までを並べかえて ▢ の中に入れなさい。そして，**2番目**と**4番目**にくるものの最も適切な組合せを**1，2，3，4**の中から一つ選び，その番号のマーク欄をぬりつぶしなさい。※ただし，( ) の中では，文のはじめにくる語も小文字になっています。

**(21)** あなたのパスポートを見せていただけますか。

( ① passport ② may ③ your ④ I ⑤ see )

▢ **2番目** ▢ **4番目** ▢ , please?

**1** ④—③  **2** ②—③  **3** ⑤—①  **4** ③—①

**(22)** 私は時間がある時，朝食を作ります。

( ① I ② when ③ time ④ breakfast ⑤ have )

I make ▢ **2番目** ▢ **4番目** ▢ .

**1** ④—①  **2** ①—②  **3** ④—③  **4** ②—⑤

**(23)** 私の父は英語とフランス語の両方を話すことができます。

( ① English ② can ③ both ④ speak ⑤ and )

My father ▢ **2番目** ▢ **4番目** ▢ French.

**1** ②—④  **2** ②—③  **3** ④—①  **4** ④—⑤

**(24)** その漫画はまったく面白くありませんでした。

( ① at ② not ③ the comic book ④ interesting ⑤ was )

▢ **2番目** ▢ **4番目** ▢ all.

**1** ①—⑤  **2** ②—①  **3** ③—④  **4** ⑤—④

**(25)** アダムの家は本屋の隣です。

( ① next ② is ③ house ④ the bookstore ⑤ to )

Adam's ▢ **2番目** ▢ **4番目** ▢ .

**1** ⑤—①  **2** ②—⑤  **3** ④—①  **4** ①—③

**4** 次のお知らせの内容に関して，*(26)*と*(27)*の質問に対する答えとして最も適切なもの，または文を完成させるのに最も適切なものを**1**，**2**，**3**，**4**の中から一つ選び，その番号のマーク欄をぬりつぶしなさい。

## [A]

### Soccer Day Camp for Junior High School Students

Come to our camp if you're interested in soccer!

**Dates:**　July 12 to July 16
**Time:**　10:30 to 15:00
**Place:**　Silverton Junior High School
**Cost:**　$30

You'll meet two famous soccer players from the Silverton Fighters at the camp. To join, send an e-mail to Mike Webb before June 12.

infosoccer@silverton.jhs

*(26)* When is the last day of the soccer day camp?
  **1**  June 12.
  **2**  June 16.
  **3**  July 12.
  **4**  July 16.

*(27)* At the camp, students will
  **1**  receive e-mails from the Silverton Fighters.
  **2**  watch a movie with Mike Webb.
  **3**  meet famous soccer players.
  **4**  get a free soccer ball.

**4**

次のEメールの内容に関して，*(28)*から*(30)*までの質問に対する答えとして最も適切なもの，または文を完成させるのに最も適切なものを**1**，**2**，**3**，**4**の中から一つ選び，その番号のマーク欄をぬりつぶしなさい。

## [B]

From: Carol Miller
To: Dennis Little
Date: January 16
Subject: Snow festival

---

Hi Dennis,
Smallville will have a special event! There will be a snow festival for six days, from February 2 to 7. On February 6, there will be an ice sculpture* contest. The winner will get $200. I want to go that day and see the sculptures. Tickets are $10 each. Do you want to go?
Your friend,
Carol

From: Dennis Little
To: Carol Miller
Date: January 17
Subject: Let's go!

---

Hi Carol,
I want to see the sculptures, but I'll go skiing with my family on February 5 and 6. I looked at the festival's website. We can still see the sculptures on February 7. They'll also have a snowman contest that day. Tickets are $5 each, and the winner gets $100.
Let's join!
Talk to you soon,
Dennis

*ice sculpture: 氷の彫刻

106

*(28)* How long will the snow festival be?

   **1** Two days.

   **2** Five days.

   **3** Six days.

   **4** Seven days.

*(29)* What will Dennis do on February 5?

   **1** Go skiing.

   **2** Make sculptures.

   **3** Visit a festival.

   **4** Build a website.

*(30)* The winner of the snowman contest will get

   **1** $5.

   **2** $10.

   **3** $100.

   **4** $200.

**4**

次の英文の内容に関して，(31)から(35)までの質問に対する答えとして最も適切なもの，または文を完成させるのに最も適切なものを1，2，3，4の中から一つ選び，その番号のマーク欄をぬりつぶしなさい。

## [C]

# Piano Lessons

Last month, Katherine's parents went to a wedding in Hawaii. Katherine couldn't go, so she stayed at her grandmother's house for one week. On the first day, she missed her parents and felt sad. Her grandmother's house didn't have the Internet, and her grandmother watched old TV shows.

The next morning, Katherine heard music. It was coming from the living room. Katherine's grandmother was playing the piano. Katherine said, "Grandma, can you teach me?" Her grandmother looked very excited. She said, "Many years ago, I taught your mother to play the piano, too." They practiced for three hours every day, and Katherine learned four songs.

On Friday, Katherine's parents came back from their trip. They gave Katherine's grandmother some souvenirs,* and Katherine played two songs for them. Katherine's father was happy. Katherine's mother said, "You should visit your grandmother more often." Now, Katherine wants to learn more songs, so she will visit her grandmother next month, too.

*souvenir: お土産

*(31)* How long did Katherine stay at her grandmother's house?
**1** For one day.
**2** For three days.
**3** For one week.
**4** For one month.

*(32)* How did Katherine feel on the first day?
**1** Tired.
**2** Excited.
**3** Happy.
**4** Sad.

*(33)* Many years ago, Katherine's grandmother taught the piano to
**1** Katherine's father.
**2** Katherine's mother.
**3** Katherine's uncle.
**4** Katherine's friends.

*(34)* What did Katherine do on Friday?
**1** She learned a new song.
**2** She practiced for four hours.
**3** She went to a wedding.
**4** She played the piano for her parents.

*(35)* Why will Katherine visit her grandmother next month?
**1** Her mother has to work.
**2** Her parents will go on a trip.
**3** She wants to learn more songs.
**4** She will give her grandmother a gift.

# ●リスニング

## 4級リスニングテストについて

❶このテストには，第1部から第3部まであります。
　★英文は二度放送されます。
　　第1部……イラストを参考にしながら対話と応答を聞き，最も適切な応答を1，2，
　　　　　　　3の中から一つ選びなさい。
　　第2部……対話と質問を聞き，その答えとして最も適切なものを1，2，3，4の中か
　　　　　　　ら一つ選びなさい。
　　第3部……英文と質問を聞き，その答えとして最も適切なものを1，2，3，4の中か
　　　　　　　ら一つ選びなさい。
❷No. 30のあと，10秒すると試験終了の合図がありますので，筆記用具を置いてください。

## 第1部

[例題]

CD
青-1

No. 1

CD
青-2

No. 2

CD
青-3

**No. 3**

**No. 4**

**No. 5**

**No. 6**

**No. 7**

**No. 8**

**No. 9**

**No. 10**

**No. 11**
1 To watch a concert.
2 To practice with the band.
3 To do his homework.
4 To clean his classroom.

**No. 12**
1 The bus didn't come.
2 The train stopped.
3 She couldn't find her phone.
4 She took the wrong bus.

**No. 13**
1 Visiting her grandfather.
2 Walking the dog.
3 Cooking lunch.
4 Watching TV.

**No. 14**
1 The boy's.
2 The boy's mother's.
3 Her own.
4 Her mother's.

**No. 15**
1 Buy a map.
2 Send a card.
3 Call his uncle.
4 Use the computer.

**No. 16**
1 Their basketball coach.
2 Their new TV.
3 A basketball game.
4 A new teacher.

**No. 17**

**1** To meet his classmate.
**2** To meet his mother.
**3** To buy a notebook.
**4** To buy some Spanish food.

**No. 18**

**1** Jim's.
**2** Maria's.
**3** Sam's.
**4** Ms. Clark's.

**No. 19**

**1** On Saturday morning.
**2** On Saturday afternoon.
**3** On Sunday morning.
**4** On Sunday afternoon.

**No. 20**

**1** One.
**2** Two.
**3** Three.
**4** Four.

**No. 21**
1 In a school.
2 In a hotel.
3 In a café.
4 In a train station.

**No. 22**
1 Watching a sumo tournament.
2 Going sightseeing.
3 Taking a Japanese bath.
4 Eating sushi.

**No. 23**
1 He went to a party.
2 He visited his friend.
3 He stayed at home.
4 He went to a hospital.

**No. 24**
1 Visit her grandfather.
2 Make a doll.
3 Go to a toy store.
4 Buy a doll.

**No. 25**
1 She didn't clean the kitchen.
2 She didn't buy a present.
3 She forgot to use sugar.
4 She forgot to buy a cake.

**No. 26**
1 On Wednesday.
2 On Thursday.
3 On Friday.
4 On the weekend.

**No. 27**

1 At school.
2 By the front door.
3 In her father's car.
4 In her room.

**No. 28**

1 Once a month.
2 Twice a month.
3 Once a week.
4 Twice a week.

**No. 29**

1 A sweater.
2 A scarf.
3 A dress.
4 A shirt.

**No. 30**

1 Salad.
2 Cookies.
3 Drinks.
4 Potato chips.

# 4級

## 2022年度 第1回

2022.6.5実施

筆記(35分)

pp.118〜127

リスニング(約29分)

pp.128〜133

CD青-34〜66

※解答一覧はp.115
※解答と解説はpp.116〜142

※巻末についている解答用マークシート
を使いましょう。

## 合格基準スコア

● 622(満点1000／リーディング500, リスニング500)

**1** 次の(1)から(15)までの（　）に入れるのに最も適切なものを1, 2, 3, 4の中から一つ選び、その番号のマーク欄をぬりつぶしなさい。

(1) **A:** How much time do we have before the (　　) train comes?
**B:** About five minutes.
**1** lost　　**2** clear　　**3** next　　**4** heavy

(2) **A:** How long did you play tennis today?
**B:** (　　) two hours.
**1** For　　**2** Since　　**3** With　　**4** Through

(3) **A:** Oh no! I wrote the wrong date. Can I use your (　　)?
**B:** Sure. Here you go.
**1** belt　　**2** eraser　　**3** coat　　**4** map

(4) In winter, the (　　) is very cold in some cities in Canada.
**1** hometown　　　　**2** address
**3** problem　　　　　**4** temperature

(5) Every year, I (　　) flowers to my grandmother. Her birthday is on Christmas Day.
**1** send　　**2** keep　　**3** believe　　**4** forget

(6) **A:** I'm so (　　), but I need to finish my homework.
**B:** Go to bed and wake up early tomorrow.
**1** sleepy　　**2** local　　**3** boring　　**4** rich

(7) **A:** Can we go shopping this weekend, Mom?
**B:** Let's go on Sunday. I'm (　　) on Saturday.
**1** fast　　**2** weak　　**3** busy　　**4** careful

*(8)* **A:** You're running too fast. Can you slow (　　　), please?
**B:** Sure.
**1** down　　**2** about　　**3** long　　**4** often

*(9)* **A:** Turn off the TV. Come here (　　　) once and help me.
**B:** OK, Mom.
**1** as　　**2** at　　**3** in　　**4** of

*(10)* Ms. Barton has a good (　　　) for the school concert. She wants to speak to us after class.
**1** way　　**2** side　　**3** idea　　**4** rice

*(11)* **A:** Let's watch the news together, Grandpa.
**B:** Just a (　　　). I'll get my glasses.
**1** trouble　　**2** lesson　　**3** moment　　**4** pocket

*(12)* **A:** Your brother looks (　　　) a famous singer.
**B:** Really? I'll tell him.
**1** on　　**2** about　　**3** like　　**4** to

*(13)* **A:** Where are you going?
**B:** I'm going (　　　) video games at Joe's house.
**A:** Come home before dinner.
**1** to play　　**2** played　　**3** playing　　**4** plays

*(14)* My uncle likes (　　　) people, so he became a police officer.
**1** help　　**2** helps　　**3** helping　　**4** helped

*(15)* **A:** (　　　) I put this hat in a box for you, sir?
**B:** Yes, please. It's a present for my son.
**1** Shall　　**2** Does　　**3** Have　　**4** Be

**2** 次の(16)から(20)までの会話について，（　）に入れるのに最も適切なものを **1**, **2**, **3**, **4**の中から一つ選び，その番号のマーク欄をぬりつぶしなさい。

**(16)** **Daughter:** I went swimming at the city pool today.
　　**Father:** That sounds fun. (　　)
**Daughter:** No, I walked.
**1** Is it new?　　　　　**2** Did you take the bus?
**3** Can I come with you?　**4** Was it sunny?

**(17)** **Son:** Do you want to play this computer game with me, Mom?
**Mother:** (　　)
　　**Son:** Don't worry. It's easy.
**1** I bought one, too.　**2** I use one at work.
**3** It looks really difficult.　**4** It's my favorite game.

**(18)** **Wife:** This curry is really delicious. (　　)
**Husband:** Of course. Here you are.
**1** How did you make it?　**2** Can I have some more?
**3** How much was it?　**4** Can you do it for me?

**(19)** **Boy 1:** How many students are there in the English club?
**Boy 2:** (　　)
**Boy 1:** Wow! That's a lot.
**1** Only five dollars.　**2** Twice a week.
**3** At 2:45.　**4** About 30.

**(20)** **Mother:** Do you want something to eat, Chris?
　　**Son:** Yes, please. (　　)
**1** You can use mine.
**2** I'd like some potato chips.
**3** It's by the supermarket.
**4** I'll ask her a question.

120

**3**
次の*(21)*から*(25)*までの日本文の意味を表すように①から⑤までを並べかえて □ の中に入れなさい。そして，**2番目**と**4番目**にくるものの最も適切な組合せを**1**，**2**，**3**，**4**の中から一つ選び，その番号のマーク欄をぬりつぶしなさい。※ただし，（　）の中では，文のはじめにくる語も小文字になっています。

*(21)* あなたの新しい住所を教えてください。
( ① me　② new　③ your　④ address　⑤ tell )

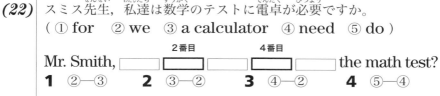

Please ☐ ☐<sub>2番目</sub> ☐ ☐<sub>4番目</sub> ☐ .

**1** ①—②　**2** ④—②　**3** ③—①　**4** ⑤—④

*(22)* スミス先生，私達は数学のテストに電卓が必要ですか。
( ① for　② we　③ a calculator　④ need　⑤ do )

Mr. Smith, ☐ ☐<sub>2番目</sub> ☐ ☐<sub>4番目</sub> ☐ the math test?

**1** ②—③　**2** ③—②　**3** ④—②　**4** ⑤—④

*(23)* ピアノの練習を止めてお茶にしましょう。
( ① practicing　② stop　③ and　④ the piano　⑤ have )

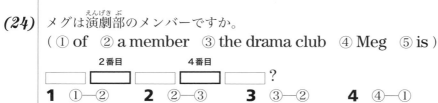

Let's ☐ ☐<sub>2番目</sub> ☐ ☐<sub>4番目</sub> ☐ some tea.

**1** ①—③　**2** ①—④　**3** ⑤—②　**4** ⑤—①

*(24)* メグは演劇部のメンバーですか。
( ① of　② a member　③ the drama club　④ Meg　⑤ is )

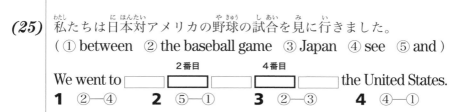

☐ ☐<sub>2番目</sub> ☐ ☐<sub>4番目</sub> ☐ ?

**1** ①—②　**2** ②—③　**3** ③—②　**4** ④—①

*(25)* 私たちは日本対アメリカの野球の試合を見に行きました。
( ① between　② the baseball game　③ Japan　④ see　⑤ and )

We went to ☐ ☐<sub>2番目</sub> ☐ ☐<sub>4番目</sub> ☐ the United States.

**1** ②—④　**2** ⑤—①　**3** ②—③　**4** ④—①

## [A]

### Enjoy a Great Night of Music

Kingston High School Guitar Club will have a concert.

| | |
|---|---|
| **Date:** | Saturday, May 3 |
| **Time:** | 6 p.m. to 8 p.m. |
| **Place:** | School gym |
| **Tickets:** | $5 for students |
| | $10 for parents |

Everyone can have some snacks and drinks in the school cafeteria after the concert. The gym will open at 5 p.m.

*(26)* How much is a ticket for students?
  **1** $2.
  **2** $5.
  **3** $7.
  **4** $10.

*(27)* What can people do after the concert?
  **1** Play the guitar.
  **2** Run in the school gym.
  **3** Listen to some CDs.
  **4** Eat and drink in the cafeteria.

**4**

次のEメールの内容に関して，(28)から(30)までの質問に対する答えとして最
も適切なもの，または文を完成させるのに最も適切なものを1，2，3，4の中
から一つ選び，その番号のマーク欄をぬりつぶしなさい。

## [B]

From: David Price
To: Elle Price
Date: August 10
Subject: Homework

----

Dear Grandma,
How was your trip to the beach last week? Can you
help me? I need some old family photos. I want to use
them for my history class. You have a lot of pictures,
right? Can I visit you this Saturday and get some? I like
the pictures of my dad. He was young then.
Love,
David

From: Elle Price
To: David Price
Date: August 11
Subject: Your visit

----

Hi David,
I really enjoyed my trip. I'll go shopping on Saturday,
but you can come on Sunday afternoon. Also, can you
help me in the garden* then? I'm growing tomatoes.
We can pick some, and I'll make tomato soup for you.
You can take some tomatoes home and give them to
your mother. She can use them to make salad.
Love,
Grandma

*garden: 菜園

*(28)* David needs to
**1** read a history book.
**2** buy a new camera.
**3** get some family photos.
**4** draw a picture of his father.

*(29)* What will David's grandmother do on Saturday?
**1** Go shopping.
**2** Take a trip to the beach.
**3** Make salad.
**4** Visit David's house.

*(30)* What does David's grandmother say to David?
**1** She will buy lunch for him.
**2** She will make tomato soup for him.
**3** She doesn't like tomatoes.
**4** She wants to talk to his mother.

**4**

次の英文の内容に関して，*(31)* から *(35)* までの質問に対する答えとして最も適切なもの，または文を完成させるのに最も適切なものを **1**, **2**, **3**, **4**の中から一つ選び，その番号のマーク欄をぬりつぶしなさい。

[C]

# New Friends

Sam is in his first year of college. His college is far from home, so he usually studies at the library on weekends. At first, he was bored and lonely.

One day, a girl in Sam's history class spoke to him. She said, "My name is Mindy. Do you want to go camping with me and my friends this weekend?" Sam said, "Sure!"

It was Sam's first time to go camping. On Friday, he borrowed a special backpack* and a sleeping bag* from Mindy. She told Sam, "Bring some warm clothes. My friends have tents." Sam thought, "We'll get very hungry." So, he put a lot of food in the backpack.

On Saturday, they walked up Razor Mountain. Sam's backpack was heavy, so he was tired. Mindy's friends cooked dinner on the campfire,* and everyone was happy because Sam brought a lot of food. Sam had fun, and they made plans to go camping again.

*backpack: リュックサック
*sleeping bag: 寝袋
*campfire: キャンプファイア

*(31)* What does Sam usually do on weekends?
  **1** He works at his college.
  **2** He studies at the library.
  **3** He cooks dinner.
  **4** He stays at Mindy's house.

*(32)* On Friday, Sam
  **1** borrowed a backpack and a sleeping bag from Mindy.
  **2** made lunch for Mindy and her friends.
  **3** studied for a history test with Mindy.
  **4** went shopping with Mindy's friends.

*(33)* What did Mindy say to Sam?
  **1** He should bring warm clothes.
  **2** He should buy a new tent.
  **3** He should get some shoes.
  **4** He should get a map.

*(34)* Why was Sam tired?
  **1** He didn't sleep very well.
  **2** He didn't eat enough food.
  **3** His backpack was heavy.
  **4** The mountain was very big.

*(35)* Why were Mindy and her friends happy?
  **1** Sam made lunch for them.
  **2** Sam started a campfire.
  **3** Sam made plans for a party.
  **4** Sam brought a lot of food.

# ●リスニング

## 4級リスニングテストについて

❶このテストには，第1部から第3部まであります。
　★英文は二度放送されます。
　第1部……イラストを参考にしながら対話と応答を聞き，最も適切な応答を**1，2，**
　　　　　　**3**の中から一つ選びなさい。
　第2部……対話と質問を聞き，その答えとして最も適切なものを**1，2，3，4**の中か
　　　　　　ら一つ選びなさい。
　第3部……英文と質問を聞き，その答えとして最も適切なものを**1，2，3，4**の中か
　　　　　　ら一つ選びなさい。
❷No. 30のあと，10秒すると試験終了の合図がありますので，筆記用具を置いてください。

## 第1部

[例題]

CD
青-34

No. 1

CD
青-35

No. 2

CD
青-36

**No. 3**

CD 青-37

**No. 4**

CD 青-38

**No. 5**

CD 青-39

**No. 6**

CD 青-40

**No. 7**

CD 青-41

**No. 8**

CD 青-42

**No. 9**

CD 青-43

**No. 10**

CD 青-44

**No. 11**

1 The boy.
2 The girl.
3 The boy's grandparents.
4 The girl's grandparents.

**No. 12**

1 Visit a zoo.
2 Get a pet cat.
3 Play with his friend.
4 Go to the store.

**No. 13**

1 He went to bed late last night.
2 He washed his dog.
3 He went for a run.
4 He got up early this morning.

**No. 14**

1 Sing in a concert.
2 Go shopping.
3 Watch a movie.
4 Buy a jacket.

**No. 15**

1 In the man's bag.
2 In the car.
3 At home.
4 In the boat.

**No. 16**

1 Two.
2 Six.
3 Eight.
4 Ten.

**No. 17**

1 She didn't do her homework.
2 She can't find her locker.
3 Her blue jacket is dirty.
4 Her pen is broken.

**No. 18**

1 A book.
2 An art museum.
3 A trip.
4 A school library.

**No. 19**

1 Soup.
2 Pizza.
3 Spaghetti.
4 Curry.

**No. 20**

1 At 4:00.
2 At 4:30.
3 At 6:00.
4 At 6:30.

No. 21

1 From a supermarket.
2 From her friend.
3 From her parents.
4 From her garden.

No. 22

1 A smartphone.
2 A cake.
3 A phone case.
4 A book.

No. 23

1 Tonight.
2 Tomorrow night.
3 Next Friday.
4 Next year.

No. 24

1 The girl.
2 The girl's mother.
3 The girl's father.
4 The girl's brother.

No. 25

1 Go fishing.
2 Make cards for her friends.
3 Get ready for a trip.
4 Go to school early.

No. 26

1 His hobby.
2 His art class.
3 His favorite sport.
4 His brother's camera.

**No. 27**

**1** Once a week.
**2** Twice a week.
**3** Three times a week.
**4** Every day.

**No. 28**

**1** He makes dinner.
**2** He cooks breakfast.
**3** He makes a cake.
**4** He goes to a restaurant.

**No. 29**

**1** To visit his friend.
**2** To meet a famous person.
**3** To watch a soccer game.
**4** To see some buildings.

**No. 30**

**1** One.
**2** Two.
**3** Three.
**4** Four.

# 4 <ruby>級<rt>きゅう</rt></ruby>

## 2021<ruby>年度<rt>ねんど</rt></ruby> <ruby>第<rt>だい</rt></ruby> ③ <ruby>回<rt>かい</rt></ruby>

2022.1.23<ruby>実施<rt>じっし</rt></ruby>

<ruby>筆記<rt>ひっき</rt></ruby>(35<ruby>分<rt>ふん</rt></ruby>)

pp.136〜145

リスニング(<ruby>約<rt>やく</rt></ruby>29<ruby>分<rt>ふん</rt></ruby>)

pp.146〜151

CD<ruby>青<rt>あお</rt></ruby>-67〜99

※<ruby>解答一覧<rt>かいとういちらん</rt></ruby>は p.143
※<ruby>解答<rt>かいとう</rt></ruby>と<ruby>解説<rt>かいせつ</rt></ruby>は pp.144〜170

※<ruby>巻末<rt>かんまつ</rt></ruby>についている<ruby>解答用<rt>かいとうよう</rt></ruby>マークシート
を<ruby>使<rt>つか</rt></ruby>いましょう。

### <ruby>合格基準<rt>ごうかくきじゅん</rt></ruby>スコア

● 622(<ruby>満点<rt>まんてん</rt></ruby>1000／リーディング500, リスニング500)

**1** 次の(1)から(15)までの（ ）に入れるのに最も適切なものを**1**, **2**, **3**, **4**の中から一つ選び，その番号のマーク欄をぬりつぶしなさい。

**(1)** *A:* I can't swim, so I want to take (　　　).
*B:* You should call the city pool. I learned to swim there.

**1** examples      **2** flowers
**3** minutes      **4** lessons

**(2)** The rain (　　　) in the morning, so we went to the park.

**1** stopped    **2** studied    **3** bought    **4** heard

**(3)** The Internet is very useful for getting (　　　) quickly.

**1** subjects      **2** classrooms
**3** tape      **4** information

**(4)** Karen has some (　　　) news. She's going to move to France.

**1** each    **2** every    **3** exciting    **4** easy

**(5)** *A:* Do you want (　　　) hamburger, Larry?
*B:* No, thanks. I'm full.

**1** all    **2** another    **3** same    **4** few

**(6)** The city is going to (　　　) a new school in my neighborhood.

**1** build    **2** become    **3** brush    **4** bring

**(7)** Mr. Roberts is always busy, but he (　　　) his e-mail every morning.

**1** closes    **2** changes    **3** calls    **4** checks

*(8)* **A:** Do you often visit your grandfather?
**B:** No, but we speak to each (    ) every weekend.
**1** other     **2** some     **3** next     **4** many

*(9)* I can talk (    ) everything with my mom, so she's my best friend.
**1** after     **2** about     **3** under     **4** near

*(10)* Kyoko always (    ) up early in the morning. She makes her lunch before she goes to work.
**1** catches     **2** forgets     **3** wakes     **4** keeps

*(11)* My parents both work, so they aren't at home (    ) the day.
**1** down     **2** before     **3** against     **4** during

*(12)* Each year, more (    ) more people travel to Japan to enjoy sightseeing and shopping.
**1** and     **2** or     **3** but     **4** than

*(13)* The students (    ) 50 meters in the school pool yesterday.
**1** swim                  **2** swam
**3** swimming     **4** to swim

*(14)* Mike likes comic books. He reads (    ) every day.
**1** it     **2** me     **3** him     **4** them

*(15)* **A:** I forgot my pencil. (    ) I use yours, Mark?
**B:** Yes. Here you are.
**1** Have     **2** Could     **3** Are     **4** Was

**2**

次の(16)から(20)までの会話について, (  ) に入れるのに最も適切なものを **1**, **2**, **3**, **4**の中から一つ選び, その番号のマーク欄をぬりつぶしなさい。

(16) **Boy 1:** That's a beautiful guitar. (      )
**Boy 2:** It's my father's. He bought it last year.
  **1** When was it?         **2** Whose is it?
  **3** How is he?           **4** Where did he go?

(17) **Boy:** Did you bring your soccer ball?
**Girl:** (      ) but I'll bring it tomorrow.
  **1** Not today,           **2** I like P.E.,
  **3** Wait a minute,       **4** You played well,

(18) **Daughter:** Dad, I can't find my social studies textbook.
**Father:** (      )
**Daughter:** Thanks.
  **1** It's a difficult subject.
  **2** It was very interesting.
  **3** It's on the kitchen table.
  **4** It's for your brother.

(19) **Girl 1:** I had a great time at your party tonight, Lucy!
**Girl 2:** (      ) See you!
  **1** Thanks for coming.    **2** It was delicious.
  **3** I'll be there soon.   **4** I'll try this one.

(20) **Girl 1:** I'm going to open the window.
**Girl 2:** (      ) It's really hot in here.
  **1** I'll take it.          **2** That's our classroom.
  **3** I have one, too.       **4** That's a great idea.

**3**
次の(21)から(25)までの日本文の意味を表すように①から⑤までを並べかえて □ の中に入れなさい。そして，2番目と4番目にくるものの最も適切な組合せを1，2，3，4の中から一つ選び，その番号のマーク欄をぬりつぶしなさい。※ただし，（　）の中では，文のはじめにくる語も小文字になっています。

**(21)** チームで一番足が速いのは誰ですか。

( ① who　② the fastest　③ is　④ on　⑤ runner )

| | 2番目 | | 4番目 | |
|---|---|---|---|---|

□ □ □ □ □ the team?

**1** ④─⑤　　**2** ②─③　　**3** ③─⑤　　**4** ⑤─①

**(22)** 私はこのサラダを作るためにトマトを3つ使いました。

( ① to　② tomatoes　③ make　④ three　⑤ used )

I □ □ □ □ □ this salad.

**1** ④─①　　**2** ④─③　　**3** ⑤─②　　**4** ③─⑤

**(23)** 私の寝室には，壁に何枚かのポスターがあります。

( ① some posters　② on　③ bedroom　④ my　⑤ has )

□ □ □ □ □ the wall.

**1** ④─⑤　　**2** ③─①　　**3** ⑤─④　　**4** ①─③

**(24)** ケーキをもう少しいかがですか。

( ① some more　② like　③ you　④ cake　⑤ would )

□ □ □ □ □ ?

**1** ③─②　　**2** ⑤─②　　**3** ③─①　　**4** ⑤─③

**(25)** 私の父は野球が得意ではありません。

( ① not　② at　③ is　④ playing　⑤ good )

My father □ □ □ □ □ baseball.

**1** ④─③　　**2** ①─⑤　　**3** ②─④　　**4** ①─②

139

**4**

次の掲示の内容に関して，*(26)* と*(27)* の質問に対する答えとして最も適切な
もの，または文を完成させるのに最も適切なものを **1**，**2**，**3**，**4**の中から一
つ選び，その番号のマーク欄をぬりつぶしなさい。

# [A]

## Winter Festival

**When:** February 1 to 8, 11 a.m. to 8 p.m.
**Where:** River Park
Enjoy good food and music! You can have free hot chocolate
every afternoon at 3 p.m. There will be a special dance show
on February 5 at 4 p.m.

To go to River Park, walk 10 minutes from Baker Station. It's
by the Riverside Library.

*(26)* Where is the festival?
**1** At River Park.
**2** At the Riverside Library.
**3** Next to Baker Station.
**4** By a concert hall.

*(27)* A special dance show will start at
**1** 11 a.m. on February 1.
**2** 3 p.m. on February 1.
**3** 4 p.m. on February 5.
**4** 6 p.m. on February 8.

**4**

次のEメールの内容に関して，(28)から(30)までの質問に対する答えとして最も適切なもの，または文を完成させるのに最も適切なものを1, 2, 3, 4の中から一つ選び，その番号のマーク欄をぬりつぶしなさい。

## [B]

From: Rita Alvarez
To: Dana Carpenter
Date: July 21
Subject: Mexican food

Hello Dana,
Do you have plans this Saturday? My grandma is going to visit us here in Colorado this weekend, and she'll teach me to make some Mexican food. She was born in Mexico, but she grew up in California. You love Mexican food, right? We're going to cook *carne asada*. It's Mexican steak. Can you come?
Your friend,
Rita

From: Dana Carpenter
To: Rita Alvarez
Date: July 21
Subject: Thanks

Hi Rita,
Yes, I'm free then! I usually clean my room on Saturday, but I'll do that on Sunday. I love tacos. Last year, I had some delicious cheese nachos at a restaurant in Texas. But I want to make *carne asada*. See you tomorrow!
Bye,
Dana

*(28)* Where did Rita's grandmother grow up?
  **1** In California.
  **2** In Mexico.
  **3** In Texas.
  **4** In Colorado.

*(29)* On Sunday, Dana will
  **1** clean her room.
  **2** meet Rita's grandmother.
  **3** eat at a restaurant.
  **4** try *carne asada*.

*(30)* What kind of food will Rita and Dana make?
  **1** American steak.
  **2** Cheese nachos.
  **3** Mexican steak.
  **4** Tacos.

**4**

次の英文の内容に関して，*(31)* から *(35)* までの質問に対する答えとして最も適切なものを **1**，**2**，**3**，**4** の中から一つ選び，その番号のマーク欄をぬりつぶしなさい。

# [C]

# Winter Fun

Michael lives in Pennsylvania in the United States. He likes spring, but summer is his favorite season. In fall, Michael starts to feel sad. The weather gets cold, and the days are short. In winter, he usually stays at home and plays video games.

Last December, Michael visited his cousin Jack in Vermont. One day, Jack took Michael to a ski resort.* Michael tried snowboarding for the first time. At first, he fell down a lot. After about four hours, Michael got better. He enjoyed it very much, so Jack and Michael went snowboarding again the next day.

When Michael came home, he told his parents about it. His father said, "There's a ski resort near here. It's an hour by car." Michael's mother bought him a snowboard. She also took him to the resort three times that winter. Michael was happy when spring came, but now he also looks forward to winter because he likes his new hobby.

*ski resort: スキー場

*(31)* When does Michael begin to feel sad?
**1** In spring.
**2** In summer.
**3** In fall.
**4** In winter.

*(32)* What did Michael do last December?
**1** He got a new video game.
**2** He stayed at home every day.
**3** He visited his cousin.
**4** He moved to Vermont.

*(33)* How many times did Michael and Jack go snowboarding together?
**1** Twice.
**2** Three times.
**3** Four times.
**4** Five times.

*(34)* What did Michael's father say to Michael?
**1** He will drive Michael to a ski resort.
**2** He will buy Michael a snowboard.
**3** There is a ski resort near their house.
**4** There is a new ski shop near their house.

*(35)* Why does Michael look forward to winter now?
**1** He has a new hobby.
**2** He has a long winter vacation.
**3** Jack comes to visit him every year.
**4** His mother's birthday is in winter.

# ●リスニング
## 4級リスニングテストについて

❶このテストには，第1部から第3部まであります。
　★英文は二度放送されます。
　第1部……イラストを参考にしながら対話と応答を聞き，最も適切な応答を1，2，
　　　　　　3の中から一つ選びなさい。
　第2部……対話と質問を聞き，その答えとして最も適切なものを1，2，3，4の中か
　　　　　　ら一つ選びなさい。
　第3部……英文と質問を聞き，その答えとして最も適切なものを1，2，3，4の中か
　　　　　　ら一つ選びなさい。
❷No.30のあと，10秒すると試験終了の合図がありますので，筆記用具を置いてください。

# 第1部

[例題]

CD
青-67

No. 1

CD
青-68

No. 2

CD
青-69

**No. 3**

**No. 4**

**No. 5**

**No. 6**

**No. 7**

**No. 8**

**No. 9**

**No. 10**

**No. 11**
1 New Zealand.
2 Australia.
3 England.
4 Canada.

**No. 12**
1 Milk.
2 Tea.
3 Coffee.
4 Water.

**No. 13**
1 On Saturday afternoon.
2 Yesterday morning.
3 Last night.
4 This morning.

**No. 14**
1 About 5 minutes.
2 About 15 minutes.
3 About 30 minutes.
4 About 50 minutes.

**No. 15**
1 Her homestay.
2 Her computer club.
3 Reading an e-mail.
4 Talking to her sister.

**No. 16**
1 Go shopping.
2 Go to a pizza restaurant.
3 Make dinner.
4 Wash the dishes.

**No. 17**

1 She went to the doctor.
2 She went to school.
3 She had a singing lesson.
4 She listened to the radio.

**No. 18**

1 His bag.
2 His wallet.
3 His phone.
4 His pencil case.

**No. 19**

1 In 2 minutes.
2 In 10 minutes.
3 In 20 minutes.
4 In 30 minutes.

**No. 20**

1 She will study in the library.
2 She has a club meeting.
3 She will visit her friend.
4 She will clean her school.

21年度第3回 リスニング No. 11 ～ No. 20

**No. 21**
1 Cheese.
2 Chicken.
3 Roast beef.
4 Fish.

**No. 22**
1 At 9:00.
2 At 9:30.
3 At 10:00.
4 At 10:30.

**No. 23**
1 Her lunch.
2 Her schoolbooks.
3 Her friend's comic book.
4 Her friend's umbrella.

**No. 24**
1 Three.
2 Four.
3 Five.
4 Six.

**No. 25**
1 He couldn't see the parade.
2 His parents were busy.
3 His eyes hurt.
4 He missed the bus.

**No. 26**
1 To a restaurant.
2 To a park.
3 To a soccer stadium.
4 To a museum.

**No. 27**

1 His brother.
2 His sister.
3 His teacher.
4 His classmates.

**No. 28**

1 On Mondays.
2 On Tuesdays.
3 On Saturdays.
4 On Sundays.

**No. 29**

1 His fun day.
2 His favorite artist.
3 His new computer.
4 His house.

**No. 30**

1 Live in England.
2 Finish high school.
3 Work in a hospital.
4 Become a teacher.

CD作成協力●ELEC録音スタジオ　　本文デザイン●松倉浩・鈴木友佳
編集協力●一校舎　　　　　　　　　企画編集●成美堂出版編集部

本書に関する正誤等の最新情報は，下記のアドレスで確認することができます。
https://www.seibidoshuppan.co.jp/support/

上記URLに記載されていない箇所で正誤についてお気づきの場合は，書名・発行日・質問事項・ページ数・氏名・郵便番号・住所・FAX番号を明記の上，**郵送またはFAXで成美堂出版**までお問い合わせください。
**※電話でのお問い合わせはお受けできません。**
※本書の正誤に関するご質問以外にはお答えできません。また受験指導などは行っておりません。
※ご質問の到着確認後，10日前後に回答を普通郵便またはFAXで発送いたします。
　ご質問の受付期限は，2024年度の各試験日の10日前到着分までとさせていただきます。ご了承ください。

・本書の付属CDは，CDプレーヤーでの再生を保証する規格品です。
・CDプレーヤーで音声が正常に再生されるCDから，パソコンやiPodなどのデジタルオーディオプレーヤーに取り込む際にトラブルが生じた場合は，まず，そのソフトまたはプレーヤーの製作元にご相談ください。
・本書の付属CDには，タイトルなどの文字情報はいっさい含まれておりません。CDをパソコンに読み込んだ際，異なった年版や書籍の文字情報が表示されることがありますが，それは弊社の管理下にはないデータが取り込まれたためです。必ず音声をご確認ください。

このコンテンツは，公益財団法人 日本英語検定協会の承認や推奨，その他の検討を受けたものではありません。

## 英検®4級過去6回問題集 '24年度版

2024年3月10日発行

編　者　成美堂出版編集部

発行者　深見公子

発行所　成美堂出版
　　　　〒162-8445　東京都新宿区新小川町1-7
　　　　電話(03)5206-8151　FAX(03)5206-8159

印　刷　大盛印刷株式会社

©SEIBIDO SHUPPAN 2024 PRINTED IN JAPAN
ISBN978-4-415-23812-8
落丁・乱丁などの不良本はお取り替えします
定価はカバーに表示してあります

文部科学省後援

'24
年度版

# 英検®

## 過去6回
## 問題集

# 4級

英検®は、公益財団法人 日本英語検定協会の登録商標です。

別冊 解答・解説

矢印の方向に引くと切り離せます。

# CONTENTS

※別冊は，付属の赤シートで答えを隠してご利用下さい。

## ●合格基準スコア●

622（満点1000／リーディング500, リスニング500）

※解説中にある, 空所を表す（　）以外の（　）は省略可能・補足説明,［　　］は言い換え可能であることを表します。

# 2023年度 第2回

筆記　解答・解説　　pp.4〜16
リスニング　解答・解説　　pp.16〜30

## 解　答　欄

| 問題番号 | 1 | 2 | 3 | 4 |
|---|---|---|---|---|
| 1 | (1) | ① | ② | ❸ | ④ |
| | (2) | ① | ❷ | ③ | ④ |
| | (3) | ❶ | ② | ③ | ④ |
| | (4) | ① | ② | ③ | ❹ |
| | (5) | ① | ❷ | ③ | ④ |
| | (6) | ① | ② | ③ | ❹ |
| | (7) | ① | ② | ③ | ❹ |
| | (8) | ① | ② | ③ | ❹ |
| | (9) | ① | ❷ | ③ | ④ |
| | (10) | ① | ② | ❸ | ④ |
| | (11) | ① | ② | ❸ | ④ |
| | (12) | ❶ | ② | ③ | ④ |
| | (13) | ① | ❷ | ③ | ④ |
| | (14) | ① | ② | ③ | ❹ |
| | (15) | ❶ | ② | ③ | ④ |

## 解　答　欄

| 問題番号 | 1 | 2 | 3 | 4 |
|---|---|---|---|---|
| 2 | (16) | ① | ② | ❸ | ④ |
| | (17) | ① | ② | ❸ | ④ |
| | (18) | ❶ | ② | ③ | ④ |
| | (19) | ❶ | ② | ③ | ④ |
| | (20) | ① | ❷ | ③ | ④ |
| 3 | (21) | ① | ② | ❸ | ④ |
| | (22) | ① | ❷ | ③ | ④ |
| | (23) | ① | ② | ❸ | ④ |
| | (24) | ① | ② | ③ | ❹ |
| | (25) | ❶ | ② | ③ | ④ |
| 4 | (26) | ① | ❷ | ③ | ④ |
| | (27) | ① | ❷ | ③ | ④ |
| | (28) | ① | ② | ❸ | ④ |
| | (29) | ① | ② | ❸ | ④ |
| | (30) | ❶ | ② | ③ | ④ |
| | (31) | ① | ② | ❸ | ④ |
| | (32) | ① | ❷ | ③ | ④ |
| | (33) | ① | ❷ | ③ | ④ |
| | (34) | ① | ❷ | ③ | ④ |
| | (35) | ① | ② | ❸ | ④ |

## リスニング解答欄

| 問題番号 | 1 | 2 | 3 | 4 |
|---|---|---|---|---|
| 例題 | ① | ② | ● | |
| 第1部 | No. 1 | ❶ | ② | ③ | |
| | No. 2 | ❶ | ② | ③ | |
| | No. 3 | ① | ② | ❸ | |
| | No. 4 | ① | ❷ | ③ | |
| | No. 5 | ① | ❷ | ③ | |
| | No. 6 | ① | ② | ❸ | |
| | No. 7 | ① | ❷ | ③ | |
| | No. 8 | ❶ | ② | ③ | |
| | No. 9 | ① | ② | ❸ | |
| | No. 10 | ❶ | ② | ③ | |
| 第2部 | No. 11 | ① | ❷ | ③ | ④ |
| | No. 12 | ① | ② | ❸ | ④ |
| | No. 13 | ① | ② | ③ | ❹ |
| | No. 14 | ❶ | ② | ③ | ④ |
| | No. 15 | ❶ | ② | ③ | ④ |
| | No. 16 | ① | ② | ❸ | ④ |
| | No. 17 | ① | ❷ | ③ | ④ |
| | No. 18 | ① | ② | ❸ | ④ |
| | No. 19 | ❶ | ② | ③ | ④ |
| | No. 20 | ❶ | ② | ③ | ④ |
| 第3部 | No. 21 | ① | ② | ❸ | ④ |
| | No. 22 | ① | ❷ | ③ | ④ |
| | No. 23 | ❶ | ② | ③ | ④ |
| | No. 24 | ① | ② | ③ | ❹ |
| | No. 25 | ❶ | ② | ③ | ④ |
| | No. 26 | ① | ② | ❸ | ④ |
| | No. 27 | ① | ② | ❸ | ④ |
| | No. 28 | ❶ | ② | ③ | ④ |
| | No. 29 | ① | ② | ③ | ❹ |
| | No. 30 | ❶ | ② | ③ | ④ |

**(1)  正解  3**

**訳** A：サッカーの試合中，コーチは選手に向かって叫びました。

**選択肢の訳** 1 心配した　2 遊んだ　3 叫んだ　4 学んだ

**解説** 空所の後ろのatに着目する。このatは「〜に向かって，〜を」の意味で「方向」を表す。代表的なものとしてlook at 〜「〜を見る」のatがある。3のshouted「叫んだ」を選ぶと「選手に向かって叫んだ」となり，意味が通る。

**(2)  正解  2**

**訳** A：プレゼントをありがとう，アリス。本当に気に入った。　B：それを聞いてうれしいわ。

**選択肢の訳** 1 疲れた　2 うれしい　3 病気の　4 すてきな

**解説** プレゼントを気に入ってお礼を述べているAの言葉を聞いて，「うれしい」と答えると会話の流れに合う。2のgladが正解。

**(3)  正解  1**

**訳** ジェームズは来週のスピーチコンテストで大好きな食べ物について話したいと思っています。

**選択肢の訳** 1 コンテスト　2 物語　3 教室　4 競争

**解説** 空所の前のspeech「スピーチ」と合わせて1つの名詞をつくれるものを選ぶ。1のcontestを選ぶとspeech contest「スピーチコンテスト」となる。

**(4)  正解  4**

**訳** この町には大きな公園と多くの興味深い博物館があります。

**選択肢の訳** 1 家　2 郵便局　3 レストラン　4 町

**解説** hasの後ろにa big park and many interesting museums（大きな公園と多くの興味深い博物館）があることから，それらが存在できる場所と

して**4**のtown「町」を入れると意味が通る。

## (5)　正解　**2**

**訳** A：台湾行きの航空券を買った？　B：いや。でも今週末に買うつもり。

**選択肢の訳** **1** 安売り　**2** チケット　**3** かばん　**4** 数

**解説** 空所の前に名詞airplane（飛行機）があるので，airplaneと合わせて1つの名詞をつくるものを選ぶ。**2**のticketを入れるとairplane ticket「航空券」となる。

## (6)　正解　**4**

**訳** お父さんは車の中でラジオで音楽を聞くのが好きです。

**選択肢の訳** **1** 歌手　**2** 台所　**3** 置き時計　**4** ラジオ

**解説** listen to musicは「音楽を聞く」という意味。音楽を聞く手段として**4**のradioを選ぶとon the radio「ラジオで」となる。このonはon TV「テレビで」やon the Internet「インターネットで」などでも出てくる。

## (7)　正解　**4**

**訳** A：今晩は勉強できない。眠すぎる。　B：デービッド，明日は大事な試験があるんだよ。寝る前に少し勉強してちょうだい。

**選択肢の訳** **1** 近い　**2** 暖かい　**3** きれいな　**4** 眠い

**解説** 前の文でI can't study tonight.「今晩は勉強できない」と述べている。その理由となるような形容詞を選ぶ。**4**のsleepy「眠い」が合う。

## (8)　正解　**4**

**訳** A：ジェニファー，デザートの前に野菜を食べなきゃだめだよ。　B：わかってるよ，パパ。

**選択肢の訳** **1** 〜しなければならない　**2** 来る　**3** 行く　**4** 持っている

**解説** BのDadという言葉から親子の会話だとわかる。A（＝父親）の発言にeat some vegetables before dessert（デザートの前に野菜を食べる）とあるので，野菜を後回しにしようとしている子どもに忠告している場面だと考える。**4**のhaveは後ろのtoと合わせると，動詞の「持っている」の意

味から変わり，have to ～「～しなければならない」という意味になる。助動詞のmustと似た意味だと覚えよう。

## (9) 正解 **2**

**訳** A：海岸に行こう。　B：いいよ。行く前に何か食べるものをつくるからちょっとの間待っていて。

**選択肢の訳** **1** 立っている　**2** 待つ　**3** とぶ　**4** 急ぐ

**解説** 空所の後ろのa minuteは「ちょっとの間」を意味する。いっしょに海岸に行く相手に「行く前に何か食べるものをつくるからちょっとの間～」とお願いする内容として合うのは**2**のwait「待つ」。

## (10) 正解 **3**

**訳** A：よく料理するの？　B：うん。毎朝朝食をつくるから，6時に起きているんだ。

**選択肢の訳** **1** 下に　**2** 離れて　**3** 上に　**4** 中へ

**解説** 熟語の問題。空所の前のwakeと合わせて意味をつくる副詞を選ぶ。**3**のupを選ぶと，wake up「起きる，目を覚ます」となる。get up「起きる，起き上がる」といっしょに覚えておこう。

## (11) 正解 **3**

**訳** メアリーは飼いイヌを散歩に連れていくのが大好きです。彼女は飼っているペットに優しいです。

**選択肢の訳** **1** りこうな　**2** 難しい　**3** 優しい　**4** 幸せな

**解説** 空所の後ろのto her pets（飼っているペットに）に着目し，ペットへの接し方として適当な語を選ぶ。**3**のkind「親切な，優しい」が適する。

## (12) 正解 **1**

**訳** A：この歌を知っている？　B：うん。この歌の最後の部分は胸が躍るよ。

**選択肢の訳** **1** 部分　**2** 時間　**3** 船　**4** 置き時計

**解説** 歌が話題になっている。空所の前後がThe last （　） of this song「この歌の最後の～」となっているので，**1**のpartを選んで「最後の部分」とす

ると意味が通る。

## (13)　正解　**2**

**訳**　A：今度の土曜日に映画館に行きたいんだ。忙しい？　B：土曜日は野球の試合があるけれど，日曜日は行けるよ。

**選択肢の訳**　**1**　〜です　**2**　〜できる　**3**　持っていた　**4**　持っている

**解説**　空所の後ろに動詞の原形go（行く）があるので，**2**のcanを選ぶ。canは助動詞なので後ろに動詞の原形がくる。be動詞や一般動詞のすぐ後ろに動詞の原形を置くことはできないため，その他の選択肢は誤り。

## (14)　正解　**4**

**訳**　A：これはだれのぼうし？　B：ああ，それは私の。

**選択肢の訳**　**1**　私は　**2**　私を　**3**　私の　**4**　私のもの

**解説**　持ち主がたずねられている。1語で持ち主を表す**4**のmine「私のもの」を選ぶ。**3**のmy「私の」は〈my＋名詞〉の形で使うため誤り。

## (15)　正解　**1**

**訳**　A：明日は雨が降るの？　B：わからない。インターネットで調べるね。

**解説**　空所の前の〈be動詞＋going to〉は「〜するつもりだ」という未来を表す形。後ろには動詞の原形が続くため，**1**のcheckが正解。

---

**2**　**筆記**（問題編p.48）

## (16)　正解　**3**

**訳**　少女1：ハロウィーンパーティーを開こう。　少女2：いいね。私は黒ネコになりたい。

**選択肢の訳**　**1**　はじめまして。　**2**　お帰り。　**3**　いいね。　**4**　またね。

**解説**　空所の後ろで「私は黒ネコになりたい」と言っているので，少女1の提案に賛成の考えを示す**3**のSounds good.「いいね」を選ぶ。

## (17) 正解 **3**

**訳** 先生：きみは野球が好きなの，ヴィンセント？　生徒：はい，ホワイト先生。それはぼくの大好きなスポーツで，毎週末にしています。

**選択肢の訳** **1** それはおもしろくない　**2** ぼくはそれをしませんでした
**3** それはぼくの大好きなスポーツです　**4** ぼくはそれをよく着ています

**解説** 空所を含む文の後半で，I play it every weekend「ぼくはそれ（＝野球）を毎週末にしています」と言っているので，**3**のIt's my favorite sport,「それはぼくの大好きなスポーツです」を前半に入れると話の流れに合う。

## (18) 正解 **1**

**訳** 受付：お客様の部屋番号は101です。こちらがかぎです。　男性：ありがとう。　受付：ごゆっくりお過ごしください。

**選択肢の訳** **1** こちらがかぎです。　**2** それは9時に閉まります。
**3** どういたしまして。　**4** それはいい考えです。

**解説** 空所の前のYour room number is 101.「あなたの部屋番号は101です」から，ここでのClerkは「ホテルの受付係」だとわかる。部屋番号を伝えたあとに，Here's your key.「こちらがかぎです」と言ってかぎを渡すのが自然な流れ。**1**が正解。

## (19) 正解 **1**

**訳** 少年：今日はいい天気だね。何がしたい？　少女：そうね。テニスをするのはどう？　少年：いい考えだね。

**選択肢の訳** **1** テニスをするのはどう？　**2** 元気？
**3** それはいくらなの？　**4** 天気はどう？

**解説** 空所の次に少年がGood idea.「いい考えだね」と述べているので，少女は何かを提案したと考える。**1**のHow about playing tennis?「テニスをするのはどう？」を入れると話の流れに合う。How about ～?「～はどうですか」は相手の意見を求める表現。

(20)　正解　**2**

**訳** 少女1：これは私の新しい腕時計。どう思う？　少女2：いいね。

**選択肢の訳** **1** あなたはどうなの？　**2** どう思う？
**3** あなたは何をしているの？　**4** 今何時？

**解説** 少女1が新しい腕時計を見せている場面。空所の次に少女2がI like it.と感想を述べているので，感想を求める**2**のWhat do you think?「どう思う？」を入れると話の流れに合う。

---

**3** **筆記**（問題編p.49）

(21)　正解　**3**

**正しい語順** couldn't go camping because it　⑤③①②④

**解説** 空所の前にCindy，空所の後ろにwas raining today.があるため，日本文の「シンディはキャンプに行くことができませんでした」を文の前半に置く。couldn'tはcan'tの過去形。「行くことができませんでした」をcouldn't go で表し，campingを続ける。そのあとに理由を表す接続詞because「〜なので」を置き，was raining「雨が降っていた」の主語itを続ける。

(22)　正解　**2**

**正しい語順** My brother was writing an e-mail　③②④⑤①

**解説** 空所の後ろにwhen I came home「私が帰宅した時」があるので，文の前半は「兄はメールを書いていました」という意味の英語にする。主語はmy brother（兄），「書いていました」は過去進行形〈was[were]＋動詞のing形〜〉を使ってwas writingと表し，そのあとにan e-mail（メール）を続ける。

(23)　正解　**3**

**正しい語順** My father gave me a new bike for　⑤②④③①

解説 空所の後ろに my birthday があるので，すぐ前に for を置いて for my birthday「私の誕生日に」とする。残りの語群から「父は（私に）新しい自転車をくれました」をつくる。「（人）に（もの）をあげる」は〈give＋人＋もの〉で表すことができるため，過去形 gave を用いて gave me a new bike のかたまりをつくる。文頭には主語の my father（父）を置く。

## (24) 正解 **4**

正しい語順 and I were at the concert hall ④②⑤③①

解説 「ナンシーと私」は Nancy and I とし，これを主語とする。「～にいる」は〈be動詞＋場所を表す語句〉で表すことができるので，were at the concert hall を続ける。at「～で，に」は場所や位置を表す前置詞。

## (25) 正解 **1**

正しい語順 May I call you this ②④⑤③①

解説 空所の後ろの afternoon の前には this を置いて this afternoon「今日の午後」とする。「あなたに電話してもいいですか」のように許可を求める表現は〈May I＋動詞の原形～？〉で表す。May I call you this afternoon? が完成した英文となる。

# 4[A] 筆記 (問題編pp.50～51)

Key to Reading ここではちらしや掲示などの文章が出題される。今回は動物園の掲示が出題された。各動物の紹介は2行にまとめられ，内容も到着の日にち，年齢，名前と共通しているため，項目ごとに整理しやすい。

訳 スターリントン動物園1月ニュース

私たちの動物園ですばらしい動物を見てください！

## ホワイトタイガー

1月5日にブラックリバー動物園からホワイトタイガーが2頭来ます。2頭はもう少しで生後6か月です。名前はネラとルルです。

## ヒグマ

1月12日にヒグマが1頭スターリントン動物園にやってきます。名前はボビーでもうすぐ2歳です。

**重要表現** come from 〜「〜から来る」 almost「もう少しで」 〜 months old「生後〜か月」 arrive at 〜「〜に到着する」 〜 years old「〜歳」

### (26) 正解 **2**

**質問の訳** ホワイトタイガーは何歳ですか。

**選択肢の訳** **1** もう少しで生後2カ月。 **2** もう少しで生後6カ月。 **3** もう少しで2歳。 **4** もう少しで5歳。

**解説** 質問文のHow old 〜?は「〜は何歳ですか」と年齢をたずねるときに使う。White Tigersの欄の本文1〜2行目にThey're almost six months old. とあるので，**2**のAlmost six months old.「もう少しで生後6カ月」が正解。

### (27) 正解 **4**

**質問の訳** ヒグマはスターリントン動物園にいつ来ますか。

**選択肢の訳** **1** 1月2日に。 **2** 1月5日に。 **3** 1月6日に。 **4** 1月12日に。

**解説** 本文ではcome（来る）ではなく，arrive（到着する）を使ってヒグマが来る日を表している。A brown bear will arrive at Sterlington Zoo on January 12. とあるので，**4**のOn January 12.「1月12日に」が正解。

## 4[B] 筆記 （問題編pp.52〜53）

**Key to Reading** 2番目の長文ではEメールか手紙文が出題される。近年はEメールの出題が続いている。今回はチェスクラブへの入部に関する友人間のEメールのやりとり。それぞれのEメールの意図とおよその内容を把握し，質問に関する箇所を質問文の語句をヒントにさがし，その周辺をよく読むとよい。

**訳** 差出人：ポール・ケラー
宛先：ジェニー・ピーターソン

日付：9月7日
件名：新しいクラブ

こんにちは，ジェニー，
学校に新しくチェスのクラブができたんだ！　ぼくはこの夏にチェスのやり方を知ったよ。祖父が教えてくれた。今では日曜日ごとに姉［妹］とやっているんだ。チェスがうまくなりたいからぼくはそのクラブに入ったよ。きみもそのクラブに入らない？　生徒は次の火曜日までに参加登録をしなければならない。クラブのメンバーは毎週水曜日の午後に集まることになっている。
明日またね，

ポール

差出人：ジェニー・ピーターソン
宛先：ポール・ケラー
日付：9月8日
件名：やったあ！

こんにちは，ポール，
私もチェスのクラブに入りたい！　兄［弟］と私はときどきチェスをするの。お父さんが私たちにルールを教えてくれたのよ。でも兄［弟］はチェスがあまり好きではないから，私もそんなにやらないの。もっとやりたいから明日クラブの参加登録をするね。

またね，

ジェニー

**重要表現** chess「チェス（西洋将棋）」　〈how to ＋動詞の原形〉「～のしかた」 taught「teach の過去形」　be good at ～「～がうまい」　Why don't you ～?「～してはどうですか」　not ～ very much「あまり～でない」　more 「もっと」

## (28)　正解　**3**

**質問の訳** チェスのクラブのメンバーは…集まります。
**選択肢の訳** **1** 月曜日に。　**2** 火曜日に。　**3** 水曜日に。　**4** 日曜日に。
**解説** チェスのクラブの説明は1つ目のポールのEメールにある。本文第8文

に The club members meet every Wednesday afternoon.「クラブのメンバーは毎週水曜日の午後に集まる」とあるので，**3**の on Wednesdays.「水曜日に」が正解。

## (29)　正解　**3**

**質問の訳** だれがジェニーにチェスのやり方を教えましたか。

**選択肢の訳** **1** 祖父。 **2** 姉[妹]。 **3** 父親。 **4** 兄[弟]。

**解説** ジェニーに関する質問なので，2つ目のEメールから答えをさがす。本文第3文に Our dad taught us the rules.「お父さんが私たちにルールを教えてくれた」とあるので，**3**の Her father.「父親」が正解。アメリカではふつう自分の父親のことを dad と言う。father は少しかしこまった言い方。

## (30)　正解　**1**

**質問の訳** ジェニーはなぜチェスクラブに入りたいのですか。

**選択肢の訳** **1** チェスをもっとやりたい。 **2** ポールの姉[妹]とチェスをしたい。 **3** トーナメントで勝ちたい。 **4** 兄[弟]との勝負に勝ちたい。

**解説** ジェニーに関する質問なので，2つ目のEメールから答えをさがす。クラブに参加登録をする理由をジェニーは本文第5文で I want to play more, so 〜.「もっとやりたいから〜」と述べている。したがって**1**の She wants to play chess more.「チェスをもっとやりたい」が正解。

## 4[C] 筆記 （問題編pp.54〜55）

**Key to Reading** 最後の長文は長め。文章は長くても出題は文章の流れにそって順に問われることが多いため，段落を読み進めながら同時に問題を解くことも可能。過去問を使って練習する際に試してみよう。

**訳** アンドリューの新しい先生

アンドリューは昨年高校生になりました。12月にいくつかテストを受けました。数学，英語，理科で高得点をとりました。けれども歴史のテストで低

い点数をとったので，両親は心配でした。父親は「もっと一生けんめい勉強しなければならないね」と言いました。でもアンドリューは歴史の勉強が好きではありませんでした。

　1月にアンドリューの学校に新しい歴史の先生が来ました。彼女はアンドリューのクラスのみんなを，歴史を学ぶためにおもしろい場所へ連れていきました。4月は城へ，5月には歴史博物館に行きました。授業で生徒たちは歴史上の有名な人物についてレポートを書きました。アンドリューの友達のサリーは芸術家について書き，友達のビルは王について書きました。アンドリューは有名な科学者について書きました。

　アンドリューは両親に新しい先生について話しました。彼は「歴史をもっと勉強したい」と言いました。アンドリューの母親は「図書館に行くといいよ。歴史に関するたくさんの本や映像があるよ」と言いました。今，アンドリューは毎週土曜日の朝に図書館に行きます。

**重要表現** took a test「take a test（テストを受ける）の過去形」 score「得点」 low「低い」 worried「心配した」 castle「城」 report「レポート」 king「王」 told「tell（話す）の過去形」 should「〜したらいい」 video「映像」

## (31)　正解　3

**質問の訳** アンドリューの両親はなぜ心配したのですか。

**選択肢の訳** **1** アンドリューは歴史の勉強だけをしたいと思った。
**2** アンドリューは歴史博物館に遅れて到着した。
**3** アンドリューはテストで低い点数をとった。
**4** アンドリューは授業に遅れた。

**解説** 第1段落第4文に質問文と同じworried「心配した」がある。he got a low score on his history test, so his parents were worried「歴史のテストで低い点数をとったので，両親は心配でした」とあるので，3のAndrew got a low score on a test.「アンドリューはテストで低い点数をとった」が正解。so（だから）の前後は理由と結果の関係になる。

*(32)* 　正解　**2**

**質問の訳**　アンドリューのクラスは…に城へ行きました。

**選択肢の訳**　**1**　1月　**2**　4月　**3**　5月　**4**　9月

**解説**　質問文と同じ castle「城」は第2段落第3文にある。They went to a castle in April「4月に城へ行きました」とある。They は前の文の Andrew's class「アンドリューのクラスのみんな」をさす。**2**の April.「4月」が正解。

*(33)* 　正解　**2**

**質問の訳**　だれが王についてのレポートを書きましたか。

**選択肢の訳**　**1**　サリー。　**2**　ビル。　**3**　アンドリュー。　**4**　アンドリューの先生。

**解説**　質問文と同じ king「王」は第2段落第5文にある。授業で書いた歴史上の有名な人物のレポートについての話題で，Bill wrote about a king「ビルは王について書きました」とあるので，**2**の Bill.「ビル」が正解。

*(34)* 　正解　**2**

**質問の訳**　だれがアンドリューに図書館について話しましたか。

**選択肢の訳**　**1**　彼の父親。　**2**　彼の母親。　**3**　彼の先生。　**4**　彼の友達。

**解説**　質問文と同じ library「図書館」は，第3段落第3文に初めて出てくる。歴史をもっと勉強したいと言うアンドリューに向けた発言で，Andrew's mother said, "You should go to the library."「アンドリューの母親は『図書館に行くといいよ』と言いました」とある。したがって**2**の His mother.「彼の母親」が正解。

*(35)* 　正解　**3**

**質問の訳**　アンドリューは毎週土曜日の朝に何をしますか。

**選択肢の訳**　**1**　友達と遊ぶ。　**2**　書店で働く。　**3**　図書館へ行く。　**4**　学校へ行く。

**解説**　この質問だけが現在のアンドリューについてたずねている。本文もほとんどが過去形で書かれているなか，Now で始まる最後の文だけが現在のア

15

ンドリューについて述べている。**Andrew goes to the library every Saturday morning.**「アンドリューは毎週土曜日の朝に図書館に行きます」とあるので，**3**の**He goes to the library.**「図書館へ行く」が正解。

| 第**1**部 | リスニング （問題編pp.56～57） |
|---|---|

〔例題〕 *A:* Hi, my name is Yuta.　*B:* Hi, I'm Kate.　*A:* Do you live near here?

　　　　**1**　I'll be there.　**2**　That's it.　**3**　Yes, I do.　　〔正解〕**3**

訳　A：こんにちは，ぼくの名前はユウタです。　B：こんにちは，私はケイトです。　A：あなたはこの近くに住んでいるのですか。

選択肢の訳　**1**　私はそこへ行くつもりです。　**2**　それです。　**3**　はい，そうです。

## No.1　正解　**1**

放送文　*A:* Do you want a drink from the convenience store?　*B:* Yes, please.　*A:* What kind do you want?

　　　　**1**　A bottle of cola.　**2**　It's in my bag.　**3**　My part-time job.

訳　A：コンビニエンスストアで飲み物がほしい？　B：うん，お願い。　A：どんな種類がほしい？

選択肢の訳　**1**　1本のコーラ。　**2**　それはかばんの中にある。

**3**　ぼくのアルバイト。

解説　A（＝女性）の最初の発言のa drink「飲み物」から，話題は飲み物であるため，2回目のWhat kind do you want?「どんな種類がほしい？」は飲み物についてたずねていることになる。**1**のA bottle of cola.「1本のコーラ」が正解。

## No.2　正解　**1**

放送文　*A:* Let's wash the dog after breakfast.　*B:* OK, Dad.　*A:* Can you get some towels and the dog shampoo?

**1** Yes, I can do that. **2** I'm not hungry.

**3** Well, she's five years old.

訳 A：朝食後にイヌを洗おう。 B：わかった，パパ。 A：タオルとイヌ用シャンプーを持ってきてくれる？

選択肢の訳 **1** うん，できるよ。 **2** 私はおなかがすいていない。
**3** ええと，彼女は5歳だよ。

解説 A（＝父親）の2回目の発言にあるCan you 〜?は「〜してくれますか」と相手に頼み事をするときの言い方。応じるときは，〈Yes.〉や〈Sure.〉，〈All right.〉，〈OK.〉などと答える。ここでは**1**のYes, I can do that.「うん，できるよ」があてはまる。

### No.3 正解 **3**

放送文 **A:** What are you reading? **B:** A Japanese comic book.

**A:** Cool. Did you buy it?

**1** I want to go one day. **2** Yeah, we studied together.

**3** No, it was a present.

訳 A：何を読んでいるの？ B：日本のマンガ本だよ。 A：すごい。それを買ったの？

選択肢の訳 **1** いつか行きたい。 **2** うん，私たちはいっしょに勉強したの。
**3** ううん，プレゼントだったの。

解説 A（＝少年）はB（＝少女）が読んでいるものについてDid you buy it?「それを買ったの？」とたずねている。Did you 〜?にはYes/Noで答えるのが基本。「それを買ったの？」という問いにNoで答え，買ったのではなくプレゼントだったと説明している**3**のNo, it was a present.「ううん，プレゼントだったの」が適切。

### No.4 正解 **2**

放送文 **A:** Will you take a trip this summer? **B:** Yes. I'll visit my grandparents. **A:** Where do they live?

**1** For three weeks. **2** In Vancouver. **3** By plane.

訳 A：この夏は旅行するの？ B：うん。祖父母を訪ねるよ。 A：どこ

に住んでいらっしゃるの?

選択肢の訳 **1** 3週間。 **2** バンクーバーに。 **3** 飛行機で。

解説 A（＝少女）は2回目に場所をたずねる **Where**「どこに」を使ってB（＝少年）の祖父母が住んでいる場所をたずねている。場所を答えている **2** の In Vancouver.「バンクーバーに」が正解。

## No.5 正解 **2**

放送文 *A:* I drew this picture for Grandma. *B:* It's pretty. *A:* When can I give it to her?

　　**1** It's too early. **2** On Sunday afternoon. **3** Last month.

訳 A：おばあちゃんにこの絵をかいたの。　B：かわいらしいね。　A：いつおばあちゃんに渡せるかしら?

選択肢の訳 **1** それは早すぎる。 **2** 日曜日の午後だな。 **3** 先月。

解説 手に持っている絵をいつ渡せるか，A（＝少女）は2回目の発言で **When**「いつ」を使ってたずねている。これから渡すものなので，**3** はあてはまらない。**2** の On Sunday afternoon.「日曜日の午後だな」が正解。

## No.6 正解 **3**

放送文 *A:* I'm hungry. *B:* Do you want an apple? *A:* Not really.

　　**1** You should check. **2** Sure, I'll make it.

　　**3** OK, have some grapes, then.

訳 A：おなかがすいた。　B：リンゴがほしい?　A：そうでもない。

選択肢の訳 **1** 確認したほうがいいよ。 **2** もちろん，私がそれをつくるよ。 **3** わかった，それじゃブドウを食べなさい。

解説 A（＝少年）の2回目の Not really. は「そうでもない［それほどでも］」といった控えめな否定の表現。おなかがすいているAに，B（＝女性）は1回目にリンゴをすすめたが断られたため，2回目にちがうものを提案したと考える。**3** の OK, have some grapes, then.「わかった，それじゃブドウを食べなさい」が話の流れに合う。

## No.7　正解　**2**

**放送文**　*A:* My dad made this fried chicken for me.　*B:* How is it?
*A:* I love it.

**1**　I don't have any money.　**2**　It looks delicious.

**3**　Yes, I can cook.

**訳**　A：お父さんが私にこの鶏のから揚げをつくってくれたの。　B：どう？
A：すごく気に入ったわ。

**選択肢の訳**　**1**　お金をまったく持っていないんだ。　**2**　それはおいしそうに見える。　**3**　うん，ぼくはつくることができるよ。

**解説**　父親がつくった鶏のから揚げを見せている場面。A（＝少女）は2回目にI love it.「すごく気に入ったわ」と感想を述べている。B（＝少年）は食べてはいないが，見た目の感想としてIt looks delicious.「それはおいしそうに見える」と伝えると，話の流れに合う。**2**が正解。

## No.8　正解　**1**

**放送文**　*A:* Are you busy?　*B:* Yes, I'm at work.　*A:* Can we talk this evening?

**1**　Sure, I'll call you back later.　**2**　You're welcome.

**3**　That's too bad.

**訳**　A：忙しい？　B：うん，仕事中。　A：今晩話せる？

**選択肢の訳**　**1**　もちろん，あとで折り返し電話する。　**2**　どういたしまして。
**3**　それはお気の毒。

**解説**　A（＝男性）は，今仕事中で電話で話せないB（＝女性）に，2回目でCan we talk this evening?「今晩話せる？」とたずねている。この応答として正しいのはcall you back「折り返し電話する」を使っている**1**のSure, I'll call you back later.「もちろん，あとで折り返し電話する」。

## No.9　正解　**3**

**放送文**　*A:* Did you enjoy fishing?　*B:* Yes.　*A:* How many fish did you catch?

19

**1** Almost all day. **2** No, thanks. **3** Only three.

訳 A：つりを楽しんだ？　B：うん。　A：何匹魚をつかまえたの？

選択肢の訳 **1** ほぼ1日中。　**2** ううん，いらない。　**3** 3匹だけ。

解説 A（＝女性）は2回目に数をたずねる〈How many＋名詞の複数形〉を使って，つった魚の数をたずねている。数を答えている**3**のOnly three.「3匹だけ」が会話の流れに合う。

---

*No.10* 正解 **1**

放送文 *A:* I'm going to be late. *B:* I'll help you. *A:* Where are my shoes?

　　　**1** Near the front door. **2** In the morning.

　　　**3** They are black.

訳 A：遅れそうだ。　B：手伝うよ。　A：靴はどこかな？

選択肢の訳 **1** 玄関のドアの近くだよ。　**2** 午前中。　**3** それは黒だよ。

解説 A（＝男性）は2回目に場所をたずねるWhere「どこに」を使って自分の靴のある場所をたずねている。場所を答えている**1**のNear the front door.「玄関のドアの近くだよ」が応答としてふさわしい。

---

**第2部** **リスニング** (問題編pp.58〜59)

CD 赤-12 〜 CD 赤-22

---

*No.11* 正解 **2**

放送文 *A:* Excuse me. I'm looking for a dictionary. *B:* What kind do you want? *A:* A French one. *B:* They're on the first floor, near the magazines.

　　　*Question:* What is the man looking for?

訳 A：すみません。辞書をさがしているんです。　B：ほしいのはどんな種類ですか。　A：フランス語の辞書です。　B：1階の雑誌の近くにあります。

質問の訳 男性は何をさがしているのですか。

選択肢の訳 **1** 書店。　**2** 辞書。　**3** 旅行雑誌。　**4** フランス料理のレストラン。

**解説** A（＝男性）は1回目にI'm looking for a dictionary.「辞書をさがしている」と言っているので，2のA dictionary.「辞書」が正解。

## No.12　正解　3

**放送文** *A:* Wendy, did you put your lunchbox in your bag?　*B:* Yes, Dad.　*A:* Great. Did you close the window in your room, too?　*B:* No. I'll do that now.

*Question:* What will Wendy do next?

**訳** A：ウェンディ，かばんに弁当箱を入れた？　B：うん，パパ。　A：よかった。自分の部屋の窓も閉めた？　B：ううん。今それをするね。

**質問の訳** ウェンディは次に何をしますか。

**選択肢の訳** 1 新しいかばんを買う。　2 自分の昼食をつくる。　3 窓を閉める。　4 自分の弁当箱を洗う。

**解説** 質問文は未来を表すwillとnext「次に」を用いてB（＝ウェンディ）がこれからすることをたずねている。Bは2回目にI'll do that now.「今それをする」と言っている。その内容はすぐ前でA（＝父親）が確かめたDid you close the window in your room, too?「自分の部屋の窓も閉めた？」なので，3のClose a window.「窓を閉める」が正解。

## No.13　正解　4

**放送文** *A:* Let's go to the movies tomorrow.　*B:* Sorry, I can't.　*A:* Will you go somewhere?　*B:* Yes, to the airport to meet a friend from Japan.

*Question:* Where will the girl go tomorrow?

**訳** A：明日映画を見に行こう。　B：ごめん，行けない。　A：どこかに行くの？　B：うん，日本から来る友達に会いに空港へ。

**質問の訳** 少女は明日どこへ行きますか。

**選択肢の訳** 1 映画。　2 日本。　3 学校。　4 空港。

**解説** 質問文は未来を表すwillとtomorrow「明日」を用いて，明日少女が行く場所をたずねている。明日映画に行くことを誘ったA（＝少年）は，2回目にWill you go somewhere?「どこかに行くの？」とたずね，それに対

21

してB（＝少女）はto the airport「空港へ」と答えているので，**4**のTo the airport.が正解。

## No.14　正解　**1**

放送文　*A:* May I help you?　*B:* How much are these doughnuts?　*A:* Usually two dollars, but today they're on sale for one dollar each.　*B:* I'll take five, please.

*Question:* How much are doughnuts today?

訳　A：いらっしゃいませ。　B：このドーナツはいくらですか。　A：ふつうは2ドルですが，今日はセールで1つ1ドルです。　B：5個ください。

質問の訳　ドーナツは今日いくらですか。

選択肢の訳　**1**　1つ1ドル。　**2**　1つ2ドル。　**3**　1つ4ドル。　**4**　1つ5ドル。

解説　〜, but...の問題。「ふだんは〜だが，今日は…」という具合に，butの後ろでふだんとはちがうことが起きていて，その部分が出題箇所になることが多い。店員は「ふだんはドーナツは1つ2ドルですが，今日は1ドル」と述べている。質問文が今日の値段をたずねていることを確認したうえで，**1**のOne dollar each.「1つ1ドル」を選ぶ。

## No.15　正解　**1**

放送文　*A:* Did you watch TV last night, Tony?　*B:* No, I didn't. I went to bed at eight o'clock.　*A:* Why did you go to bed so early?　*B:* I had soccer practice after school, and I was very tired.

*Question:* Why did Tony go to bed at eight o'clock?

訳　A：昨夜はテレビを見た，トニー？　B：いや，見なかった。8時に寝たんだ。　A：なぜそんなに早く寝たの？　B：放課後にサッカーの練習があって，とても疲れていたんだ。

質問の訳　トニーはなぜ8時に寝たのですか。

選択肢の訳　**1**　疲れていた。　**2**　テレビを見た。　**3**　学校で一生けんめい勉強した。　**4**　早起きしたかった。

解説　8時に寝たというB（＝トニー）に，A（＝少女）は2回目でWhy did

you go to bed so early?「 なぜそんなに早く寝たの？」と理由をたずねている。その答えが..., I was very tired. なので，**1** の He was tired.「疲れていた」が正解。Why は理由をたずねる疑問詞。

## No.16　正解　**3**

放送文　**A:** How was your birthday?　**B:** Great. I got a guitar.
　　　**A:** Wow!　**B:** I had dinner at an Italian restaurant, too.
　　　***Question:*** What are they talking about?

訳　A：誕生日はどうだった？　B：すごくよかった。ギターをもらったんだ。　A：わあ！　B：イタリアンレストランで夕食も食べたよ。

質問の訳　彼らは何について話していますか。

選択肢の訳　**1**　少女のバンド。　　**2**　少女のギター。　　**3**　少年の誕生日。
**4**　少年のイタリアへの旅行。

解説　話題をたずねる問題。短い対話のため，話題の提示は最初の発言にあることが多い。一度目に聞きのがしても，二度目に注意して聞くようにしよう。A（＝少女）は最初に How was your birthday?「（あなたの）誕生日はどうだった？」と感想をたずねているので，ここでの話題は **3** の The boy's birthday.「少年の誕生日」だと考える。

## No.17　正解　**2**

放送文　**A:** Are you busy today?　**B:** Yes, I'll help at my parents' restaurant.　**A:** Let's have coffee after that.　**B:** Sorry. I'll be too tired.
　　　***Question:*** What will the woman do today?

訳　A：今日は忙しい？　B：うん，両親のレストランを手伝うの。
A：そのあとコーヒーを飲もうよ。　B：ごめん。すごく疲れていると思う。

質問の訳　女性は今日何をしますか。

選択肢の訳　**1**　仕事をさがす。　　**2**　両親のレストランを手伝う。
**3**　家のそうじを手伝う。　　**4**　友人とコーヒーを飲む。

解説　女性のすることが質問になっているため，二度目は特に B（＝女性）の発言をよく聞く。B は 1 回目に今日の予定を未来を表す will を用いて I'll help at my parents' restaurant.「両親のレストランを手伝う」と言っている。2のHelp at her parents' restaurant.「両親のレストランを手伝う」が正解。A（＝男性）のコーヒーの誘いには2回目でSorry.「ごめんなさい」で断っているため、4は誤り。

## No.18　正解　3

放送文　**A:** Do you want some strawberry pancakes?　**B:** No. Let's make blueberry pancakes.　**A:** OK. I'll buy some butter, then.　**B:** Thanks.

*Question:* What will the woman buy?

訳　A：イチゴパンケーキがいい？　B：ううん。ブルーベリーパンケーキをつくろう。　A：いいよ。それじゃバターを買うね。　B：ありがとう。

質問の訳　女性は何を買いますか。

選択肢の訳　**1**　イチゴ。　**2**　パンケーキ。　**3**　バター。　**4**　ブルーベリー。

解説　質問文は動詞buy（買う）を使って，女性が買うものをたずねている。同じ動詞を使っているA（＝女性）の2回目の発言I'll buy some butter, then.「それじゃバターを買うね」から，3のButter.「バター」が正解。ほかの動詞want，makeに惑わされないこと。

## No.19　正解　1

放送文　**A:** Jill, will you go to the music festival?　**B:** Yes, I'll go with my sister. What about you, Frank?　**A:** I'll buy my ticket today.　**B:** Great!

*Question:* Who will buy a ticket today?

訳　A：ジル，音楽祭に行くの？　B：うん，姉と行くんだ。あなたはどう，フランク？　A：今日チケットを買うつもり。　B：最高！

質問の訳　だれが今日チケットを買いますか。

選択肢の訳　**1**　フランク。　**2**　ジル。　**3**　フランクの姉。　**4**　ジルの姉。

解説　対話の登場人物を把握する。呼びかけの語から，A（＝フランク）がB（＝ジル）に話しかけ，Bの1回目の発言にmy sister（姉）が出てくるので，ジルには姉がいるとわかる。質問は「今日チケットを買う」人物。Aが2回

目に I'll buy my ticket today. 「今日チケットを買うつもり」と述べているので，**1** の Frank. 「フランク」が正解。

## No.20　正解　**1**

放送文　*A:* I loved living in Australia.　*B:* When did you come back?
*A:* Two weeks ago. I was there for a year.　*B:* Wow.
*Question:* When did the girl come back from Australia?

訳　A：オーストラリアの生活は本当によかった。　B：いつ帰ってきたの？
A：2週間前。そこに1年間いたんだ。　B：わあ。

質問の訳　少女はいつオーストラリアから帰ってきましたか。

選択肢の訳　**1** 2週間前。　**2** 2カ月前。　**3** 昨年。　**4** 昨日。

解説　質問文と同じ come back「帰る」は B（＝少年）の1回目の発言にある。オーストラリアで生活していた A（＝少女）に B が When did you come back?「いつ帰ってきたの？」とたずねると，A は Two weeks ago.「2週間前」と答えている。**1** の Two weeks ago.「2週間前」が正解となる。

第**3**部　リスニング　（問題編pp.60～61）

## No.21　正解　**3**

放送文　I'm going to go to Europe next year. I'll stay in France for two weeks and Germany for one week. Then, I'll go to Spain for five days.

*Question:* How long will the woman stay in France?

訳　私は来年ヨーロッパに行く予定です。フランスに2週間，ドイツに1週間滞在します。それから5日間スペインに行くつもりです。

質問の訳　女性はフランスにどのくらい滞在しますか。

選択肢の訳　**1** 5日間。　**2** 1週間。　**3** 2週間。　**4** 1年間。

解説　質問はフランスの滞在だけであることに注意する。I'll stay in France for two weeks「私はフランスに2週間滞在します」と述べているので，**3** の For two weeks.「2週間」が正解。

## No.22 正解 2

放送文 My family went on a trip to the beach last week. We went by car because we took our dog.

*Question:* What is the boy talking about?

訳 ぼくの家族は先週ビーチへ旅行しました。イヌを連れていったので, ぼくたちは車で行きました。

質問の訳 少年は何について話していますか。

選択肢の訳 **1** いちばん好きなスポーツ。 **2** 家族旅行。 **3** いちばん好きな動物。 **4** 新しい車。

解説 話のテーマは, 始まりの第1文にあることがほとんどである。My family went on a trip to the beach last week.「ぼくの家族は先週ビーチへ旅行しました」と最初に述べている。続く文はそれについての詳細だと考えられるので, 話題は2のHis family trip.「家族旅行」となる。

## No.23 正解 1

放送文 On Saturday, Jim played baseball in the park with his friends. He found a bag on a bench, so he took it to the police station.

*Question:* Why did Jim go to the police station?

訳 土曜日にジムは, 公園で友達と野球をしました。彼はベンチにかばんを見つけたので, 警察署にそれを持っていきました。

質問の訳 ジムはなぜ警察署へ行ったのですか。

選択肢の訳 **1** かばんを見つけた。 **2** セーターを見つけた。 **3** 野球のボールを失くした。 **4** ぼうしを失くした。

解説 質問文にあるpolice station「警察署」は第2文の後半に出てくる。〜, so ...「〜だから…」の形で原因と結果を表す文になっているため, 文の前半, つまりsoの前が答えとなる。He found a bag on a bench, so he took it to the police station.「彼はベンチにかばんを見つけたので, 警察署にそれを持っていきました」とあるので, 1のHe found a bag.「かばんを見つけた」が正解。

## No.24　正解　**4**

放送文　My science homework was really hard, so I asked my brother for help. He was busy. My mother wasn't home, but my father helped me.

*Question:* Who helped the girl with her homework?

訳　理科の宿題がとても難しかったので，私は兄に助けを求めました。兄は忙しくしていました。母は家にいませんでしたが，父が手伝ってくれました。

質問の訳　だれが少女の宿題を手伝ってくれましたか。

選択肢の訳　**1**　彼女の先生。　**2**　彼女のお兄さん。　**3**　彼女の母親。
**4**　彼女の父親。

解説　butが出てきた場合は，そこが出題箇所である可能性が高い。第3文目にMy mother wasn't home, but my father helped me.「母は家にいませんでしたが，父が手伝ってくれました」とある。my motherではなくmy fatherが手伝ってくれたことを強調した英文と言える。**4**のHer father.「彼女の父親」が正解。

## No.25　正解　**1**

放送文　Now for the weather. This afternoon will be cold and rainy. It won't rain tonight, but it will be windy. Tomorrow morning, it will be sunny.

*Question:* When will it be rainy?

訳　それでは天気です。今日の午後は寒く，雨になるでしょう。今夜は雨は降らない予想ですが，風は強いでしょう。明日の朝は晴れる見込みです。

質問の訳　雨が降るのはいつですか。

選択肢の訳　**1**　今日の午後。　**2**　今晩。　**3**　明日の朝。　**4**　明日の午後。

解説　cold（寒い），rainy（雨降りの），rain（雨が降る），windy（風の強い），sunny（晴れの）と複数の天気を表す語が出てきたなかで，どれについて問われるかに注意する。質問はrainyについて。第2文のThis afternoon will be cold and rainy.「今日の午後は寒く，雨になるでしょう」から，**1**のThis afternoon.「今日の午後」を選ぶ。

*No.26* 正解 **3**

放送文 I went to the zoo with my sister yesterday. We saw some pandas. They ate and played outside. I took pictures of my sister with the animals.

*Question:* What did the boy do yesterday?

訳 ぼくは昨日，姉［妹］と動物園に行きました。ぼくたちはパンダを見ました。パンダは外で食べたり遊んだりしていました。ぼくは姉［妹］の写真を動物といっしょにとりました。

質問の訳 少年は昨日何をしましたか。

選択肢の訳 **1** 料理をつくった。 **2** パンダの絵をかいた。 **3** 写真をとった。 **4** 動物に食べ物をあげた。

解説 質問が少年の行動についてたずねているので，少年がI（私は）やWe（私たちは）を使って述べている文を注意して聞く。選択肢の動作と一致するのは，第4文のI took pictures of my sister with the animals.「ぼくは姉［妹］の写真を動物といっしょにとりました」である。3のHe took pictures.「写真をとった」が正解となる。

*No.27* 正解 **3**

放送文 Jeff went to the store yesterday. There was no beef, so he bought chicken. Today, he made chicken curry.

*Question:* What did Jeff buy yesterday?

訳 ジェフは昨日店に行きました。牛肉がなかったので，鶏肉を買いました。今日彼はチキンカレーをつくりました。

質問の訳 ジェフは昨日何を買いましたか。

選択肢の訳 **1** カレー。 **2** デザート。 **3** 鶏肉。 **4** 牛肉。

解説 質問はbuyを用いて「買ったもの」をたずねている。buyは不規則に変化する動詞で過去形はbought。第2文後半にhe bought chicken「彼は鶏肉を買いました」とあるので，3のSome chicken.「鶏肉」が正解。この問題ではgoの過去形went，makeの過去形madeも出てくる。不規則動詞の過去形と発音を確認しておこう。

28

## No.28　正解 1

**放送文** Welcome to Hilltop Department Store. Men's and women's clothes are on the first floor, and children's clothes are on the second floor. Have a great day!

*Question:* What can people buy on the second floor?

**訳** ヒルトップデパートへようこそ。男性用・女性用の衣料品は1階に，子ども用衣料品は2階にあります。良い一日をお過ごしください！

**質問の訳** 人びとは2階で何を買うことができますか。

**選択肢の訳** **1** 子ども用衣料品。　**2** 男性用衣料品。　**3** 女性用衣料品。
**4** おもちゃ。

**解説** 質問文はsecond floor「2階」で買うことのできるものについてたずねている。第2文後半でchildren's clothes are on the second floor.「子ども用衣料品は2階にあります」と述べているので，**1**のChildren's clothes.「子ども用衣料品」が正解。

## No.29　正解 4

**放送文** Tom's friends will go to a baseball game today. Tom can't go to it because he will go on a camping trip.

*Question:* What will Tom do today?

**訳** トムの友人は今日は野球の試合に行きます。トムはキャンプ旅行に行くのでそれに行くことができません。

**質問の訳** トムは今日何をしますか。

**選択肢の訳** **1** 公園で友達に会う。　**2** 野球の練習に行く。　**3** 修学旅行に行く。　**4** キャンプ旅行に行く。

**解説** 質問はトムについてたずねているので，Tomが主語になっている第2文を注意して聞く。Tom can't go to it because he will go on a camping trip.「トムはキャンプ旅行に行くのでそれ（＝野球の試合）に行くことができません」とあるので，**4**のGo on a camping trip.「キャンプ旅行に行く」が正解。

***No.30*** 正解 **1**

放送文 Attention, please. Greenlake Supermarket will close at 9:30 tonight. The café will be open until 9:15. We will open tomorrow morning at 8:15.

***Question:*** What time will Greenlake Supermarket open tomorrow?

訳 みなさまにご案内します。グリーンレイクスーパーは今夜9時30分に閉店となります。カフェは9時15分まで開いています。明日の朝は8時15分開店です。

質問の訳 グリーンレイクスーパーは明日何時に開きますか。

選択肢の訳 **1** 8時15分。 **2** 8時30分。 **3** 9時15分。 **4** 9時30分。

解説 時刻を聞き分ける問題。質問は「明日店が開く時刻」であることに注意する。「明日」tomorrow について述べているのは第4文で，We will open tomorrow morning at 8:15.「明日の朝は8時15分開店です」とある。したがって，**1**のAt 8:15.が正解。話のなかでは**4**の9:30も**3**の9:15も出てくるが，いずれも今夜のことなので誤り。

# 2023年度 第1回

筆記　解答・解説　pp.32〜44
リスニング　解答・解説　pp.44〜58

## 解答欄

| 問題番号 | | 1 | 2 | 3 | 4 |
|---|---|---|---|---|---|
| 1 | (1) | | ● | | |
| | (2) | | | ● | |
| | (3) | | | | ● |
| | (4) | ● | | | |
| | (5) | | ● | | |
| | (6) | | ● | | |
| | (7) | | | ● | |
| | (8) | | | | ● |
| | (9) | ● | | | |
| | (10) | | | ● | |
| | (11) | | ● | | |
| | (12) | | | | ● |
| | (13) | ● | | | |
| | (14) | | | ● | |
| | (15) | | ● | | |

## 解答欄

| 問題番号 | | 1 | 2 | 3 | 4 |
|---|---|---|---|---|---|
| 2 | (16) | | | ● | |
| | (17) | | ● | | |
| | (18) | | | ● | |
| | (19) | | ● | | |
| | (20) | ● | | | |
| 3 | (21) | | | ● | |
| | (22) | | | ● | |
| | (23) | ● | | | |
| | (24) | | ● | | |
| | (25) | ● | | | |
| 4 | (26) | ● | | | |
| | (27) | | | | ● |
| | (28) | | ● | | |
| | (29) | | ● | | |
| | (30) | | | ● | |
| | (31) | | ● | | |
| | (32) | ● | | | |
| | (33) | | ● | | |
| | (34) | | | ● | |
| | (35) | | ● | | |

## リスニング解答欄

| 問題番号 | | 1 | 2 | 3 | 4 |
|---|---|---|---|---|---|
| | 例題 | | | ● | |
| 第1部 | No. 1 | ● | | | |
| | No. 2 | | | ● | |
| | No. 3 | | | ● | |
| | No. 4 | | ● | | |
| | No. 5 | ● | | | |
| | No. 6 | ● | | | |
| | No. 7 | | ● | | |
| | No. 8 | ● | | | |
| | No. 9 | | ● | | |
| | No. 10 | | | ● | |
| 第2部 | No. 11 | | ● | | |
| | No. 12 | | | | ● |
| | No. 13 | | | | ● |
| | No. 14 | ● | | | |
| | No. 15 | | | ● | |
| | No. 16 | | | | ● |
| | No. 17 | | ● | | |
| | No. 18 | ● | | | |
| | No. 19 | | | ● | |
| | No. 20 | ● | | | |
| 第3部 | No. 21 | | | | ● |
| | No. 22 | ● | | | |
| | No. 23 | | | | ● |
| | No. 24 | ● | | | |
| | No. 25 | ● | | | |
| | No. 26 | | | | ● |
| | No. 27 | | ● | | |
| | No. 28 | ● | | | |
| | No. 29 | | ● | | |
| | No. 30 | | | ● | |

# 1 筆記 （問題編pp.64〜65）

## (1) 正解 2

**訳** ジョンは今日授業が3時間しかなかったので，2時に帰宅しました。

**選択肢の訳** 1 自転車 2 授業 3 壁 4 傘

**解説** 文の後半のso he got home at two o'clock「…なので，2時に帰宅しました」より，2時に帰宅できた理由を文の前半で完成させる。2のclasses「授業」を入れると「授業が3時間しかなかった」となり，いつもより早く帰宅できたという文の流れになる。

## (2) 正解 3

**訳** 両親は50年以上前にカナダに住み始めました。彼らは日本出身です。

**選択肢の訳** 1 買った 2 答えた 3 始めた 4 登った

**解説** 空所の後ろのliving in Canada「カナダに住むこと」に着目する。選択肢よりlivingとともに用いて意味を成すのは3のbegan「begin（始める）の過去形」のみ。不規則動詞は一つひとつ根気よく覚えよう。buy（買う）-bought，begin-began。

## (3) 正解 4

**訳** A：昨夜は何をしましたか。 B：私は鳥についての良いテレビ番組を見ました。

**選択肢の訳** 1 体育館 2 文化 3 事務所 4 番組

**解説** Bの空所の前のTV「テレビ」に続けて意味を成すのは4のprogram「番組」のみ。「テレビ番組」はTV programのほかにTV showとも言う。

## (4) 正解 1

**訳** A：お父さんの新車を洗うときは気をつけてね！ B：わかってるよ。お父さんとぼくとでいっしょに洗う予定だよ。

**選択肢の訳** 1 注意深い 2 怒った 3 簡単な 4 重要な

解説 形容詞を選ぶ問題。Aの文の後半when you wash Dad's new car「お父さんの新車を洗うとき」という場面から，「慎重な，注意深い，念入りな」の意味の**1**のcarefulが文の流れに合う。文のはじめにBeがあるので，文全体はbe動詞の命令文「〜でありなさい」という意味。

## (5)　正解　**2**

訳 祖母はいつも朝食を食べる前に犬の散歩をします。

選択肢の訳 **1** 〜以来　**2** 〜の前に　**3** それで　**4** しかし

解説 空所の前と後ろにともに文があることを確認し，文と文をつなぐどの接続詞が適切かを判断する。文の前半はMy grandmother always walks her dog「祖母はいつも犬の散歩をします」，後半はshe has breakfast「祖母は朝食を食べます」。2つの行動を時間を追って説明するように**2**のbefore「〜の前に」を入れると，「朝食を食べる前に犬の散歩をする」という意味の通った文が完成する。

## (6)　正解　**2**

訳 A：私たちは名古屋にいつ着きますか。　B：9時頃です。

選択肢の訳 **1** 出発する　**2** 到着する　**3** 〜になる　**4** 忘れる

解説 Bが時刻を答えていることと，空所の後ろのin Nagoya「名古屋に」から**2**のarrive「到着する」を選ぶ。**1**のleaveの場合，後ろにinは置かずにleave Nagoya「名古屋を出発する」となる。

## (7)　正解　**3**

訳 A：あなたはニュースを読みますか。　B：私はたいていそれをスマートフォンで読みます。

選択肢の訳 **1** 台所　**2** 顔　**3** ニュース　**4** ヒツジ

解説 空所の前にある動詞read「読む」の目的語として合うものは，**3**のnews「ニュース」である。newsは数えられない名詞で，発音は日本語とは異なり［ニューズ］と濁る。

## (8)　正解　**4**

**訳**　サリーは昨夜10時までに帰宅しなかったので，彼女の母親はとても怒った。

**選択肢の訳**　**1**　捕まえる　**2**　たずねる　**3**　置く　**4**　来る

**解説**　後ろにhomeを続けて熟語を作れるのは**4**のcomeのみ。come homeで「帰宅する」という意味になる。get homeとも言う。

## (9)　正解　**1**

**訳**　A：あなたは台湾でどこに滞在するつもりですか。　B：私は友人のところに滞在します。彼女は台湾の出身です。

**選択肢の訳**　**1**　〜といっしょに　**2**　〜について　**3**　〜の中へ　**4**　〜を横切って

**解説**　「〜に滞在する」と言うとき，「〜」に場所を置くときはstay at 〜，人を置くときはstay with 〜を使う。本問の場合，空所のあとがa friend「友人」と人なので，**1**のwithが正解となる。「（人）のところに滞在する」と訳せばよい。

## (10)　正解　**3**

**訳**　A：スピードを落としてもらえますか，アダムズ先生。私は英語をよく理解できません。　B：わかりました。

**選択肢の訳**　**1**　見る　**2**　話す　**3**　遅くする　**4**　聞く

**解説**　空所の後ろのdownとともに熟語が作れるのは**3**のslowのみ。slow downで「スピードを落とす」という意味になる。Aの第2文のI can't understand English well.「私は英語をよく理解できません」もヒントとなる。Can you 〜?は「〜してもらえますか」と依頼する表現。

## (11)　正解　**2**

**訳**　A：もしもし。食べ物を注文したいのですが。　B：わかりました。少々お待ちください。

**選択肢の訳**　**1**　時間　**2**　瞬間　**3**　クラブ　**4**　メンバー

**解説** 熟語の問題。Just a moment. で「少々お待ちください」という意味。Just a minute. とも言う。

## (12) 正解 **4**

**訳** ジェームズにはタケウチさんのさよならパーティーにいい考えがあります。彼女はとても驚くでしょう。

**選択肢の訳** **1** 触れる **2** 理解する **3** 買う **4** 持っている

**解説** 熟語の問題。have an idea で「アイデアを持っている，いい考えがある」の意味なので，**4**の has が正解。「いい考え」の裏付けとして第2文に She will be very surprised.「彼女はとても驚くでしょう」と予測している。

## (13) 正解 **1**

**訳** クリスは昨日海辺で雑誌を読んでいました。彼はそれをとても楽しみました。

**解説** 動詞の形を選ぶ文法問題。空所の前に be 動詞の was があることから文法的には **1**の reading と **3**の to read に絞られる。to read の場合，Chris ＝ to read の関係が成り立ち，「クリスは読むことでした」とおかしな日本語になってしまうので，**1**の reading を入れて〈be 動詞の過去形＋動詞の ing 形〉の過去進行形の文にする。

## (14) 正解 **3**

**訳** A：私の故郷には多くの寺がありますが，これが最も古いものです。B：それは美しいです。

**解説** 選択肢には old の比較級などが並んでいる。空所の前の the から〈the ＋最上級〉の形が作れることがわかるので，**3**の oldest が正解。**4**の too がついた old は，名詞を後ろに伴う場合，普通〈too ＋ an ＋ old ＋名詞〉の語順になることを覚えておこう。

## (15) 正解 **2**

**訳** A：だれがあのおばあちゃんの絵を描きましたか。 B：私が10歳のときに描きました。

**解説** 動詞の形を選ぶ問題。すでに描かれている絵についてたずねているので，過去形の2のdrewを選ぶ。draw「描く」は不規則に変化する動詞。

<table>
<tr><td>2</td><td>筆記（問題編p.66）</td></tr>
</table>

## (16) 正解 3

**訳** 少女1：私は昨日この新しい雑誌を買ったのよ。読みたい？
少女2：うん！　ありがとう。

**選択肢の訳** 1　それはいくらですか。　2　これはあなたのですか。
3　あなたはそれを読みたいですか。　4　あなたはいつここに到着しますか。

**解説** 少女2がThanks.「ありがとう」と答えていることから，選択肢は疑問文であるものの，相手が喜ぶことを提案していると考える。したがって，3のDo you want to read it?「あなたはそれを読みたいですか」が適する。Do you want to ～?は直訳では「あなたは～したいですか」だが，「～しませんか」と提案する場面でも使われる。

## (17) 正解 2

**訳** 少女：あなたはチーズケーキとチェリーパイのどちらが好き？
少年：チェリーパイ。それはぼくのお気に入りのデザートだよ。毎週日曜日にそれを食べるよ。

**選択肢の訳** 1　買い物に行くところだよ。　2　それはぼくのお気に入りのデザートだよ。　3　ぼくはチーズを食べるよ。　4　サクランボがいくつかあるよ。

**解説** チーズケーキとチェリーパイのうちチェリーパイのほうが好きだと答えた少年は，空所のあとでI have it every Sunday.「毎週日曜日にそれを食べる」と言っている。空所の前後でチェリーパイの話が続いていることから2のIt's my favorite dessert.「それはぼくのお気に入りのデザートだよ」を入れて，チェリーパイについて説明する流れにすると良い。4もあてはまりそうだが，some cherriesと複数形になっているので，次の文でitで受けることはできない。

## (18)　正解　**3**

**訳** 息子：自分の部屋を掃除したよ，お母さん。　母親：よくできたね！とてもすてきに見えるわ。

**選択肢の訳** **1** あなたは終わっていなかった。　**2** それは買うことができないわ。　**3** それはとてもすてきに見える。　**4** それは別の部屋にあるよ。

**解説** 母親は空所の前でGreat job!「よくできたね！」とほめているので，それに続くことばとして同じようにほめている**3**のIt looks really nice.「それはとてもすてきに見える」を選ぶと話の流れに合う。

## (19)　正解　**2**

**訳** 夫：紅茶を飲むけれど。きみも1杯飲まない？　妻：いいえ，ありがとう。ちょうど紅茶を飲んだところなの。

**選択肢の訳** **1** 座って。　**2** いいえ，ありがとう。　**3** 1つも持っていない。　**4** それは私のものじゃない。

**解説** Would you like 〜?は「あなたは〜がほしいですか」という意味。ここでは紅茶についてたずねている。空所の後ろのI just had some tea.「ちょうど紅茶を飲んだところなの」から妻は申し出を断ったと考えられるので**2**のNo, thanks.「いいえ，ありがとう」が適する。

## (20)　正解　**1**

**訳** 母親：テッド，今日はあなたをピアノのレッスンに連れていけないわ。息子：どうして？　母親：空港でおばあちゃんと会わなければいけないの。

**選択肢の訳** **1** どうして？　**2** 何時？　**3** よくがんばったね！　**4** 名案だね！

**解説** 母親の発言は「ピアノのレッスンに連れていけない」→「空港でおばあちゃんに会わなければならない」という流れなので，2回目の発言の前に息子に理由をたずねられたと考える。**1**のWhy not?「どうして（できないの）？」を入れると話の流れに合う。

## (21)　正解　**3**

正しい語順　was talking with Kumi in　①③⑤②④

解説　「話していました」から過去進行形〈be動詞の過去形（was）＋動詞のing形（talking）〉を作る。「～と話す」はtalk with ～，「英語で」は手段を表すinを用いてin Englishとする。

## (22)　正解　**3**

正しい語順　we have to clean our　②①④③⑤

解説　「～しなければならない」have to ～の疑問文は〈Do＋主語＋have to ～?〉と一般動詞の疑問文と同じ形になる。

## (23)　正解　**1**

正しい語順　test was more difficult than　⑤②④③①

解説　2つのものを比べる比較級の文。difficult（難しい）のような長い語の場合，前にmoreをつけて比較級を作る。yesterday's testの前にthan「～よりも」を置いて「昨日のテストより」とする。

## (24)　正解　**2**

正しい語順　You can choose a present from　⑤④②①③

解説　「～することができる」は〈can＋動詞の原形（choose）〉で表す。choose「選ぶ」の後ろには目的語a present「プレゼント」を置く。

## (25)　正解　**1**

正しい語順　what language does your sister speak　⑤①③②④

解説　「何語」は「何の言語」と考え，what languageとする。後ろにふつうの一般動詞の疑問文の語順〈does＋主語＋動詞?〉の形を続ける。本問での主語はyour sister「あなたのお姉さん」。

# 4[A] 筆記 (問題編pp.68〜69)

**Key to Reading** ここではちらしや掲示などの文章が出題される。今回はギタークラブからのコンサートのお知らせである。太字で書かれた時と場所など，基本情報をおさえるとともに，本文を読む前に質問文に目を通し，問われる内容を先に頭に入れておくという方法もある。

**訳** 生徒のみなさんへ

今週，放課後にギターのコンサートがあります。

　　　時：7月21日金曜日，午後3時30分
　　　場所：学校のカフェテリア

ギタークラブは8月に大きな音楽コンクールで演奏することになっています。金曜日のこのコンサートはギタークラブの部員にとって良い練習となることでしょう。部員は30分間演奏します。来て楽しんでください。

**重要表現** There will be 〜.「There is［are］〜.（〜がある）の未来形」

concert「コンサート」　cafeteria「カフェテリア」　contest「コンクール」

## (26) 正解 1

**質問の訳** コンサートは7月21日にどこでありますか。

**選択肢の訳** 1 学校のカフェテリアで。 2 ギタークラブの部室で。
3 コンサートホールで。 4 楽器店で。

**解説** 質問文と同じwhereがちらしの太字部分にある。コンサートの開かれる場所はSchool cafeteria「学校のカフェテリア」なので，1のIn the school cafeteria.が正解。

## (27) 正解 4

**質問の訳** ギタークラブの部員は8月に何をしますか。

**選択肢の訳** 1 ギターを何本か買う。 2 新しい先生と練習する。
3 音楽研修会に行く。 4 コンクールで演奏する。

**解説** 質問文と同じin Augustは，太字で書かれたWhereの下の本文第1文

にある。The guitar club will play in a big music contest in August.「ギタークラブは8月に大きな音楽コンクールで演奏することになっています」とあるので，**4**の Play in a contest.「コンクールで演奏する」が正解。

## 4[B] 筆記 (問題編pp.70〜71)

**Key to Reading** 2番目の長文では手紙文かEメールが出題される。近年はEメールの出題が続いている。今回は理科の宿題についての友人間のEメールのやりとり。Eメールが2つあり，2つ目のEメールは1つ目への返事になっている。1つ目のEメールと2つ目のEメールで差出人と受取人が変わっているので，どちらが何を書いているのかを混同しないこと。また，1つ目のEメールに2つ目のEメールがどのように応答しているのかといった視点で読むと良い。

**訳** 差出人：ジョージア・スティール
宛先：サム・ハリソン
日付：6月19日
件名：理科の宿題

こんにちは，サム，
どうしてる？　私は理科の宿題が理解できなくて少し不安になっています。宿題は金曜日の理科のテストのために重要なのよね？　ブラックウェル先生が先週私たちにそう話しました。私はテストが心配。あなたはいつも理科でいい成績をとっています。火曜日の放課後私の宿題を手伝ってくれませんか。
お願いよ，

ジョージア


差出人：サム・ハリソン
宛先：ジョージア・スティール
日付：6月20日
件名：もちろん

こんにちは，ジョージア，
ごめんね，火曜日の放課後は野球の練習があるんだ。でもきみの役に立ちた

いよ。水曜日の午後はどうかな？　そのときは時間がある。自力でも勉強する努力をしたほうがいいね。いい本を知ってるんだ。恐らく役に立つと思う。月曜日，きみのために学校にその本を持っていくね。

きみの友より，

サム

**重要表現** a little「少し」　nervous「不安になって，緊張して」 important「重要な」　help ～ with …「～を…の面で手伝う」　should「～したほうがよい」　try to ～「～しようとする」　by yourself「自力で」

## (28)　正解　**2**

**質問の訳** ジョージアの問題は何ですか。

**選択肢の訳** **1** 理科のテストに合格しなかった。　**2** 理科の宿題を理解していない。　**3** 理科で悪い成績をとった。　**4** サムの宿題を手伝うことができない。

**解説** ジョージアの問題が問われているので，ジョージアが発信している1つ目のEメールに注目する。本文第2文にI'm a little nervous because I don't understand our science homework.「私は理科の宿題が理解できなくて少し不安になっています」と悩んでいる様子があるので，**2**のShe doesn't understand the science homework.「理科の宿題を理解していない」を選ぶ。

## (29)　正解　**4**

**質問の訳** 理科のテストはいつですか。

**選択肢の訳** **1** 月曜日。　**2** 火曜日。　**3** 水曜日。　**4** 金曜日。

**解説** 質問文にあるscience test「理科のテスト」は1つ目のEメールの本文第3文にThe homework is important for our science test on Friday, right?「宿題は金曜日の理科のテストのために重要なのよね？」とあるので，**4**のOn Friday.「金曜日」が正解。

## (30)　正解　**3**

**質問の訳** サムはジョージアに何と言っていますか。

**選択肢の訳** **1** 先生と話したほうがよい。 **2** ほかの友達に手伝いをたのんだほうがよい。 **3** 自力で勉強したほうがよい。 **4** 学校に本を持ってきたほうがよい。

**解説** サムが発信している内容についてはサムが書いた2つ目のEメールを見る。選択肢と同じshould「〜したほうがよい，〜すべきだ」を用いて書いている文が本文第5文にある。You should try to study by yourself, too.「自力でも勉強しようとしたほうがいいね」は，まさにジョージアにあてたアドバイスなので，**3**のShe should study by herself.「自力で勉強したほうがよい」が正解。

---

# 4[C] 筆記 (問題編pp.72〜73)

**Key to Reading** 最後の長文は長め。段落ごとに何が書かれているのかを大まかに整理しながら読み進めよう。設問の英文に出てくる時，場所，感情，動作を表す語は，本文内で解答の根拠を見つける際のキーワードとなる。根拠となり得る箇所を見つけたらその前後をもう一度注意して読むようにしよう。

**訳** 新しいペット

　アニーはアイルランドのダブリンに住んでいます。彼女は高校生です。先月，アニーは新しいアルバイトを始めました。彼女は動物が大好きなので，犬を散歩させる仕事につきました。水曜日と金曜日の放課後にそれぞれ約2時間犬を散歩させます。

　先週のある日，アニーは仕事のあと家に向かって歩いていると，通りで子猫を1匹見かけました。子猫はとても小さくて白色でした。その猫は1匹だけでいたのでアニーは心配になり，拾い上げて家につれて帰りました。アニーは母親に子猫を見せました。母親は「飼い主を見つけなければいけないわね」と言いました。

　先週末，アニーと彼女の母親は子猫の飼い主を探しました。たくさんの人に声をかけましたが，だれもその子猫について知りませんでした。日曜日の午後，アニーの母親が「いいわ，私たちで子猫を飼えるでしょう」と言ったので，アニーはとてもうれしく思いました。彼女たちはその猫に「ルナ」と

いう名前をつけました。アニーは新しいペットが大好きです。

重要表現 part-time job「アルバイト」 as「～として」 one day「ある日」 alone「ひとりの，単独の」 pick ～ up「～を拾い上げる」 take「連れていく」 look for ～「～を探す」 no one「1人も～ない」 knew「know（知っている）の過去形」 keep「飼う」

## (31) 正解 **3**

質問の訳 アニーは先月何をしましたか。

選択肢の訳 **1** ボランティアに会った。 **2** 新しいペットを購入した。 **3** 新しい仕事を始めた。 **4** 新しい友達を作った。

解説 質問文と同じ last month（先月）は第1段落第3文にある。Last month, Annie started a new part-time job.「先月，アニーは新しいアルバイトを始めました」とあるので，**3**の She started a new job.「新しい仕事を始めた」が正解。

## (32) 正解 **1**

質問の訳 アニーはいつ犬を散歩させますか。

選択肢の訳 **1** 水曜日と金曜日。 **2** 土曜日の午前中。 **3** 休みの日に。 **4** 日曜日の午後。

解説 質問は，犬を散歩させるというアニーのアルバイトに関係することなので，第1段落を見る。第5文に She walks dogs after school on Wednesdays and Fridays「水曜日と金曜日の放課後に犬を散歩させます」とあるので，**1**の On Wednesdays and Fridays.「水曜日と金曜日」が正解。

## (33) 正解 **3**

質問の訳 アニーは先週何を見つけましたか。

選択肢の訳 **1** 教科書。 **2** 大きな犬。 **3** 白い子猫。 **4** 新しいおもちゃ。

解説 質問文と同じ last week は，第2段落第1文 One day last week, Annie was walking home after work, and she saw a kitten on the street.「先週のある日，アニーは仕事のあと家に向かって歩いていると，

通りで子猫を1匹見かけました」にある。また，第2文The kitten was very small and white.「子猫はとても小さくて白色でした」から，先週アニーが見つけたものは**3**のA white kitten.「白い子猫」。

---

## (34)　正解　**3**

**質問の訳**　アニーとアニーの母親は…。

**選択肢の訳**　**1**　子猫におもちゃを買った。　**2**　子猫を獣医に連れていった。　**3**　子猫の飼い主を探した。　**4**　子猫についてのポスターを作った。

**解説**　質問文と同じAnnie and her mother を主語とする文として第3段落第1文がある。Annie and her mother looked for the kitten's owner.「アニーと彼女の母親は子猫の飼い主を探しました」とあるので，**3**のlooked for the kitten's owner.「子猫の飼い主を探した」が合う。

---

## (35)　正解　**2**

**質問の訳**　なぜアニーはうれしかったのですか。

**選択肢の訳**　**1**　彼女は子猫の母親と遊んだ。　**2**　彼女は子猫を飼うことができた。　**3**　彼女は学校のクラブに加わった。　**4**　彼女は先生を手伝った。

**解説**　happy「うれしい」という単語は第3段落第3文の文末にあり，文の前半がhappyの理由となっている。Annie's mother said, "OK, we can keep the kitten," and Annie was very happy.「アニーの母親が『いいわ，私たちで子猫を飼えるでしょう』と言ったので，アニーはとてもうれしく思いました」から**2**のShe could keep the kitten.「彼女は子猫を飼うことができた」が内容に合う。

| 第**1**部 | リスニング（問題編pp.74〜75） |
|---|---|

〔例題〕　*A:* Hi, my name is Yuta.　*B:* Hi, I'm Kate.　*A:* Do you live near here?

　　　　**1**　I'll be there.　**2**　That's it.　**3**　Yes, I do.　〔正解〕**3**

**訳**　A：こんにちは，ぼくの名前はユウタです。　B：こんにちは，私はケ

イトです。　A：あなたはこの近くに住んでいるのですか。

選択肢の訳　**1** 私はそこへ行くつもりです。　**2** それです。　**3** はい，そうです。

## *No.1* 正解 **1**

放送文　*A:* What do you want for breakfast?　*B:* Eggs.　*A:* Would you like cheese on them?

　　　　**1** Yes, please.　**2** No, I don't like eggs.　**3** They're not mine.

訳　A：朝食は何がいい？　B：卵。　A：チーズをのせる？

選択肢の訳　**1** うん，お願い。　**2** ううん，卵は好きじゃない。　**3** それはぼくのじゃない。

解説　A（＝女性）の2回目の発言 Would you like ～？は「～はいかがですか」と相手の要望をたずねる表現。卵の上にチーズをのせるかどうかたずねられているので，**1**の Yes, please.「うん，お願い」が適する。

## *No.2* 正解 **3**

放送文　*A:* Mrs. Jennings?　*B:* What is it, Kenta?　*A:* I don't have a pencil.

　　　　**1** It's green.　**2** I need a pen.　**3** Here, use this one.

訳　A：ジェニングス先生。　B：どうしたの，ケンタ。　A：えんぴつを持っていません。

選択肢の訳　**1** それは緑です。　**2** 私はペンが必要です。　**3** どうぞ，これを使って。

解説　授業中に男の子が手をあげて発言している場面。A（＝ケンタ）は2回目に I don't have a pencil.「えんぴつを持っていません」と言っているので，B（＝ジェニングス先生）は Here, use this one.「どうぞ，これを使って」と言って，えんぴつを差し出したと考えられる。**3**が正解。

## *No.3* 正解 **3**

放送文　*A:* That was a difficult test.　*B:* Yeah.　*A:* Could you answer the last question?

    **1**  No, it's after music.   **2**  No, it's in my locker.

    **3**  No, it was too hard.

訳　Ａ：難しいテストだったね。　Ｂ：うん。　Ａ：最後の問題に答えられた？

選択肢の訳　**1**　ううん，それは音楽のあとだよ。　**2**　ううん，それはぼくのロッカーの中にあるよ。　**3**　ううん，あれは難しすぎだよ。

解説　テストを終えて感想を述べている場面。Ａ（＝少女）は２回目にCould you answer the last question?「最後の問題に答えられた？」とたずねている。No, it was too hard.「ううん，あれは難しすぎだよ」と応答する **3** が正解。ここでのtooは「あまりに〜すぎる」，hardは「難しい」の意味。

## *No.4*　正解　**2**

放送文　*A:* Did you have a good vacation?　*B:* Yeah, it was great.

    *A:* Where did you go?

    **1**  For two weeks.   **2**  To the mountains.

    **3**  With my family.

訳　Ａ：いい休暇だった？　Ｂ：うん，とても良かった。　Ａ：どこに行ったの？

選択肢の訳　**1**　２週間。　**2**　山に。　**3**　家族と。

解説　Ａ（＝女性）は２回目の発言でWhere did you go?「どこに行ったの？」と行き先をたずねているので，**2**のTo the mountains.「山に」が適する。質問の疑問詞を聞き逃さないように注意しよう。

## *No.5*　正解　**1**

放送文　*A:* It's hot in here.　*B:* Yeah, I'm thirsty.　*A:* Me, too.

    **1**  Let's take a break.   **2**  You finished your homework.

    **3**  We'll find your pen.

訳　Ａ：ここは暑いね。　Ｂ：うん，のどが渇いた。　Ａ：ぼくも。

選択肢の訳　**1**　休憩しよう。　**2**　あなたは宿題が終わったのね。
**3**　私たちがあなたのペンを見つけるわ。

解説　図書室で勉強している場面。暑くてのどが渇いたという話の流れなので，

1の Let's take a break.「休憩しよう」が適する。

## No.6　正解　1

**放送文**　*A:* Those shoes are cool!　*B:* Thank you. They're basketball shoes.　*A:* When did you buy them?

　　**1**　Last weekend.　**2**　My favorite sport.　**3**　Only $50.

**訳**　A：その靴かっこいいね！　B：ありがとう。バスケットボールシューズだよ。　A：いつ買ったの？

**選択肢の訳**　**1**　この前の週末。　**2**　ぼくの大好きなスポーツ。　**3**　たったの50ドル。

**解説**　靴が話題になっていることがイラストからわかる。A（＝少女）は2回目に When did you buy them?「いつ買ったの？」と when を使って時をたずねているので，1の Last weekend.「この前の週末」が正解。

## No.7　正解　2

**放送文**　*A:* Are you going to the park, Lisa?　*B:* Yes, Dad. See you later.　*A:* Did you finish your homework?

　　**1**　Yes, I saw you there.　**2**　Yes, I did it this morning.

　　**3**　Yes, it's open today.

**訳**　A：公園に行くのかい，リサ？　B：そうよ，お父さん。またあとでね。A：宿題は終わったのかい？

**選択肢の訳**　**1**　うん，そこでお父さんを見かけたよ。　**2**　うん，午前中にしたよ。　**3**　うん，今日はそこは開いているよ。

**解説**　A（＝父親）は2回目に Did you finish your homework?「宿題は終わったのかい？」とたずねているので，宿題をしたかどうかを答える2の Yes, I did it this morning.「うん，午前中にしたよ」が正解。it は homework をさしている。

## No.8　正解　2

**放送文**　*A:* Are you hungry?　*B:* A little.　*A:* Have some cookies. I made them this afternoon.

**1** I know that shop.　**2**　They look delicious.　**3**　It's in my lunch box.

🔈 **訳**　A：おなかすいてる？　B：少し。　A：クッキーを食べて。ぼくが今日の午後作ったんだ。

🔈 **選択肢の訳**　**1** 私，そのお店を知ってる。　**2** おいしそう。　**3** それは私の弁当箱の中にある。

🔈 **解説**　A（＝少年）はクッキーを差し出しながら，2回目にI made them this afternoon.「ぼくが今日の午後作った」と言っている。**They look delicious.**「おいしそう」と感想を述べる**2**が会話の流れに合う。店で買ったクッキーではないので，**1**は合わない。

## No.9　正解　**2**

🔈 **放送文**　*A:* Did you enjoy your summer vacation?　*B:* Yes! I went to England.　*A:* Great. How long did you stay there?

　　　　**1**　With my brother.　**2**　For one week.　**3**　In London.

🔈 **訳**　A：夏休みを楽しんだ？　B：うん！　イングランドに行ったんだ。 A：すてきね。そこにどのくらい滞在したの？

🔈 **選択肢の訳**　**1** 兄［弟］と。　**2** 1週間。　**3** ロンドンに。

🔈 **解説**　A（＝女性）は2回目にHow long 〜?「どのくらい（長く）〜」と期間をたずねているので，**2**の**For one week.**「1週間」が正解。

## No.10　正解　**3**

🔈 **放送文**　*A:* I'm so late! I'm sorry!　*B:* That's OK. Did you walk?　*A:* Yes. How did you come here?

　　　　**1**　Not bad.　**2**　About 10 minutes.　**3**　By bus.

🔈 **訳**　A：大遅刻だ！　ごめん！　B：いいよ。歩いたの？ A：うん。きみはどうやってここに来たの？

🔈 **選択肢の訳**　**1** 悪くないよ。　**2** 約10分。　**3** バスで。

🔈 **解説**　疑問詞に答える問題。A（＝男性）は2回目にHow did you come here?「きみはどうやってここに来たの？」と交通手段をたずねているので，**3**の**By bus.**「バスで」が適切。byはここでは「〜で」と方法・手段を表す。

*No.11* 正解 **2**

**放送文** *A:* I'm home, Dad.　*B:* It's raining. Where's your umbrella, Jill?　*A:* It's at school.　*B:* OK. I'll get a towel for you.

　　　　*Question:* Where is Jill's umbrella?

**訳** A：ただいま, お父さん。　B：雨が降っているね。かさはどこ, ジル？A：学校にあるよ。　B：わかった。タオルを持ってくるね。

**質問の訳** ジルのかさはどこにありますか。

**選択肢の訳** **1** バス停に。　**2** 学校に。　**3** 彼女の部屋に。　**4** 浴室に。

**解説** B（＝父親）が1回目の発言でWhere's your umbrella, Jill?「あなたのかさはどこ, ジル？」とたずねると, A（＝ジル）はIt's at school.「学校にあるよ」と答えているため, **2**のAt school.「学校に」が正解。

*No.12* 正解 **4**

**放送文** *A:* There's a new student in my class.　*B:* I know. She joined the school band.　*A:* Really?　*B:* Yeah. She's a trumpet player.

　　　　*Question:* What are they talking about?

**訳** A：私のクラスに新入生がいるの。　B：知ってるよ。学校の楽団に入ったんだ。　A：本当に？　B：うん。彼女はトランペット奏者だよ。

**質問の訳** 彼らは何について話していますか。

**選択肢の訳** **1** 少年の新しいトランペット。　**2** 学園祭。　**3** コンサート。**4** 新入生。

**解説** A（＝少女）が1回目の発言でa new student「新入生」について話題を出し, B（＝少年）の2回目の発言She's a trumpet player.「彼女はトランペット奏者だよ」もその新入生のことを述べているので, 対話全体が**4**のA new student.「新入生」についてだとわかる。

49

*No.13* 正解 **4**

放送文 **A:** Are you cold, Johnny? **B:** Yes, I am. **A:** You should put
on a sweater. **B:** I will, Mom.

***Question:*** What will Johnny do?

訳 A：寒いの，ジョニー？　B：うん，寒い。　A：セーターを着たほう
がいいよ。　B：そうするよ，お母さん。

質問の訳 ジョニーは何をするつもりですか。

選択肢の訳 **1** 窓を開ける。　**2** 天気を確認する。　**3** 冷たい飲み物を飲
む。　**4** セーターを着る。

解説 B（＝ジョニー）の2回目の発言I will「そうするよ」はwillのあとの
動詞が抜けている。これは前のA（＝母親）の発言You should put on a
sweater.「セーターを着たほうがいいよ」を受けて，同じことを繰り返し言
うのを避けて省略している。つまりI will put on a sweater.「ぼくはセー
ターを着ます」ということなので，**4**が正解。

*No.14* 正解 **1**

放送文 **A:** Excuse me, is there a convenience store near here?

**B:** Yes, there's one next to the library. **A:** Where's that?

**B:** On Maple Street.

***Question:*** What is the woman looking for?

訳 A：すみません，この辺りにコンビニエンスストアはありますか。
B：はい，図書館の隣に1つあります。　A：それはどこですか。　B：メー
プルストリートです。

質問の訳 女性は何を探していますか。

選択肢の訳 **1** コンビニエンスストア。　**2** デパート。　**3** 彼女の本。
**4** 彼女の図書館カード。

解説 対話はA（＝女性）の発言Excuse me, is there a convenience
store near here?「すみません，この辺りにコンビニエンスストアはありま
すか」から始まっているので，**1**のA convenience store.が正解。
Excuse me「すみません」は見知らぬ人に話しかけるときの言葉で，is

50

there ～? は There is ～.「～がある［いる］」の疑問文の形。

## No.15　正解　**3**

放送文　*A:* Let's play cards, Grandpa.　*B:* No. I want to sleep a little.
*A:* Can I go outside, then?　*B:* OK, but be careful.

*Question:* What will the girl do next?

訳　A：トランプしよう，おじいちゃん。　B：いや。少し寝たいんだ。
A：それじゃ，私は外に行ってもいい？　B：いいよ，でも気をつけてね。

質問の訳　少女は次に何をしますか。

選択肢の訳　**1** 寝る。　**2** トランプをする。　**3** 外に行く。　**4** 家に帰る。

解説　トランプを断られたA（＝少女）は2回目に Can I go outside, then?「それじゃ，私は外に行ってもいい？」とたずね，B（＝祖父）もOKと答えているので，**3**の Go outside.「外に行く」が正解。

## No.16　正解　**4**

放送文　*A:* Where's the bus? It usually comes at 7:15.　*B:* It's 7:30 now. We'll be late for school.　*A:* Let's wait 10 more minutes.
*B:* OK.

*Question:* What time is it now?

訳　A：バスはどこ？　たいてい7時15分に来るのに。　B：今7時30分だよ。ぼくたち学校に遅刻しちゃうよ。　A：あと10分待とう。　B：わかった。

質問の訳　今何時ですか。

選択肢の訳　**1** 7時。　**2** 7時10分。　**3** 7時15分。　**4** 7時30分。

解説　たずねられているのは今の時刻。B（＝少年）が1回目の発言でIt's 7:30 now.「今7時30分だよ」と言っているので，**4**の 7:30. が正解。Aの発言のIt usually comes at 7:15.「バスはたいてい7時15分に来る」や10 more minutes「あと10分」に惑わされないようにしよう。

## No.17　正解　**2**

放送文　*A:* That's a nice notebook! I like the picture of a bike on it.

*B:* Thanks. I want to use it now, but I forgot my pencil.

*A:* You can borrow mine.　*B:* Thanks!

*Question:* What will the girl borrow?

訳　A：それはすてきなノートだね！　その自転車の絵が好きだよ。

B：ありがとう。それを今使いたいんだけど，えんぴつを忘れちゃったの。

A：ぼくのを借りていいよ。　B：ありがとう！

質問の訳　少女は何を借りますか。

選択肢の訳　**1** ノート。　**2** えんぴつ。　**3** カメラ。　**4** 自転車。

解説　B（＝少女）が1回目にI forgot my pencil.「えんぴつを忘れた」と言うと，A（＝少年）はYou can borrow mine.「ぼくのを借りていいよ」と応答しているので，**2**のA pencil.「えんぴつ」が正解。borrow「借りる」⇔lend「貸す」は対で覚えておこう。

## No.18　正解　1

放送文　*A:* What's wrong, Jimmy?　*B:* I broke my tennis racket.

　　　*A:* Did that happen at tennis practice?　*B:* Yes, an hour ago.

　　　*Question:* What is Jimmy's problem?

訳　A：どうしたの，ジミー？　B：テニスのラケットが折れたんだ。

A：テニスの練習のときに起こったの？　B：うん，1時間前に。

質問の訳　ジミーは何に困っていますか。

選択肢の訳　**1** テニスのラケットが折れた。　**2** テニスのラケットを忘れた。

**3** テニスの試合に負けた。　**4** テニスの練習に遅れた。

解説　A（＝女性）の最初の発言What's wrong?は困っている様子の人に「どうしたの？」とたずねるときの決まり文句。続くB（＝ジミー）の応答I broke my tennis racket.「テニスのラケットが折れた」が答えとなるので，**1**のHe broke his tennis racket.「テニスのラケットが折れたんだ」が正解。brokeはbreak「壊す，折る」の過去形。

## No.19　正解　3

放送文　*A:* Will you go to the festival this weekend?　*B:* Yes, on Saturday, but I have to study on Sunday.　*A:* Why?　*B:* I have a test on Monday.

***Question:*** When will the girl go to the festival?

訳　A：今週末お祭りに行くつもり？　B：うん，土曜日に。でも日曜日は勉強しなきゃ。　A：どうして？　B：月曜日にテストがあるの。

質問の訳　少女はいつお祭りに行きますか。

選択肢の訳　**1** 月曜日に。　**2** 金曜日に。　**3** 土曜日に。　**4** 日曜日に。

解説　A（＝少年）に「週末にお祭りに行くつもり？」とたずねられたB（＝少女）はYes, on Saturday「うん，土曜日に」と答えているので**3**のOn Saturday.「土曜日に」が正解。そのあとの対話に出てくるon Sunday「日曜日に」，on Monday「月曜日に」は祭りとはちがう話題なので注意しよう。

## No.20　正解　**1**

放送文　***A:*** What time do you leave your house for school?

***B:*** Usually around 8:15.　***A:*** Wow! That's late. I leave at 7:45.

***B:*** Well, my sister leaves at 7:30.

***Question:*** Who leaves for school at 7:45?

訳　A：きみは学校へ行くのに何時に家を出るの？　B：たいてい8時15分ごろだよ。　A：ええ！　それは遅いね。ぼくは7時45分に出るよ。B：ええと，姉［妹］は7時30分に出るわ。

質問の訳　学校へ行くのに7時45分に出発するのはだれですか。

選択肢の訳　**1** 少年。　**2** 少年の姉[妹]。　**3** 少女。　**4** 少女の姉[妹]。

解説　たずねられているのは7時45分に出発する人物。A（＝少年）は2回目の発言でI leave at 7:45.「ぼくは7時45分に出るよ」と言っているので，**1**のThe boy.「少年」が正解。時刻と人物をメモでまとめながら聞くと良い。

**第3部** **リスニング** (問題編pp.78〜79)

## No.21 正解 **4**

放送文 Thank you for shopping at Jackson's. Today, all bicycles are 20 percent off. We'll also check bike tires for free.

*Question:* Where is the man talking?

訳 ジャクソンズでお買い物いただきありがとうございます。今日は自転車が全品20%引きです。自転車のタイヤも無料でチェックします。

質問の訳 男性はどこで話していますか。

選択肢の訳 **1** 空港で。 **2** レストランで。 **3** 駅で。 **4** 店で。

解説 shopping「買い物」, bicycles「自転車」, 20 percent off「20%引き」, bike tires「自転車のタイヤ」などから，店のアナウンスだとわかるので，**4** の At a store.「店で」が正解。

## No.22 正解 **1**

放送文 My dad usually gives me money or a DVD for my birthday. This year, he gave me a beautiful dress. I was really surprised.

*Question:* Why was the girl surprised?

訳 私のお父さんは私の誕生日にたいていお金かDVDをくれます。今年，彼はきれいなドレスをくれました。私はとても驚きました。

質問の訳 少女はなぜ驚いたのですか。

選択肢の訳 **1** 父親がドレスをくれた。 **2** 父親がDVDを見た。 **3** 父親がお金をいくらか見つけた。 **4** 父親が少女の誕生日を忘れた。

解説 第1文は現在形の文で，例年の慣習を表す。第2文以降は過去形で今年起こったことが述べられ，それが例年とは異なるため驚いたという話。今年起こったことは第2文の This year, he gave me a beautiful dress.「今年，彼（＝父親）はきれいなドレスをくれました」なので，**1** の Her father gave her a dress.「父親がドレスをくれた」が正解。

***No.23*** 正解 **4**

放送文 Bob usually rides his bike to school. But today it was raining, so he walked. After school, he took the bus home.

***Question:*** How did Bob go to school today?

訳 ボブはたいてい学校に自転車に乗っていきます。しかし，今日は雨が降っていたため，歩きました。放課後，バスに乗って家に帰りました。

質問の訳 今日ボブはどうやって学校に行きましたか。

選択肢の訳 **1** バスに乗った。 **2** 電車に乗った。 **3** 自転車に乗った。 **4** 歩いた。

解説 質問文はtoday「今日」のことについて，手段をたずねるhowを用いて，「今日どうやって学校に行ったか」をたずねている。today it was raining, so he walked.「今日は雨が降っていたため，歩きました」から**4**のHe walked.「彼は歩いた」を選ぶ。**1**のHe took the bus.「バスに乗った」は，第3文よりAfter school「放課後」のことなので誤り。

***No.24*** 正解 **1**

放送文 I like to draw pictures. Next month, I'll enter an art contest. I want to win a prize.

***Question:*** What will the girl do next month?

訳 私は絵を描くのが好きです。来月，美術コンクールに参加します。賞を取りたいです。

質問の訳 少女は来月何をしますか。

選択肢の訳 **1** 美術コンクールに参加する。 **2** 絵を何枚か見る。 **3** プレゼントをもらう。 **4** えんぴつを数本買う。

解説 質問文と同じnext monthは第2文にあり，Next month, I'll enter an art contest.「来月，美術コンクールに参加します」と述べているので，**1**のEnter an art contest.「美術コンクールに参加する」が正解。

***No.25*** 正解 **1**

放送文 Cooking is fun. I'm in the cooking club at school. This

Saturday, I'll cook dinner for my family.

*Question:* What will the boy do this Saturday?

訳 料理は楽しいです。ぼくは学校の料理クラブに所属しています。今度
の土曜日，ぼくは家族に夕食を作るつもりです。

質問の訳 少年は今度の土曜日に何をするつもりですか。

選択肢の訳 **1** 夕食を作る。 **2** 料理本を書く。 **3** レストランで食べる。
**4** 料理講習に行く。

解説 質問文の this Saturday「今度の土曜日」については第3文で述べられ
ている。This Saturday, I'll cook dinner for my family.「今度の土曜日，
ぼくは家族に夕食を作るつもりです」と述べているので，**1**の Cook dinner.
「夕食を作る」が正解。

---

### No.26 正解 4

放送文 I'm in a band with my friends. Matt and Alice both play the
guitar, and Ed plays the piano. Olivia and I are the singers. Our band
practices are really fun.

*Question:* Who plays the piano?

訳 私は友達とバンドを組んでいます。マットとアリスは2人ともギター
を演奏し，エドはピアノを演奏します。オリビアと私はボーカルを担当します。
私たちのバンド練習はとても楽しいです。

質問の訳 だれがピアノをひきますか。

選択肢の訳 **1** マット。 **2** オリビア。 **3** アリス。 **4** エド。

解説 だれが何の楽器やボーカルを担当するのかをメモをとりながら聞くと
良い。質問はピアノについてたずねているので，第2文後半の Ed plays the
piano「エドはピアノを演奏します」より**4**の Ed. を選ぶ。

---

### No.27 正解 2

放送文 My husband and I will visit Los Angeles this weekend. On
Saturday, he'll go shopping, and I'll go to the beach. On Sunday, we'll
go to a museum together.

*Question:* Where will the woman go on Saturday?

**訳** 夫と私は今週末ロサンゼルスを訪れます。土曜日に夫は買い物に行く予定で，私は海辺に行く予定です。日曜日は私たちはいっしょに博物館に行くつもりです。

**質問の訳** 女性は土曜日にどこに行きますか。

**選択肢の訳** 1 博物館。 2 海辺。 3 ショッピングモール。 4 図書館。

**解説** 質問文は土曜日の女性の行動をたずねている。土曜日については第2文で述べられている。On Saturday, he'll go shopping, and I'll go to the beach.「土曜日に夫は買い物に行く予定で，私は海辺に行く予定です」とあるので，2のTo the beach.「海辺」が正解。夫と女性，土曜日と日曜日でそれぞれの行動を整理しながら聞く。

## No.28　正解　1

**放送文** I often help my parents. I give milk to our cat every day, and I cook dinner twice a week. I also clean the bathroom once a week.

*Question:* How often does the boy clean the bathroom?

**訳** ぼくはよく両親の手伝いをします。毎日猫に牛乳をあげ，週に2回夕食を作ります。週に1回浴室の掃除もします。

**質問の訳** 少年はどのくらいの頻度で浴室の掃除をしますか。

**選択肢の訳** 1 週に1回。 2 週に2回。 3 週に3回。 4 毎日。

**解説** 質問文で使われているHow often 〜?は頻度をたずねる表現。ここでは浴室を掃除する頻度をたずねている。第3文でI also clean the bathroom once a week.「ぼくは週に1回浴室の掃除もします」と述べているので，1のOnce a week.「週に1回」が正解。回数は「2回」まではonce「1回」，twice「2回」という語があるが，3回目以降は〈数字＋times〉で表す。

## No.29　正解　2

**放送文** Last weekend, my son and I went to a flower festival. We saw many beautiful roses, and we took pictures of them. We had a good time together.

*Question:* What did the woman do last weekend?

訳 先週末，息子と私はフラワーフェスティバルに行きました。私たちは多くの美しいバラを見て，その写真を撮りました。私たちはともに楽しい時間を過ごしました。

質問の訳 女性は先週末何をしましたか。

選択肢の訳 **1** 息子の写真を撮った。 **2** フラワーフェスティバルに行った。 **3** 美術の授業を受けた。 **4** カメラを買った。

解説 質問文と同じlast weekend「先週末」は第1文に出てくる。Last weekend, my son and I went to a flower festival.「先週末，息子と私はフラワーフェスティバルに行きました」と述べているので，**2**のShe went to a flower festival.「彼女はフラワーフェスティバルに行った」が正解。

## No.30 正解 **3**

放送文 After school, Andy walked to a bookstore. He bought a new comic book. He also looked at the calendars and dictionaries.

*Question:* What did Andy buy?

訳 放課後，アンディは書店に歩いて行きました。彼は新しいマンガ本を買いました。カレンダーと辞書にも目を向けました。

質問の訳 アンディは何を買いましたか。

選択肢の訳 **1** 教科書。 **2** カレンダー。 **3** マンガ本。 **4** 辞書。

解説 質問文はアンディが買ったものをたずねている。buy「買う」の過去形は不規則に変化してboughtなので，第2文のHe bought a new comic book.「彼は新しいマンガ本を買いました」より，**3**のA comic book.「マンガ本」が正解。**2**の「カレンダー」と**4**の「辞書」については「買った」とは言っていないので誤り。

# 2022年度 第3回

筆記　解答・解説　　pp.60〜72
リスニング　解答・解説　　pp.72〜86

## 解答欄

| 問題番号 | | 1 | 2 | 3 | 4 |
|---|---|---|---|---|---|
| 1 | (1) | | | ● | |
| | (2) | ● | | | |
| | (3) | | ● | | |
| | (4) | | | | ● |
| | (5) | ● | | | |
| | (6) | | ● | | |
| | (7) | | | | ● |
| | (8) | | ● | | |
| | (9) | ● | | | |
| | (10) | | ● | | |
| | (11) | | | ● | |
| | (12) | | | | ● |
| | (13) | ● | | | |
| | (14) | | | ● | |
| | (15) | | ● | | |

## 解答欄

| 問題番号 | | 1 | 2 | 3 | 4 |
|---|---|---|---|---|---|
| 2 | (16) | | ● | | |
| | (17) | ● | | | |
| | (18) | | | ● | |
| | (19) | | | | ● |
| | (20) | | | ● | |
| 3 | (21) | | | | ● |
| | (22) | | ● | | |
| | (23) | | ● | | |
| | (24) | | | | ● |
| | (25) | ● | | | |
| 4 | (26) | | | ● | |
| | (27) | ● | | | |
| | (28) | | | | ● |
| | (29) | ● | | | |
| | (30) | | ● | | |
| | (31) | ● | | | |
| | (32) | | | | ● |
| | (33) | | ● | | |
| | (34) | | ● | | |
| | (35) | | | ● | |

## リスニング解答欄

| 問題番号 | | 1 | 2 | 3 | 4 |
|---|---|---|---|---|---|
| | 例題 | | | ● | |
| 第1部 | No. 1 | ● | | | |
| | No. 2 | ● | | | |
| | No. 3 | | | ● | |
| | No. 4 | | ● | | |
| | No. 5 | | | ● | |
| | No. 6 | | ● | | |
| | No. 7 | | | ● | |
| | No. 8 | ● | | | |
| | No. 9 | ● | | | |
| | No. 10 | | ● | | |
| 第2部 | No. 11 | | | | ● |
| | No. 12 | | | ● | |
| | No. 13 | ● | | | |
| | No. 14 | ● | | | |
| | No. 15 | | ● | | |
| | No. 16 | ● | | | |
| | No. 17 | | | | ● |
| | No. 18 | | ● | | |
| | No. 19 | ● | | | |
| | No. 20 | | | | ● |
| 第3部 | No. 21 | | | ● | |
| | No. 22 | ● | | | |
| | No. 23 | | | ● | |
| | No. 24 | ● | | | |
| | No. 25 | | ● | | |
| | No. 26 | | ● | | |
| | No. 27 | | ● | | |
| | No. 28 | ● | | | |
| | No. 29 | ● | | | |
| | No. 30 | | | | ● |

**(1)** 正解(せいかい) **3**

訳(やく) ジョンがまた宿題(しゅくだい)をし忘(わす)れたので，ジョンの先生(せんせい)は怒(おこ)りました。

選択肢(せんたくし)の訳(やく) **1** お金持(かねも)ちの **2** 簡単(かんたん)な **3** 怒(おこ)った **4** 準備(じゅんび)ができて

解説(かいせつ) 理由(りゆう)を表(あらわ)すbecause「〜なので」に注目(ちゅうもく)する。becauseのあとの「ジョンがまた宿題(しゅくだい)をし忘(わす)れた」が理由(りゆう)となると，ジョンの先生(せんせい)の状態(じょうたい)としては**3**のangry「怒(おこ)った」を入(い)れると文(ぶん)の流(なが)れに合(あ)う。

**(2)** 正解(せいかい) **1**

訳(やく) ニューヨークは有名(ゆうめい)な美術館(びじゅつかん)がたくさんあるので，私(わたし)はいつかそこを訪(おとず)れたいと思(おも)っています。

選択肢(せんたくし)の訳(やく) **1** 美術館(びじゅつかん) **2** ドア **3** タオル **4** プール

解説(かいせつ) 文(ぶん)の後半(こうはん)にI want to visit there「そこを訪(おとず)れたい」とあるので，空所(くうしょ)は場所(ばしょ)を表(あらわ)す語(ご)であると考(かんが)える。**1**のmuseumsは空所(くうしょ)の前(まえ)のartと結(むす)びつけてart museums「美術館(びじゅつかん)」の意味(いみ)になるため，これが正解(せいかい)。

**(3)** 正解(せいかい) **2**

訳(やく) 母(はは)と父(ちち)は高校(こうこう)で最初(さいしょ)に出会(であ)いました。

選択肢(せんたくし)の訳(やく) **1** 見(み)つけた **2** 会(あ)った **3** 買(か)った **4** 置(お)いた

解説(かいせつ) 過去形(かこけい)の不規則動詞(ふきそくどうし)を選(えら)ぶ問題(もんだい)。空所(くうしょ)の後(うし)ろに目的語(もくてきご)がないことから，**1**，**3**，**4**は合(あ)わない。**2**のmetは目的語(もくてきご)がなくても「母(はは)と父(ちち)は出会(であ)った」という意味(いみ)になるので，これが正解(せいかい)。

**(4)** 正解(せいかい) **4**

訳(やく) 市立図書館(しりつとしょかん)は週末(しゅうまつ)にはとても混雑(こんざつ)しています。そこにはたくさんのおもしろい本(ほん)があります。

選択肢(せんたくし)の訳(やく) **1** 体育館(たいいくかん) **2** 山(やま) **3** 庭(にわ) **4** 図書館(としょかん)

解説(かいせつ) 選択肢(せんたくし)から場所(ばしょ)を表(あらわ)す語(ご)が入(はい)ることがわかる。第2文(だい2ぶん)It has many interesting books.「そこにはたくさんのおもしろい本があります」から **4** の library があてはまる。

## (5) 正解 **1**

**訳** タケルはよく外国に旅行に行くので，彼にとって言語を習得すること は役に立ちます。

**選択肢の訳** **1** 役に立つ **2** 寒い **3** いっぱいの **4** きれいな

**解説** 適切な形容詞を選ぶ問題。文の後半は理由を表す because「～なので」 を使った文になっている。「外国によく旅行に行くので」からタケルにとって の「言語習得」は useful「役に立つ」と考える。**1** が正解。

## (6) 正解 **2**

**訳** A：自己紹介します。私の名前はジェフで，オーストラリア出身です。 B：やあ，ジェフ。ぼくはマーティンだよ。

**選択肢の訳** **1** 走る **2** 紹介する **3** たずねる **4** 聞く

**解説** 空所の後ろの myself は「私自身を［に］」の意味。第2文で名前や出 身地を述べているので，「私自身を紹介する（＝自己紹介する）」となるよう に **2** の introduce を選ぶ。

## (7) 正解 **4**

**訳** 日本の多くの寺には長い歴史があります。

**選択肢の訳** **1** 森 **2** 時間 **3** 国 **4** 歴史

**解説** temples「寺」と空所の前の long「長い」から，寺にある長いものと して **4** の history「歴史」を選ぶ。本問のように，ものが主語の場合，have は「～がある」と訳すと良い。

## (8) 正解 **3**

**訳** A：急いで，お父さん！ 映画がもうすぐ始まるよ。 B：わかった。

**選択肢の訳** **1** 切る **2** 見つける **3** 急ぐ **4** 読む

**解説** 熟語の問題。Aの第2文「映画がもうすぐ始まる」より，**3** の Hurry を入れて Hurry up.「急いで」とすると話の流れに合う。hurry up は，会話

の中で命令文の形でよく使われる。

## (9)　正解　**1**

**訳**　A：行こう。バスに遅れるよ。バスは5分後に出発する。　B：わかった。

**選択肢の訳**　**1**　遅れて　**2**　速い　**3**　うれしい　**4**　確かな

**解説**　**1**のlate「遅れて」を入れて，be late for ～「～に遅れる」という意味を作る。

## (10)　正解　**2**

**訳**　ダンは車を持っていないので，空港まで電車に乗るつもりです。

**選択肢の訳**　**1**　到着する　**2**　乗る　**3**　眠る　**4**　閉じる

**解説**　空所の後ろにa train「電車」があるので，**2**のtakeを選ぶ。takeはbus「バス」，train「電車」，plane「飛行機」など乗り物とともに使うとき，「～に乗る」という意味になる。

## (11)　正解　**3**

**訳**　パーティーで，シェリーは数人新しい友達を作りました。彼らは週末に映画に行くつもりです。

**選択肢の訳**　**1**　言った　**2**　料理した　**3**　作った　**4**　忘れた

**解説**　空所の後ろにあるfriendsに着目して「友達を作る」という意味のmake a friend，make friendsの形にする。**3**のmadeは不規則動詞makeの過去形。

## (12)　正解　**4**

**訳**　A：週末はバンクーバーにいるのですか。　B：はい，私たちは私の友達の家に泊まる予定です。

**選択肢の訳**　**1**　～として　**2**　～へ　**3**　～の上に　**4**　～（場所）に

**解説**　空所の後ろにmy friend's place「私の友達のところ」と場所を表す語句が続いていることに着目する。場所の1点を表して「～に」と言うとき，**4**のatが用いられる。stay at ～「～（場所）に泊まる」，stay with ～「～（人）のところに泊まる」の2つの形を覚えておこう。

## (13) 正解 **1**

**訳** A：あなたの学校では野球とサッカーのどちらのスポーツが人気がありますか。 B：野球です。

**選択肢の訳** **1** どちらの **2** だれの **3** どこで **4** だれ

**解説** 疑問詞を選ぶ問題。限られた中から「どちら」「どれ」と選ばせるときには1のWhichを使う。

## (14) 正解 **3**

**訳** ケイコはクラスメートよりも速く泳ぐことができます。

**選択肢の訳** **1** 〜のために **2** そして **3** 〜よりも **4** 〜なので

**解説** 空所の前にfast「速く」の比較級fasterがあるので、〈比較級＋than〉「〜よりも…」の形にする。3のthan「〜よりも」が正解。

## (15) 正解 **2**

**訳** 昨日ベンが電車で帰宅していたとき，彼は旧友に会いました。

**解説** yesterday「昨日」があるので過去の文。主語のBenは3人称単数なのでbe動詞は2のwasを選ぶ。〈was[were]＋動詞のing形〉は過去進行形。Ben was going home「ベンは家に向かっているところだった」となる。

---

**2** **筆記** （問題編p.84）

## (16) 正解 **2**

**訳** 少年：今日の理科の宿題は難しい。 少女：そうね。いっしょにやらない？ 少年：うん，そうしよう。

**選択肢の訳** **1** それはあなたのものですか。 **2** いっしょにそれをしませんか。 **3** たくさんの生徒がいますか。 **4** 先生を見つけましたか。

**解説** 少年が2回目にYes, let's.と答えていることから，少女は少年を何かに誘ったとわかる。2のDo you want to do it together?はDo you want to 〜?「あなたは〜したいですか」にtogether「いっしょに」が伴って「あ

なたはいっしょにそれをしたいですか」→「いっしょに〜しませんか」と誘う文になるので，これが正解。

## (17)　正解　**1**

**訳**　少年：虹がある！　少女：わあ，とてもきれいね。写真をとりましょう。

**選択肢の訳**　**1**　とてもきれいね。　**2**　見えないよ。　**3**　新しいのを手に入れたの。　**4**　ここにないよ。

**解説**　虹を見て感動している場面なので，**1**のit's really pretty.「とてもきれいね」を入れると話の流れに合う。

## (18)　正解　**3**

**訳**　少年1：昨夜きみに電話したけど家にいなかったね。どこにいたの？
少年2：野球の試合を見に行ったんだ。

**選択肢の訳**　**1**　ぼくはスポーツが好きではない。　**2**　それは自分の電話ではなかった。　**3**　きみは家にいなかった。　**4**　きみはぼくのバットをなくした。

**解説**　空所の前後を見る。I called you last night「昨夜きみに電話した」とWhere were you?「どこにいたの？」から，電話したけれども家の電話に出なかったことがわかる。したがって**3**のyou weren't at home.「きみは家にいなかった」と事実を述べる文を入れると話の流れに合う。

## (19)　正解　**4**

**訳**　息子：スパゲッティがおいしかった。ありがとう，お母さん。
母親：どういたしまして。まだおなかがすいてる？　息子：ううん，おなかいっぱいだよ。

**選択肢の訳**　**1**　食べてみてもいい？　**2**　あなたがそれを作ったの？
**3**　それは台所にあるの？　**4**　あなたはまだおなかがすいてるの？

**解説**　息子の2回目の発言No, I'm full.「ううん，おなかいっぱい」から，母親は息子のおなかの満たされ具合を**4**のAre you still hungry?「あなたはまだおなかがすいてるの？」でたずねたと考える。hungry「おなかのすいた」とfull「満腹の」は対で覚えておこう。

## (20)　正解　**3**

**訳** 男性1：マーク，今何時？　男性2：4時30分だよ。　男性1：ああ，もう行かなければならないよ。会議の時間だ。

**選択肢の訳** **1** 私はそこにいなかった。　**2** 私は彼の名前を知らない。
**3** 私たちはもう行かなければならない。　**4** 私たちはカフェで昼食を食べました。

**解説** 男性1は時間を確認して，空所のあとでIt's time for the meeting.「会議の時間だ」と言っているため，**3**のwe must go now.「私たちはもう行かなければならない」を選ぶと自然な会話になる。〈must＋動詞の原形〉は「〜しなければならない」の意味。

---

**3**　**筆記**（問題編p.85）

## (21)　正解　**4**

**正しい語順** had to work on Saturdays　②④⑤③①
**解説** 「〜しなければならない」〈have to＋動詞の原形〉の過去形〈had to＋動詞の原形〉を使う。had to work「働かなければならなかった」の後ろにon Saturdays「土曜日に」を続ける。

## (22)　正解　**2**

**正しい語順** practiced kicking the ball before the soccer game　④②①⑤③
**解説** 「〜することを練習する」は〈practice＋動詞のing形〉で表すため，practiced kicking the ball「ボールを蹴る練習をした」のかたまりを作り，before the soccer game「サッカーの試合の前に」を続ける。

## (23)　正解　**2**

**正しい語順** saw a famous singer near his office　④②①③⑤
**解説** nearは「〜の近くに」という場所を表す前置詞。near his officeで「オ

フィスの近くで」の意味になる。その前にsee（見る）の過去形sawを用いてsaw a famous singer「有名な歌手を見た」を置く。

## (24) 正解 **4**

**正しい語順** When is Jack going to see ②④①⑤③

**解説** 日本語の「～する予定」と語群のis, going toから，〈be動詞＋going to＋動詞の原形〉の未来を表す文にする。文頭に疑問詞Whenを置いたあと，疑問文なのでbe動詞を主語の前に出し，〈is＋Jack（主語）＋going to＋see（動詞の原形）〉の語順を続ける。

## (25) 正解 **1**

**正しい語順** dream is to be a pilot ②③①④⑤

**解説** 語群の中にtoがあるので，「～すること」を〈to＋動詞の原形〉を使って表す。to be a pilotで「パイロットになること」が作れる。主語My dream，動詞isのあとに，このto be a pilotを続ける。

## 4[A] 筆記 （問題編pp.86～87）

**Key to Reading** ここではちらしや掲示などの文章が出題される。今回はクラス旅行についての掲示物である。日程，行き先，集合場所と時刻，持ち物など行事の掲示に必須の内容を読みながら整理する。

**訳** ゴールデンパークへのクラス旅行

6月17日にグラント先生のクラスはバスでゴールデンパークへ行きます。生徒たちはそこでサッカーをしたり，自転車を借りることができます。昼食後はみんなで公園の清掃をします。

午前8時に校門に集合してください。

・昼食と大きなゴミ袋を持ってきてください。

・ふちのついた帽子またはつばのある帽子をかぶること。

**重要表現** by「（手段を表して）～で」 borrow「借りる」 gate「門」 bring「持ってくる」 garbage bag「ゴミ袋」 should「～すべきである」

## (26)　正解　**3**

**質問の訳**　生徒たちはゴールデンパークへどうやって行きますか。

**選択肢の訳**　**1**　車で。　**2**　地下鉄で。　**3**　バスで。　**4**　自転車で。

**解説**　質問文のHowは「どうやって」と手段をたずねる疑問詞。公園への行き方は本文1行目にMr. Grant's class will go to Golden Park by bus. とあるので，**3**のBy bus.「バスで」が正解。

## (27)　正解　**1**

**質問の訳**　6月17日午前8時に生徒たちはどこに集合しますか。

**選択肢の訳**　**1**　校門に。　**2**　ゴールデンパークに。　**3**　サッカースタジアムに。　**4**　グラント先生の家に。

**解説**　質問文と同じmeetは掲示中央の太字の部分にある。Please meet at the school gate at 8 a.m.「午前8時に校門に集合してください」とあるので，**1**のAt the school gate.「校門に」が正解。

---

## 4[B]　筆記　（問題編pp.88〜89）

**Key to Reading**　2番目の長文では手紙文かEメールが出題される。近年はEメールの出題が続いている。今回は，祖母が作るケーキについての孫と祖母の間のEメールのやりとり。質問文の主語はそのままEメールの差出人と一致することがほとんどのため，2つのEメールのどちらに答えがあるかの目安にしよう。

**訳**　差出人：ジェームズ・ライアン
宛先：ノーマ・ライアン
日付：1月14日
件名：ケーキ

おばあちゃんへ，
元気ですか。この前の日曜日にジェニーおばさんの家でおばあちゃんに会えてうれしかったです。そのときに1つ聞くのを忘れました。来週水曜日に私

の友人の誕生日があります。ぼくは次の火曜日の放課後に彼のためにケーキを作りたいと思っています。彼はチョコレートケーキが大好きで，おばあちゃんのケーキは最高です！　レシピを送っていただけますか。

あなたの孫より，

ジェームズ


差出人：ノーマ・ライアン
宛先：ジェームズ・ライアン
日付：1月14日
件名：了解

こんにちは，ジェームズ，

もちろんよ。チョコレートケーキのレシピを書き留めてあげる。金曜日にあなたのお父さんに会うの。彼にそのときレシピを渡せば，彼が自宅であなたに渡してくれるでしょう。火曜日の晩はケーキを冷蔵庫の中に入れておいたほうがいいよ。質問があったら私に聞いて。

それでは，

おばあちゃんより

**重要表現** Grandma「おばあちゃん」 Aunt 〜「〜おばさん」 forget to 〜「〜することを忘れる」 Could you 〜?「〜していただけますか」 grandson「孫」 write down「〜を書き留める」 if「もし〜なら」

## (28) 正解 **4**

**質問の訳** ジェームズはだれにケーキを作りますか。
**選択肢の訳** **1** 先生。 **2** 父親。 **3** 祖母。 **4** 友人。
**解説** 1つ目のEメール本文第5文でI want to make a cake for him next Tuesday after school. とあり，him は第4文のmy friend をさす。したがって **4** のHis friend.「彼（ジェームズ）の友人」が正解。

## (29) 正解 **1**

**質問の訳** ジェームズはいつケーキを作りたいと思っていますか。
**選択肢の訳** **1** 次の火曜日。 **2** 次の水曜日。 **3** 次の金曜日。 **4** 次

の日曜日。

**解説** ジェームズは1つ目のEメールの本文第5文でI want to make a cake for him next Tuesday after school. と述べているので，**1のNext Tuesday.**「次の火曜日」が正解。

## (30)　正解　**2**

**質問の訳** ジェームズのおばあさんはジェームズに何と言っていますか。

**選択肢の訳** **1** 両親に頼んで手伝ってもらったほうがよい。　**2** ケーキを冷蔵庫に入れたほうがよい。　**3** チョコレートをいくらか買ったほうがよい。　**4** レシピを自分に送ったほうがよい。

**解説** ジェームズのおばあさんの言っていることは，おばあさんが差出人の2つ目のEメールを読む。本文第5文に選択肢と同じshouldを用いてYou should put the cake in the fridge on Tuesday night.「火曜日の晩はケーキを冷蔵庫の中に入れておいたほうがいい」とジェームズに述べているので，**2のHe should put the cake in the fridge.**「ケーキを冷蔵庫に入れたほうがよい」が正解。

# 4[C]　筆記 （問題編pp.90〜91）

**Key to Reading** 最後の長文は長め。出題は文章の流れにそって順に問われることがほとんどのため，文全体は長くても答えが書かれている箇所を見つけるのは比較的難しくはない。どの段落に何が書かれているのかをメモしながら読み進めよう。

**訳** ハンナの新しい趣味

　ハンナはオーストラリアのシドニー出身の高校生です。ハンナは毎年家族と旅行に行きます。この前の1月，彼らはフィジーに旅行に行きました。彼らのホテルは美しい海岸の隣にありました。水は温かく，水中にはおもしろい魚がいました。ハンナは魚を見て楽しみました。

　ある日，ハンナの母親が「私といっしょにサーフィンのクラスを受けない？」とたずねました。ハンナは「うん，でも初めてだよ」と言いました。母親は

**69**

「心配しないで。先生が手伝ってくれるわ」と言いました。

　次の日，2人はサーフィンのクラスを受けました。先生は親切でクラスは楽しいものでした。ハンナはサーフボードの上で立ち上がったとき，とてもうれしく思いました。クラスのあとで，ハンナはインターネットでほかのサーフィンの学校を探しました。彼女はシドニーである学校を見つけてそこでサーフィンのレッスンを受けることに決めました。ハンナはサーフィンが大好きで，もっと練習したくてたまりません。

**重要表現** hobby「趣味」　go on a trip「旅行に出かける」　Fiji「フィジー（南西太平洋上にある国）」　next to ～「～の隣に」　take「（授業などを）取る」　first time「初回」　took「takeの過去形」　when「～するとき」　stood「standの過去形」　look for ～「～を探す」　found「findの過去形」

## (31)　正解　**1**

**質問の訳** ハンナはこの前の1月に何をしましたか。

**選択肢の訳**　**1**　フィジーに行った。　**2**　高校に入学した。　**3**　シドニーを訪れた。　**4**　つりに行った。

**解説** 第1段落第3文に質問文と同じlast Januaryがある。Last January, they traveled to Fiji.「この前の1月，彼ら（＝ハンナとハンナの家族）はフィジーに旅行に行きました」とあるので，**1**のShe went to Fiji.「フィジーに行った」が正解。

## (32)　正解　**4**

**質問の訳** ハンナは海岸で何をして楽しみましたか。

**選択肢の訳**　**1**　海で泳ぐこと。　**2**　家族と遊ぶこと。　**3**　宿題をすること。　**4**　魚を見ること。

**解説** beach「海岸」は第1段落に出てくる語。その第1段落の最終文に質問文と同じenjoyを使ってHannah enjoyed looking at the fish.「ハンナは魚を見て楽しみました」と述べられているので，**4**のLooking at the fish.「魚を見ること」が正解。

## (33)　正解　**2**

**質問の訳**　ハンナの母親はハンナに何と言いましたか。

**選択肢の訳**　**1**　ハンナにサーフボードを買ってあげる。　**2**　先生はハンナにサーフィンについて教えてくれる。　**3**　サーフィンについて心配している。　**4**　サーフィンの先生は良い。

**解説**　ハンナとハンナの母親の会話は第2段落の" "でくくられている部分を見る。母親の発言は2箇所で，最初の発言はサーフィンのクラスへの誘いで，これと同じ内容の選択肢はない。2つ目の第2文にThe teacher will help you.「先生が手伝ってくれるわ」とあり，これはサーフィンの先生のことをさしているため，2のThe teacher will teach Hannah about surfing.「先生はハンナにサーフィンについて教えてくれる」がほぼ同意と言える。

## (34)　正解　**2**

**質問の訳**　ハンナはいつうれしく思いましたか。

**選択肢の訳**　**1**　水中に落ちたとき。　**2**　サーフボードの上で立ち上がったとき。　**3**　先生が彼女に親切にしてくれたとき。　**4**　サーフボードを手に入れたとき。

**解説**　質問文と同じhappyは第3段落第3文にある。Hannah was happy when she stood up on her surfboard.「ハンナはサーフボードの上で立ち上がったとき，とてもうれしく思いました」とあるので，2のWhen she stood up on the surfboard.「サーフボードの上で立ち上がったとき」が正解。whenは「～するとき」の意味の接続詞で，前と後ろの文をつないでいる。

## (35)　正解　**3**

**質問の訳**　ハンナはサーフィンのクラスのあと，何をしましたか。

**選択肢の訳**　**1**　母親にサーフボードをくれるように頼んだ。　**2**　フィジーでサーフィンを習った。　**3**　シドニーでサーフィンの学校を見つけた。　**4**　インターネットで友人と話した。

解説 サーフィンのクラスを初めて受けたあとの話は第3段落のAfter the class以降にある。Hannah looked for other surfing schools on the Internet. She found one school in Sydney .... 「ハンナはインターネットでほかのサーフィンの学校を探しました。彼女はシドニーである学校を見つけて…」から3のShe found a surfing school in Sydney.「シドニーでサーフィンの学校を見つけた」が合う。

---

第1部 リスニング (問題編pp.92〜93)   CD 赤-67 〜 CD 赤-77

〔例題〕 **A:** Hi, my name is Yuta.   **B:** Hi, I'm Kate.   **A:** Do you live near here?

**1** I'll be there.   **2** That's it.   **3** Yes, I do.   〔正解〕**3**

訳 A：こんにちは，ぼくの名前はユウタです。  B：こんにちは，私はケイトです。  A：あなたはこの近くに住んでいるのですか。

選択肢の訳 **1** 私はそこへ行くつもりです。  **2** それです。  **3** はい，そうです。

## No.1  正解  1

放送文 **A:** Are you ready?   **B:** I need to find my phone.   **A:** It's on the table.

**1** Thanks.   **2** At school.   **3** See you soon.

訳 A：準備はいい？  B：電話を見つけなきゃ。  A：テーブルの上にあるよ。

選択肢の訳 **1** ありがとう。  **2** 学校で。  **3** またね。

解説 B（＝少女）がI need to find my phone.「電話を見つけなきゃ」と言うと，A（＝男性）はIt's on the table.「テーブルの上にあるよ」とその場所を教えている。1のThanks.「ありがとう」とお礼を言うと対話に合う。

## No.2  正解  1

放送文 **A:** Who is that woman by the window?   **B:** My sister.

*A:* What does she do?

**1** She's a teacher. **2** She likes spaghetti. **3** She's 23 years old.

訳 Ａ：窓のそばのあの女性はだれ？　Ｂ：姉だよ。　Ａ：何をしているの？

選択肢の訳 **1** 彼女は教師だよ。　**2** 彼女はスパゲッティが好きなんだ。
**3** 彼女は23歳だよ。

解説 Ａ（＝少女）の２回目の発言 What does she do? は職業や身分をたずねる表現。職業を答えている**1**の She's a teacher.「彼女は教師だよ」が正解。

## *No.3* 正解 **3**

放送文 *A:* Are you hungry?　*B:* Yes, it's almost lunchtime.　*A:* What do you want to eat?

**1** Wash the dishes. **2** The restaurant is busy. **3** Some sandwiches.

訳 Ａ：おなかすいた？　Ｂ：うん，もうすぐ昼食の時間だね。　Ａ：何が食べたい？

選択肢の訳 **1** 食器を洗って。　**2** レストランは混雑しているよ。　**3** サンドイッチ。

解説 Ａ（＝父親）は２回目に What do you want to eat?「何が食べたい？」とたずねている。食べたいものを答えている**3**の Some sandwiches.「サンドイッチ」を選ぶ。

## *No.4* 正解 **2**

放送文 *A:* Where do you have soccer practice?　*B:* At school.
*A:* What do you do when it rains?

**1** My raincoat is new. **2** We use the gym. **3** You can call me.

訳 Ａ：サッカーの練習はどこであるんだい？　Ｂ：学校よ。　Ａ：雨が降ったときはどうするんだい？

選択肢の訳 **1** 私のレインコートは新しいのよ。　**2** 私たちは体育館を使

うのよ。　**3**　私に電話をちょうだい。

解説　A（＝おじいさん）の１つ目の発言から，サッカーの練習場所が話題となっている。Aは２回目に What do you do when it rains?「雨が降ったときはどうするんだい？」と雨が降った場合の練習についてたずねているので，**2** の We use the gym.「私たちは体育館を使うのよ」が適切。

## No.5　正解　**3**

放送文　*A:* Where's your scarf?　*B:* Oh no. I left it at the restaurant.
　　　　*A:* What should we do?
　　　　**1**　The steak was delicious.　**2**　Under the table.　**3**　Let's go back and get it.

訳　A：マフラーはどこにあるの？　B：あら，やだ。レストランに置いてきちゃった。　A：どうしようか。

選択肢の訳　**1**　ステーキがおいしかった。　**2**　テーブルの下。　**3**　取りに戻りましょう。

解説　女性の首にマフラーがないことに気付いた男性がたずねると，B（＝女性）は I left it at the restaurant.「レストランに置いてきちゃった」と言う。続く行動として適切なのは **3** の Let's go back and get it.「取りに戻りましょう」である。

## No.6　正解　**3**

放送文　*A:* It'll be summer soon.　*B:* Let's go on a trip.　*A:* Good idea. Where do you want to go?
　　　　**1**　In our garden.　**2**　At work.　**3**　To the beach.

訳　A：もうすぐ夏ね。　B：旅行に出かけよう。　A：いい考えね。どこに行きたい？

選択肢の訳　**1**　ぼくたちの庭の中に。　**2**　仕事中。　**3**　海辺に。

解説　B（＝男性）は Let's go on a trip.「旅行に出かけよう」と言っているので，行き先として適切なのは **3** の To the beach.「海辺に」である。go on a trip「旅行する」

## *No.7* 正解 **2**

放送文 *A:* I have two sisters.  *B:* I only have one.  *A:* Is she older than you?

**1**  No, she's too busy.  **2**  No, she's two years younger.

**3**  No, she's from Japan.

訳 A：ぼくには女のきょうだいが２人いるんだ。　B：私も１人だけいるわ。　A：きみより年上？

選択肢の訳 **1**  いいえ，彼女は忙しすぎるの。　**2**  いいえ，２歳年下よ。
**3**  いいえ，彼女は日本出身よ。

解説 おたがいの女のきょうだいの話をしている。A（＝少年）の２回目の発言 Is she older than you?「きみより年上？」に対し，同じ年齢の話題で答えている **2** の No, she's two years younger.「いいえ，２歳年下よ」を選ぶと自然な応答になる。

## *No.8* 正解 **1**

放送文 *A:* Can we go to the park, Mom?  *B:* Not right now. It's raining.  *A:* Maybe it'll stop soon.

**1**  I hope so.  **2**  I had some, too.  **3**  I'll try.

訳 A：公園に行かない，お母さん？　B：今はだめ。雨が降っているから。
A：たぶんすぐやむよ。

選択肢の訳 **1**  そうだといいね。　**2**  私もいくらか食べた。　**3**  やってみるつもり。

解説 窓の外の雨が降っている状況について，A（＝少年）は Maybe it'll stop soon.「たぶんすぐやむよ」と言っている。応答として **1** の I hope so.「そうだといいね」を選ぶと自然な会話の流れになる。

## *No.9* 正解 **1**

放送文 *A:* Let's sit here, Dad.  *B:* OK.  *A:* Can I sit next to the window?

**1**  Sure, no problem.  **2**  Yes, it's tomorrow.  **3**  No, it

CD
赤

wasn't late.

**訳** A：ここに座ろう，お父さん。　B：いいよ。　A：私が窓際に座って
もいい？

**選択肢の訳** **1** もちろん，いいよ。　**2** うん，明日だよ。　**3** ううん，遅
くなかった。

**解説** A（＝少女）は2回目に許可を求めるCan I ～?「～してもいいですか」
を使ってCan I sit next to the window?「私が窓際に座ってもいい？」と
たずねている。許可する**1**のSure, no problem.「もちろん，いいよ」が正
解。

## No.10　正解　**2**

**放送文** *A:* What are you looking for?　*B:* My passport.　*A:* It's over
there.

　**1** Not today.　**2** You're right.　**3** On business.

**訳** A：何を探しているの？　B：パスポート。　A：あそこにあるよ。

**選択肢の訳** **1** 今日じゃないよ。　**2** きみの言うとおりだ。　**3** 出張で。

**解説** 探し物をしている男性に対してA（＝女性）は2回目にIt's over
there.「あそこにあるよ」と教えている。これに対する応答として適するの
は**2**のYou're right.「きみの言うとおりだ」。

**第2部 リスニング**（問題編pp.94～95）

## No.11　正解　**4**

**放送文** *A:* Let's go to the shopping mall, Dad.　*B:* Why, Karen?　*A:* I
joined the basketball club, so I need some new shoes.　*B:* I
see.

　*Question:* Why does Karen want to go to the shopping mall?

**訳** A：ショッピングモールに行こう，お父さん。　B：どうして，カレン？
A：バスケットボール部に入ったから新しい靴が必要なの。　B：なるほど。

**質問の訳** カレンはなぜショッピングモールに行きたいのですか。

選択肢の訳 **1** レストランで食べるために。 **2** 父親にプレゼントを買うために。 **3** バスケットボールの試合を見るために。 **4** 新しい靴を買うために。

解説 質問と同様に，B（＝父親）も1回目の発言でショッピングモールに行きたい理由をWhy?でたずねている。これに対しA（＝カレン）はI need some new shoes「新しい靴が必要なの」と答えているため，**4**のTo get new shoes.「新しい靴を買うために」が正解。getは「手に入れる」が基本の意味だが，そこから派生して「買う」という意味でも使われる。

## No.12　正解 **3**

放送文 ***A:*** Let's go to a movie tonight. ***B:*** OK. Do you want to eat dinner first? ***A:*** Sure. Let's try the new Mexican restaurant. ***B:*** Perfect.

***Question:*** What are they going to do first?

訳 A：今晩，映画に行こう。 B：いいよ。最初に夕食を食べない？ A：もちろん。新しいメキシコ料理のレストランを試してみよう。 B：完璧。

質問の訳 彼らは最初に何をする予定ですか。

選択肢の訳 **1** 映画に行く。 **2** メキシコ料理を作る。 **3** 夕食を食べる。 **4** 新しいテレビを探す。

解説 質問文にはfirst「最初に」とあることに注意する。B（＝女性）は1回目の発言で同じfirstを使ってDo you want to eat dinner first?「最初に夕食を食べない？」とたずね，A（＝男性）はそれにSure.「もちろん」で答えている。2人が映画の前にすることは，**3**のEat dinner.「夕食を食べる」が正解。

## No.13　正解 **2**

放送文 ***A:*** John, are these your textbooks? ***B:*** No, Mom. They're Sally's. ***A:*** Oh. Where is she? ***B:*** She's playing outside with her friend.

***Question:*** Whose textbooks are they?

**訳** A：ジョン，これらはあなたの教科書？　B：ちがうよ，お母さん。それはサリーのだよ。　A：まあ。サリーはどこにいるの？　B：友達と外で遊んでいるよ。

**質問の訳** それらはだれの教科書ですか。

**選択肢の訳** **1** ジョンの。　**2** サリーの。　**3** ジョンの母親の。　**4** サリーの友達の。

**解説** 質問にNoで答えたあとに正しい答えが言われることはよくある。ここでも教科書は自分のものではないとNoで答えたあとにB（＝ジョン）はThey're Sally's.「それはサリーのだよ」と言っている。**2**のSally's.が正解。

## No.14　正解　**1**

**放送文** *A:* How are you, David?　*B:* Not very good.　*A:* Why? Are you sick?　*B:* No, I ate too much pizza for lunch.

*Question:* What is David's problem?

**訳** A：元気, デービッド？　B：あまりよくないよ。　A：どうして？具合が悪いの？　B：いや, 昼食にピザを食べすぎたんだ。

**質問の訳** デービッドが困っていることは何ですか。

**選択肢の訳** **1** 食べすぎた。　**2** 風邪をひいた。　**3** 遅くに寝た。

**4** ピザが好きではない。

**解説** A（＝女性）が2回目にAre you sick?「具合が悪いの？」とたずねると, B（＝デービッド）はNoで答えたあと, I ate too much pizza for lunch.「昼食にピザを食べすぎた」と言っているので, **1**のHe ate too much.「食べすぎた」が正解。

## No.15　正解　**2**

**放送文** *A:* Are those your new shoes?　*B:* Yeah, I bought them for twenty dollars.　*A:* Really? Were they on sale?　*B:* Yes. They're usually fifty-five dollars.

*Question:* How much were the boy's shoes?

**訳** A：あれはあなたの新しい靴？　B：うん, 20ドルで買ったんだ。A：本当？　セールだったの？　B：うん。ふつうは55ドルだよ。

**質問の訳** 少年の靴はいくらでしたか。

**選択肢の訳** **1** 15ドル。 **2** 20ドル。 **3** 25ドル。 **4** 50ドル。

**解説** B（＝少年）は1回目にI bought them for twenty dollars.「20ドルで買った」と言っているので，**2**の$20.「20ドル」が正解。2回目の発言They're usually fifty-five dollars.「ふつうは55ドルだよ」に惑わされないこと。

---

## No.16 正解 **1**

**放送文** *A:* Let's go to the park! *B:* But it's too windy. *A:* It's not raining. Just wear a warm jacket. *B:* OK.

*Question:* How is the weather?

**訳** A：公園に行こう！ B：でも風がものすごく強いよ。 A：雨は降っていない。暖かい上着を着ていけばいいよ。 B：わかった。

**質問の訳** 天気はどうですか。

**選択肢の訳** **1** 風が強い。 **2** 暖かい。 **3** 雨が降っている。 **4** 雪が降っている。

**解説** **4**以外の天気を表す語はすべて対話に出てくるので注意が必要。B（＝女性）は1回目の発言でit's too windy「風がものすごく強い」と言っているので，**1**のIt is windy.「風が強い」が正解。**2**のwarmはwarm jacket「暖かい上着」で出てくるので天気とは関係ない。**3**のrainingはA（＝男性）が2回目にIt's not raining.「雨は降っていない」と言っているので不適切。

---

## No.17 正解 **4**

**放送文** *A:* Can I borrow your umbrella? *B:* Sure. But please give it back to me tomorrow. *A:* OK. I lost my raincoat yesterday. *B:* I see.

*Question:* What did the boy lose?

**訳** A：きみの傘を借りてもいい？ B：もちろん。でも明日私に戻してね。 A：わかった。昨日レインコートをなくしたんだ。 B：なるほど。

**質問の訳** 少年は何をなくしましたか。

**選択肢の訳** **1** セーター。 **2** 傘。 **3** 家の鍵。 **4** レインコート。

解説 A（＝少年）は2回目にI lost my raincoat yesterday.「昨日レインコートをなくしたんだ」と言っているので，**4**の His raincoat.「彼のレインコート」が正解。lose「なくす」の不規則変化 lose-lost-lost に注意する。

## No.18 正解 **3**

放送文 **A:** I like these red socks.   **B:** They're expensive. How about the green ones?   **A:** They'll look good with my blue dress. I'll get those.   **B:** Great!

**Question:** Which socks will the woman get?

訳 A：私はこの赤色の靴下が好き。   B：それは値段が高いよ。緑色のはどう？   A：私の青いドレスと合いそうね。私はあれを買うわ。   B：いいね！

質問の訳 女性はどの靴下を買いますか。

選択肢の訳 **1** 黒い靴下。   **2** 赤色の靴下。   **3** 緑色の靴下。   **4** 青色の靴下。

解説 対話の中にはthese red socks と the green ones（＝socks）という2種類の靴下が出てくる。A（＝女性）は2回目の発言でI'll get those.「私はあれを買う」と言っているので，女性が買うつもりなのは遠くにあるほうの靴下。つまり手元にあった these red socks「この赤色の靴下」ではなく，B（＝男性）がすすめた the green ones「緑色の靴下」なので，**3**の The green ones.「緑色の靴下」が正解。近くのものをさすthese と遠くのものをさすthose を聞き分けることが重要。

## No.19 正解 **1**

放送文 **A:** Is Jack in your art class?   **B:** No, Ben. He's in Ms. Norton's art class.   **A:** He's my best friend.   **B:** Yeah, he's really nice.

**Question:** Who is Ben's best friend?

訳 A：ジャックはあなたの美術のクラスにいますか。   B：いいえ，ベン。彼はノートン先生の美術のクラスにいます。   A：彼は私の親友です。B：ええ，彼はとてもすばらしいです。

質問の訳 ベンの親友はだれですか。

選択肢の訳 **1** ジャック。   **2** ノートン先生。   **3** 女の子。   **4** ノート

ン先生の息子。

**解説** A（＝ベン）の2回目の発言にHe's my best friend.「彼は私の親友です」とある。Heは最初にAが話題に出したJackをさすので，**1のJack.**「ジャック」が正解。

## No.20　正解　4

**放送文** *A:* Happy birthday, Jill!　*B:* Thank you, Mark! Your birthday is next week, right?　*A:* No, mine is next month. Please come to my party.　*B:* OK, I will. Thanks.
　　　　*Question:* When is Mark's birthday?

**訳** A：お誕生日おめでとう，ジル！　B：ありがとう，マーク！　あなたの誕生日は来週よね？　A：いや，ぼくのは来月だよ。パーティーにぜひ来て。B：わかった，そうする。ありがとう。

**質問の訳** マークの誕生日はいつですか。

**選択肢の訳** **1** 今日。　**2** 明日。　**3** 来週。　**4** 来月。

**解説** 質問されているのはマークの誕生日であることに注意する。B(＝ジル)にYour birthday is next week, right?「あなたの誕生日は来週よね？」と聞かれると，マークはNoで答えたあとにmine is next month「ぼくのは来月だよ」と言っているので，**4のNext month.**「来月」が正解。mineはここではmy birthdayのことを述べている。

| <br>**第3部** | **リスニング** （問題編pp.96〜97） |

## No.21　正解　3

**放送文** I just started high school. I'm good at history, but math and science are difficult. English is hard, too, but the teacher is really funny.

*Question:* Which subject is the girl good at?

**訳** 私は高校に入学したばかりです。私は歴史が得意ですが，数学と理科は難しいです。英語も大変ですが，先生がとてもおもしろいです。

解答・解説

少女はどの教科が得意ですか。

**1** 数学。　**2** 英語。　**3** 歴史。　**4** 理科。

解説 少女は第2文でI'm good at history「私は歴史が得意です」と述べているので，**3**のHistory.「歴史」が正解。〈be動詞＋good at ～〉は「～が得意である」の意味。そのほかの教科math（数学），science（理科），English（英語）についてはdifficult「難しい」，hard「大変」などと言っている。

---

## No.22　正解　**1**

放送文 I went for a long walk today. It was sunny, but then it started to rain. I waited in a café, and then I walked home.

*Question:* What is the woman talking about?

訳 私は今日長い散歩に出かけました。晴れていましたが，そのうち雨が降り始めました。私はカフェで待ち，それから家に歩いて帰りました。

質問の訳 女性は何について話していますか。

選択肢の訳 **1** 彼女の散歩。　**2** カフェで働くこと。　**3** 昼食を作ること。
**4** 家を掃除すること。

解説 女性は第1文でI went for a long walk today「私は今日長い散歩に出かけました」，最終文でthen I walked home.「それから家に歩いて帰りました」と述べているので，全体を通して**1**のHer walk.「彼女の散歩」について話していると考えられる。walkには動詞で「歩く」，名詞では「歩くこと，散歩」の意味がある。

---

## No.23　正解　**3**

放送文 Good afternoon, customers. This week, we're having a sale on basketballs and soccer balls. On the weekend, tennis and badminton rackets will be on sale, too.

*Question:* Where is the man talking?

訳 こんにちは，お客様。今週はバスケットボールとサッカーボールのセールを行っています。週末にはテニスとバドミントンのラケットもセールになります。

質問の訳 男性はどこで話していますか。

選択肢の訳 **1** 野球場で。 **2** 学校の体育館で。 **3** スポーツ店で。
**4** 職員室で。

解説 第1文のcustomers「お客様」，第2文，第3文のsale「セール」から店のアナウンスだということがわかる。したがって**3**のAt a sports store.「スポーツ店で」が正解。

## No.24 正解 **1**

放送文 Nancy wanted to go hiking last Saturday or Sunday, but it rained. She'll go next Tuesday because it is a school holiday.

*Question:* When will Nancy go hiking?

訳 ナンシーはこの前の土曜日か日曜日にハイキングに行きたいと思いましたが，雨が降りました。次の火曜日は学校が休みなので，彼女はその日に行くつもりです。

質問の訳 ナンシーはいつハイキングに行くつもりですか。

選択肢の訳 **1** 次の火曜日。 **2** 次の木曜日。 **3** 次の土曜日。 **4** 次の日曜日。

解説 第2文にShe'll go next Tuesday「次の火曜日に行くつもりです」とあり，このgoは第1文のgo hikingを短くした形なので，**1**のNext Tuesday.「次の火曜日」が正解。〈next＋曜日〉の形はTuesday以外のほかの曜日には使われていないこともポイントになる。

## No.25 正解 **2**

放送文 Charles is a university student. He wanted to learn a new language. He already speaks Spanish and English, so he studied French this year.

*Question:* What language did Charles study this year?

訳 チャールズは大学生です。彼は新しい言語を学びたいと思いました。すでにスペイン語と英語を話すので，今年はフランス語を勉強しました。

質問の訳 チャールズは今年，何語を勉強しましたか。

選択肢の訳 **1** スペイン語。 **2** フランス語。 **3** ドイツ語。 **4** 英語。

解説 質問文のthis year（今年）は最終文に出てくる。he studied French this year「彼は今年フランス語を勉強しました」と述べているので，**2**のFrench.「フランス語」が正解。スペイン語と英語については同じ最終文でHe already speaks Spanish and English「彼はすでにスペイン語と英語を話す」と述べているので誤り。

## No.26 正解 2

放送文 Parkland Zoo will close at seven tonight. Tomorrow, we'll close at three because it's a holiday. The restaurant will close at noon tomorrow.

*Question:* What time will Parkland Zoo close tomorrow?

訳 パークランド動物園は今夜は7時に閉園します。明日は休日なので3時に閉園します。レストランは明日正午に閉店します。

質問の訳 パークランド動物園は明日何時に閉園しますか。

選択肢の訳 **1** 2時に。 **2** 3時に。 **3** 7時に。 **4** 12時に。

解説 音声では3回close（閉まる）が読まれる。それぞれ何がいつ閉まるのかを整理して聞く。質問文は明日の閉園時刻をたずねているので，第2文Tomorrow, we'll close at three because it's a holiday.「明日は休日なので3時に閉園します」より**2**のAt 3:00.が正解。

## No.27 正解 2

放送文 I eat a different kind of ice cream every Saturday. Last Saturday, I ate chocolate. This Saturday, I'm going to eat strawberry.

*Question:* Which kind of ice cream will the man eat this Saturday?

訳 私は土曜日ごとに違う種類のアイスクリームを食べます。この前の土曜日はチョコレート味を食べました。今度の土曜日はイチゴ味を食べる予定です。

質問の訳 男性は今度の土曜日にどんな種類のアイスクリームを食べるつもりですか。

選択肢の訳 **1** サクランボ味。 **2** イチゴ味。 **3** チョコレート味。 **4** バニラ味。

解説 選択肢の内，音声ではchocolateとstrawberryの2種類だけが読まれるので，解答をどちらかにしぼる。質問文はthis Saturday「今度の土曜日」についてたずねているので，最終文のThis Saturday, I'm going to eat strawberry.「今度の土曜日はイチゴ味を食べる予定です」より，2のStrawberry.「イチゴ味」を選ぶ。

## *No.28* 正解 **1**

放送文 Last weekend, I went on a trip with my family. We took a boat to an island. We took pictures of birds there.

*Question:* What is the boy talking about?

訳 先週末，私は家族と旅行しました。私たちはボートに乗って，ある島まで行きました。そこで鳥の写真を撮りました。

質問の訳 少年は何について話していますか。

選択肢の訳 **1** 旅行。 **2** ペットの鳥。 **3** 週末の計画。 **4** お気に入りの博物館。

解説 第1文でLast weekend, I went on a trip with my family.「先週末，私は家族と旅行しました」と述べ，その後の2文は旅行でしたことを具体的に述べているので，1のHis trip.「(彼の) 旅行」が正解。takeの過去形tookが2回読まれるが1つ目のtakeは「(乗り物に) 乗る」，2つ目は「(写真などを) 撮る」の意味。

## *No.29* 正解 **1**

放送文 I'll start high school next week. I want to join the baseball team because baseball is my favorite sport. My best friend will join the tennis team.

*Question:* Why does the boy want to join the baseball team?

訳 来週，高校生活が始まります。私は野球が大好きなスポーツなので，野球部に入りたいと思っています。私の親友はテニス部に入る予定です。

質問の訳 少年はなぜ野球部に入りたいのですか。

選択肢の訳 **1** 野球が大好きなスポーツです。 **2** 友達がその部に所属しています。 **3** テニス部がありません。 **4** 来週試合があります。

解説 理由はbecause「なぜなら〜だから」や，〜, so …「〜，それで…」の形で表されることが多い。ここでは第2文でI want to join the baseball team because baseball is my favorite sport.「私は野球が大好きなスポーツなので，野球部に入りたいと思っています」とbecauseを用いて理由を加えながら野球部に入りたいことを述べているため，**1**のBaseball is his favorite sport.「野球が大好きなスポーツです」が正解。

## *No.30*　正解　**4**

放送文 I live near my school. It takes about 10 minutes to walk there. I always leave my house at 7:50 and arrive at school at eight o'clock.

*Question:* What time does the girl arrive at school?

訳 私は学校の近くに住んでいます。学校まで歩いて約10分です。私はいつも7時50分に家を出て，8時に学校に到着します。

質問の訳 少女は何時に学校に到着しますか。

選択肢の訳 **1** 7時に。　**2** 7時10分に。　**3** 7時50分に。　**4** 8時に。

解説 質問文はarrive at schoolと学校に到着する時刻をたずねている。最終文I always leave my house at 7:50 and arrive at school at eight o'clock.「私はいつも7時50分に家を出て，8時に学校に到着します」より，**4**のAt 8:00.「8時に」が正解。日常生活の場面ではleave home（家を出発する），arrive at 〜「〜に到着する」はよく出てくる表現なので覚えておこう。

# 2022年度 第2回

<ruby>筆記<rt>ひっき</rt></ruby> <ruby>解答<rt>かいとう</rt></ruby>・<ruby>解説<rt>かいせつ</rt></ruby>　　pp.88〜100

リスニング　<ruby>解答<rt>かいとう</rt></ruby>・<ruby>解説<rt>かいせつ</rt></ruby>　　pp.100〜114

## 解　答　欄

| 問題番号 | | 1 | 2 | 3 | 4 |
|---|---|---|---|---|---|
| **1** | (1) | ① | ② | **③** | ④ |
| | (2) | ① | ② | ③ | **④** |
| | (3) | **①** | ② | ③ | ④ |
| | (4) | ① | **②** | ③ | ④ |
| | (5) | ① | ② | **③** | ④ |
| | (6) | **①** | ② | ③ | ④ |
| | (7) | ① | ② | ③ | **④** |
| | (8) | ① | **②** | ③ | ④ |
| | (9) | ① | ② | **③** | ④ |
| | (10) | **①** | ② | ③ | ④ |
| | (11) | ① | ② | ③ | **④** |
| | (12) | ① | ② | **③** | ④ |
| | (13) | **①** | ② | ③ | ④ |
| | (14) | ① | ② | **③** | ④ |
| | (15) | ① | **②** | ③ | ④ |

## 解　答　欄

| 問題番号 | | 1 | 2 | 3 | 4 |
|---|---|---|---|---|---|
| **2** | (16) | ① | ② | ③ | **④** |
| | (17) | ① | ② | ③ | **④** |
| | (18) | ① | **②** | ③ | ④ |
| | (19) | **①** | ② | ③ | ④ |
| | (20) | ① | ② | **③** | ④ |
| **3** | (21) | **①** | ② | ③ | ④ |
| | (22) | ① | ② | ③ | **④** |
| | (23) | ① | ② | **③** | ④ |
| | (24) | ① | ② | ③ | **④** |
| | (25) | ① | **②** | ③ | ④ |
| **4** | (26) | ① | ② | ③ | **④** |
| | (27) | ① | ② | **③** | ④ |
| | (28) | ① | **②** | ③ | ④ |
| | (29) | **①** | ② | ③ | ④ |
| | (30) | ① | ② | **③** | ④ |
| | (31) | ① | ② | **③** | ④ |
| | (32) | ① | ② | ③ | **④** |
| | (33) | ① | **②** | ③ | ④ |
| | (34) | ① | ② | ③ | **④** |
| | (35) | ① | ② | **③** | ④ |

## リスニング解答欄

| | 問題番号 | 1 | 2 | 3 | 4 |
|---|---|---|---|---|---|
| **第1部** | 例題 | ① | ② | **●** | |
| | No. 1 | **①** | ② | ③ | |
| | No. 2 | **①** | ② | ③ | |
| | No. 3 | **①** | ② | ③ | |
| | No. 4 | ① | ② | **③** | |
| | No. 5 | ① | **②** | ③ | |
| | No. 6 | ① | **②** | ③ | |
| | No. 7 | **①** | ② | ③ | |
| | No. 8 | **①** | ② | ③ | |
| | No. 9 | ① | ② | **③** | |
| | No. 10 | ① | ② | **③** | |
| **第2部** | No. 11 | ① | **②** | ③ | ④ |
| | No. 12 | **①** | ② | ③ | ④ |
| | No. 13 | ① | ② | ③ | **④** |
| | No. 14 | ① | **②** | ③ | ④ |
| | No. 15 | ① | **②** | ③ | ④ |
| | No. 16 | ① | ② | **③** | ④ |
| | No. 17 | ① | ② | **③** | ④ |
| | No. 18 | **①** | ② | ③ | ④ |
| | No. 19 | ① | ② | ③ | **④** |
| | No. 20 | ① | **②** | ③ | ④ |
| **第3部** | No. 21 | ① | **②** | ③ | ④ |
| | No. 22 | ① | ② | ③ | **④** |
| | No. 23 | ① | ② | **③** | ④ |
| | No. 24 | **①** | ② | ③ | ④ |
| | No. 25 | ① | ② | **③** | ④ |
| | No. 26 | **①** | ② | ③ | ④ |
| | No. 27 | ① | ② | **③** | ④ |
| | No. 28 | **①** | ② | ③ | ④ |
| | No. 29 | ① | **②** | ③ | ④ |
| | No. 30 | ① | ② | ③ | **④** |

# 1 筆記 （問題編pp.100〜101）

## (1) 正解 3

**訳** A：映画を見に行くことについてお母さんにたずねた？　B：うん。きみと行けるよ。

**選択肢の訳** 1 見る　2 作る　3 たずねる　4 手に入れる

**解説** Aのgoing to the movieは「映画を見に行くこと」という意味。about going to the movie「映画を見に行くことについて〜」の「〜」に入る語として適当なのは3のask「たずねる」。

## (2) 正解 4

**訳** 多くの国でクリスマスは人気の休日で，多くの子どもたちがこの日にプレゼントをもらいます。

**選択肢の訳** 1 教科　2 音　3 部屋　4 プレゼント

**解説** Christmas Day「クリスマス」とget「もらう，手に入れる」からクリスマスに手に入れるものとして4のpresentsを選ぶ。

## (3) 正解 1

**訳** A：今週末は何をするつもり？　B：新しいアパートに引っ越すんだ。今より大きくなるからうれしいよ。

**選択肢の訳** 1 アパート　2 バンド　3 競走　4 絵

**解説** move to 〜「〜へ引っ越す」から，1のapartment「アパート」を選び，a new apartment「新しいアパート」とする。

## (4) 正解 2

**訳** ウェンディは昼食後に食べる果物をよく持ってきます。

**選択肢の訳** 1 会う　2 持ってくる　3 すわる　4 落ちる

**解説** 空所の後ろにsome fruit「（いくらかの）果物」があるので，空所に入る動詞として適するのは2のbrings「持ってくる」。

*(5)*　正解　**3**

**訳**　A：今週末キャンプに行きませんか？　天気がとてもいいので，夜にたくさんの星が見れますよ。　B：とてもいい話だね。

**選択肢の訳**　**1**　ペン　**2**　皿　**3**　星　**4**　チーム

**解説**　Aのcamping「キャンプ」とsee「見る」，at night「夜に」から，「キャンプで夜に見える」ものを選ぶ。**3**のstars「星」が正解。

*(6)*　正解　**1**

**訳**　カナダにはたくさんの美しい公園と湖があります。多くの人が夏にそこを訪れます。

**選択肢の訳**　**1**　美しい　**2**　疲れた　**3**　簡単な　**4**　必要な

**解説**　選択肢はすべて形容詞（人やものの様子を表す語）。空所の後ろのparks and lakes「公園と湖」に合うのは**1**のbeautiful「美しい」である。

*(7)*　正解　**4**

**訳**　A：このパンをナイフで切ってくれる？　B：いいよ。

**選択肢の訳**　**1**　橋　**2**　ピクニック　**3**　休憩　**4**　ナイフ

**解説**　cut this bread「パンを切る」の後ろのwithは手段を表して「〜で，〜を使って」を意味する。パンを切る道具として**4**のknife「ナイフ」を選べば正しい文になる。knifeの最初のkは発音しない。

*(8)*　正解　**2**

**訳**　野球チームのメンバーは毎回練習中に15分間キャッチボールをします。

**選択肢の訳**　**1**　つかむ　**2**　する　**3**　ほしい　**4**　言う

**解説**　熟語の問題。play catchで「キャッチボールをする」を意味するので**2**を選ぶ。

*(9)*　正解　**3**

**訳**　オーストラリア出身の新しい英語の先生は，クラスのすべての生徒に優しかった。

**選択肢の訳** **1** 〜の **2** 〜で **3** 〜に **4** 〜として

**解説** 熟語の問題。空所の前のkindに注目してbe kind to 〜「〜に親切だ」とする。**3**のtoが正解。toは方向や到達点を表す。

## (10) 正解 **1**

**訳** A：今晩テレビでいい映画はある？　B：あるよ。若いダンサーについての映画だよ。

**選択肢の訳** **1** 〜で **2** 〜のために **3** 〜によって **4** 〜のあとに

**解説** 「テレビで」は手段を表すon「〜で」を使ってon TVと表すので**1**が正解。on foot「徒歩で」，on the phone「電話で」などで使われる用法。

## (11) 正解 **4**

**訳** リックはよく早朝に犬を連れて長い散歩に出かけます。

**選択肢の訳** **1** 電話をかける **2** 聞く **3** 見せる **4** （ある行動を）する

**解説** 空所の後ろのa (long) walkと(his) dogから「犬と歩くこと」＝「犬と散歩」が想像できる。take a walkで「散歩する」となり，**4**のtakeが正解。

## (12) 正解 **1**

**訳** A：私のチョコチップクッキーをどう思う？　B：とてもおいしいよ。

**選択肢の訳** **1** 思う **2** 歌う **3** 開ける **4** 来る

**解説** Bの発言のTheyはAのmy chocolate chip cookies「私のチョコチップクッキー」をさす。They're great.「とてもおいしいよ」と言っているので，Aは感想をたずねたとわかる。What do you think of 〜?で「〜についてどう思いますか」を表す。**1**のthinkが正解。

## (13) 正解 **1**

**訳** ジェームズは脚をけがしたので，今日の野球の試合に行きません。

**解説** 文法問題。3人称単数の主語Jamesと空所の後ろの一般動詞の原形goに着目して，未来を表すwillの否定の形won't（=will not）を入れる。**1**が正解。

*(14)* **正解 3**

**訳** 姉［妹］と私は正午に学校から帰宅しました。母が私たちに昼食を作ってくれました。

**選択肢の訳** 1 私たちの（所有格） 2 私たちは（主格） 3 私たちを［に］（目的格） 4 彼ら［彼女たち，それら］の（所有格）

**解説** 空所の前の前置詞forに着目する。前置詞の後ろの代名詞は「～を［に］」の形（目的格）を使うので，3のusを選ぶ。usはここではmy sister and I「姉［妹］と私」をさしている。

*(15)* **正解 2**

**訳** A：おばあちゃんがまだ寝ているから，テレビを見ないでね。 B：わかったよ，お母さん。

**解説** 文法問題。動詞sleep「眠る」の文中での正しい形を選ぶ。空所の前のbe動詞isから，〈be動詞＋動詞のing形〉の現在進行形の文にする。2のsleepingが正解。現在進行形は今まさに起こっていることを表す文の形。

**2** **筆記** （問題編p.102）

*(16)* **正解 4**

**訳** 父親：ティム，ダイニングルームにおいで。昼食が用意できてるよ。 息子：わかった，お父さん。今行くよ。

**選択肢の訳** 1 それは新しい家だよ。 2 私はきみの寝室が好きだ。 3 それはきみのじゃない。 4 昼食が用意できてるよ。

**解説** dining roomは「家庭内で食事をする部屋（食堂）」を意味する。「ダイニングルームにおいで」のあとに続くことばとして，4のLunch is ready.「昼食が用意できてるよ」を入れると場面に合った会話になる。

*(17)* **正解 4**

**訳** 少女1：私たちの競泳がもうすぐ始まるの？ 少女2：うん，5分後ね。

がんばってね。　少女1：ありがとう。あなたもね。

選択肢の訳　**1**　あれは速いね。　**2**　今回じゃないよ。　**3**　プールで。
**4**　がんばってね。

解説　少女1が最後にYou, too.「あなたもね」と言っていることから，空所にはたがいにかけ合うことばが入ると考えられる。場面はour swimming race「私たちの競泳」なので，**4**のGood luck.「がんばってね」が適する。

## (18)　正解　**2**

訳　生徒：リチャーズ先生，先生は夏休みにどこへ行きましたか。　先生：ベルモア湖よ。私は毎年夏にそこへつりをしに行くの。

選択肢の訳　**1**　自分のリビングルームでよ。　**2**　ベルモア湖よ。　**3**　春によ。　**4**　5日間よ。

解説　生徒がWhere（どこで［へ］）を使って夏休みの行き先をたずねているので，**2**のTo Lake Belmore.「ベルモア湖よ」が会話の流れにあう。

## (19)　正解　**1**

訳　少女1：お姉［妹］さんの誕生日パーティーはどうだった？　少女2：楽しかったよ。そこには30人いたの。　少女1：わあ！　それはたくさんね。

選択肢の訳　**1**　そこには30人いたの。　**2**　それは遅れて始まったの。
**3**　私は贈り物を忘れたわ。　**4**　あなたも私たちといっしょに行けるわよ。

解説　少女1は2回目にThat's a lot.「それはたくさんね」と言っているので，空所には数や量を表す文が入る。**1**のThere were 30 people there.「そこには30人いたの」が正解。a lotは「たくさん，多数，多量」を表す熟語。

## (20)　正解　**3**

訳　母親：ジェニー，台所で手伝ってくれる？　娘：お母さん，ちょっと待ってて。ちょうどこのメールを先に送る必要があるから。

選択肢の訳　**1**　それはあなたのコンピュータよ，　**2**　私たちは夕食を食べたわ，　**3**　ちょっと待ってて，　**4**　私はそれが好きよ，

解説　母親から手伝いをたのまれた娘は第2文でI just need to send this e-mail first.「ちょうどこのメールを先に送る必要がある」と述べている。

first「最初に」するべきことを終えたら手伝うつもりなので，**3**の Just a minute,「ちょっと待ってて,」が場面に合う。

| **3** | **筆記** (問題編p.103) |
|---|---|

**(21)　正解　1**

**正しい語順**　May I see your passport　②④⑤③①

**解説**　日本語は「～していただけますか」と依頼の文になっているが，語群には許可を表すmayがあるので，May I ～?「～してもいいですか」を使って，「あなたのパスポートを見てもいいですか」と言いかえて考える。May Iの後ろに「あなたのパスポートを見る」see your passportを続ける。

**(22)　正解　4**

**正しい語順**　breakfast when I have time　④②①⑤③

**解説**　「～する時」は〈when＋主語＋動詞～〉で表す。「私は時間がある時」なので，when I have timeのまとまりを作る。この部分を文の後半に置き，残りのbreakfast「朝食」はmake「作る」の後ろに置く。

**(23)　正解　3**

**正しい語順**　can speak both English and　②④③①⑤

**解説**　「～することができる」は〈can＋動詞の原形〉で表すので，主語My fatherのあとはcan speakが続く。「英語とフランス語の両方」はboth ～ and …「～と…の両方」を使ってboth English and Frenchと表す。

**(24)　正解　4**

**正しい語順**　The comic book was not interesting at　③⑤②④①

**解説**　The comic book「その漫画は」が主語で文頭にくる。「～は面白くありませんでした」は～ was not interestingと表せる。否定文を強める「まったく（～ない）」は(not) ～ at allと表すので，allの前にatを置く。

*(25)* **正解** **2**

**正しい語順** house is next to the bookstore　③②①⑤④

**解説**「本屋の隣」は「〜の隣に」next to 〜を使ってnext to the bookstore
と表す。文の主語は「アダムの家」Adam's houseなので，このあとにbe
動詞isを置く。

| **4[A]** | **筆記** (問題編pp.104〜105) |
|---|---|

**Key to Reading** ここではお知らせや掲示物が出題される。今回は学校の休暇
中に開かれるサッカーのデイキャンプのお知らせである。「日付」「時間」「場
所」「費用」について項目別に情報が与えられ，本文では内容と申し込み方法，
締め切りが書かれている。質問文や選択肢で使われている語句をヒントにし
ながら，どの箇所について問われているかを探していくとよい。

**訳** 中学生のためのサッカーデイキャンプ
サッカーに興味があればキャンプに来てください！
日付：7月12日〜7月16日
時間：10:30〜15:00
場所：シルバートン中学校
費用：30ドル

キャンプではシルバートン・ファイターズの有名なサッカー選手2名に会え
る予定です。参加するには6月12日よりも前にマイク・ウェブ宛てにメール
を送ってください。

infosoccer@silverton.jhs

**重要表現** day camp「デイキャンプ（学校が休みの日に子どもたちがスポー
ツなどの活動を行う）」 be interested in 〜「〜に興味がある」

*(26)* **正解** **4**

**質問の訳** サッカーデイキャンプの最終日はいつですか。

**選択肢の訳** **1** 6月12日。 **2** 6月16日。 **3** 7月12日。 **4** 7月16日。

解説 デイキャンプの日付はDates「日付」に書かれている。July 12 to July 16とあるので，最終日は **4** の July 16.「7月16日」。

## (27)　正解　**3**

質問の訳 キャンプで生徒たちは…でしょう。

選択肢の訳 **1**　シルバートン・ファイターズからメールを受け取る。

**2**　マイク・ウェブといっしょに映画を見る。　**3**　有名なサッカー選手に会う。

**4**　無料のサッカーボールをもらう。

解説 完成させる文には未来を表すwillが使われている。お知らせ内にもwillを使った文が1箇所あるため照らし合わせるとよい。You'll meet two famous soccer players from the Silverton Fighters at the camp.「キャンプではシルバートン・ファイターズの有名なサッカー選手2名に会える予定です」とある。**3** の meet famous soccer players.「有名なサッカー選手に会う」を選ぶ。

# 4[B]　筆記 （問題編pp.106〜107）

Key to Reading 2番目の長文ではEメールか手紙文が出題される。近年はEメールの出題が続いている。今回は友人間のEメールのやりとり。たがいのやりとりに注意する必要はあるが，基本的には大問4の［A］や［C］と同様，問題文や選択肢に出てきた語句を手掛かりにして，答えとなる箇所を特定していく。

訳 差出人：キャロル・ミラー

宛先：デニス・リトル

日付：1月16日

件名：雪の祭典

デニス，こんにちは，

スモールヴィルが特別イベントを開催するの！　2月2〜7日の6日間，雪の祭典が開かれるの。2月6日には氷の彫刻コンテストがあるわ。優勝者は200ドルもらえるの。その日に行って彫刻を見たいわ。チケットはひとり

10ドル。行かない？

あなたの友達，

キャロル

差出人：デニス・リトル

宛先：キャロル・ミラー

日付：1月17日

件名：行こう！

キャロル，こんにちは，

彫刻を見たいけれど，2月5日と6日は家族とスキーをしに行くんだ。祭典のウェブサイトを見たよ。2月7日でもまだ彫刻は見ることができるよ。その日は雪だるまコンテストもあるんだって。チケットはひとり5ドルで，優勝者は100ドルもらえる。参加しよう！

近々話そう，

デニス

**重要表現** Subject「件名（メールのタイトル）」 from 〜 to …「〜から…まで」 contest「コンテスト」 winner「優勝者」 each「ひとりにつき」 〈go＋動詞のing形〉「〜しに行く」 website「ウェブサイト」

## (28)　正解　**3**

**質問の訳** 雪の祭典はどのくらいの期間ですか。

**選択肢の訳** 1　2日。　2　5日。　3　6日。　4　7日

**解説** 雪の祭典のおおまかな内容は，1つ目のEメールを見る。本文第2文の There will be a snow festival for six days, from February 2 to 7. 「2月2〜7日の6日間，雪の祭典が開かれるの」から，**3**のSix days.「6日」が正解。

## (29)　正解　**1**

**質問の訳** デニスは2月5日に何をしますか。

**選択肢の訳** 1　スキーをしに行く。　2　彫刻を作る。　3　祭典をおとずれる。　4　ウェブサイトを立ち上げる。

**解説** デニスの予定は2つ目のデニスが送ったEメールにある。本文第1文の I'll go skiing with my family on February 5 and 6「2月5日と6日は家族とスキーをしに行くんだ」から，**1**の Go skiing.「スキーをしに行く」が正解。

## (30) 正解 **3**

**質問の訳** 雪だるまコンテストの優勝者は…を手に入れます。

**選択肢の訳** **1** 5ドル。 **2** 10ドル。 **3** 100ドル。 **4** 200ドル。

**解説** 質問文の the snowman contest は，デニスが送った2つ目のEメールの本文第4文に出てくる。They'll also have a snowman contest that day.「その日は雪だるまコンテストもあるんだって」の次の文に，the winner gets $100「優勝者は100ドルもらえる」とあるので，**3**の $100.「100ドル」が正解。

---

# 4[C] 筆記 (問題編pp.108〜109)

**Key to Reading** 最後の長文は長め。英文量は多くても，出題箇所は長文の段落を追うように順番に出題されることと，問題文と同じまたは言いかえた語句を本文内に見つけることにより，答えの場所を特定することはさほど難しくない。長い文に向き合う練習は事前にしておこう。

**訳** ピアノのレッスン

先月キャサリンの両親はハワイの結婚式に行きました。キャサリンは行くことができなかったので，1週間おばあさんの家に滞在しました。初日，キャサリンは両親がいなくて寂しく思い，悲しくなりました。おばあさんの家にはインターネットがなく，おばあさんは古いテレビ番組を見ていました。

翌朝，キャサリンは音楽を耳にしました。それは居間から流れてきていました。キャサリンのおばあさんがピアノをひいていました。キャサリンは「おばあちゃん，私に教えてくれる？」と言いました。おばあさんはとてもわくわくしているように見えました。おばあさんは「何年も前に，私はあなたのお母さんにもピアノをひくことを教えたんだよ」と言いました。キャサリン

とおばあさんは毎日3時間練習し，キャサリンは4曲習得しました。

　金曜日にキャサリンの両親が旅先から戻ってきました。両親はキャサリンのおばあさんにお土産を渡し，キャサリンは彼らのために2曲ひきました。キャサリンのお父さんは喜びました。キャサリンのお母さんは「もっと頻繁におばあさんをたずねるといいわ」と言いました。今，キャサリンはもっと曲を習いたいと思っているので，来月もおばあさんをたずねるつもりです。

**重要表現** wedding「結婚式」 miss「〜がいなくて寂しい」 felt「feel（感じる）の過去形」 TV show「テレビ番組」 heard「hear（聞こえる）の過去形」 〈look＋形容詞〉「〜に見える」 taught「teach（教える）の過去形」 gave「give（あげる）の過去形」 should「〜したほうがいい」 more often「often（しばしば）の比較級」 more songs「もっと多くの曲」

## (31) 正解 **3**

**質問の訳** キャサリンはおばあさんの家にどのくらい滞在しましたか。

**選択肢の訳** **1** 1日。 **2** 3日間。 **3** 1週間。 **4** 1か月。

**解説** キャサリンがおばあさんの家に滞在することになった経緯と期間については第1段落の第1〜2文に書かれている。期間は she stayed at her grandmother's house for one week「1週間おばあさんの家に滞在しました」とあるので，**3**の For one week.「1週間」が正解。

## (32) 正解 **4**

**質問の訳** キャサリンは初日，どのように感じましたか。

**選択肢の訳** **1** 疲れた。 **2** 興奮した。 **3** うれしい。 **4** 悲しい。

**解説** 質問文にある on the first day「初日」は，第1段落第3文にもある。On the first day, she missed her parents and felt sad.「初日，キャサリンは両親がいなくて寂しく思い，悲しくなりました」とあるので，初日のキャサリンの感情は**4**の Sad.「悲しい」が正解。〈feel＋形容詞〉で「〜と感じる」を表す。feel（感じる）は不規則に変化する動詞で，過去形は felt。

## (33)　正解　**2**

**質問の訳** 何年も前にキャサリンのおばあさんは…にピアノを教えました。

**選択肢の訳** **1** キャサリンの父親　**2** キャサリンの母親　**3** キャサリンのおじ　**4** キャサリンの友人

**解説** 問題文にある Many years ago「何年も前に」は、第2段落第6文のキャサリンのおばあさんのことばの中にもある。Many years ago, I taught your mother to play the piano, too.「何年も前に，私はあなたのお母さんにもピアノをひくことを教えたんだよ」と言っている。your mother は「キャサリンの母親」をさす。したがって2のKatherine's mother.が正解。

## (34)　正解　**4**

**質問の訳** キャサリンは金曜日に何をしましたか。

**選択肢の訳** **1** 新しい曲を習得した。　**2** 4時間練習した。　**3** 結婚式に行った。　**4** 両親にピアノをひいて聞かせた。

**解説** 質問文のon Friday「金曜日に」は，第3段落の冒頭にもあるので，第3段落を中心に見ていく。キャサリンのしたことが問われているのでKatherineが主語になっている文を探すと，第2文にKatherine played two songs for them.「キャサリンは彼らのために2曲ひきました」とある。them（彼らを［に］）は第1文のKatherine's parents「キャサリンの両親」をさすので，4のShe played the piano for her parents.「両親にピアノをひいて聞かせた」が正解。

## (35)　正解　**3**

**質問の訳** キャサリンは来月なぜおばあさんをたずねるつもりですか。

**選択肢の訳** **1** 母親が働かなければならない。　**2** 両親が旅行に出かける。　**3** もっと多くの曲を習いたい。　**4** おばあさんに贈り物をあげる。

**解説** 本文の中で質問文と同じ未来形で書かれている文は最終文のみ。Now, Katherine wants to learn more songs, so she will visit her grandmother next month, too.「今，キャサリンはもっと多くの曲を習いたいと思っているので，来月もおばあさんをたずねるつもりです」とある。

3のShe wants to learn more songs. 「もっと多くの曲を習いたい」が正解。soは「それで，だから」の意味の接続詞で，soの前が理由，soの後ろが結果を表す。

**だい1部 リスニング** (問題編pp.110〜111)

〔例題〕 *A:* Hi, my name is Yuta.  *B:* Hi, I'm Kate.  *A:* Do you live near here?

**1** I'll be there.  **2** That's it.  **3** Yes, I do.  〔正解〕 **3**

**訳** A：こんにちは，ぼくの名前はユウタです。  B：こんにちは，私はケイトです。  A：あなたはこの近くに住んでいるのですか。

**選択肢の訳** **1** 私はそこへ行くつもりです。  **2** それです。  **3** はい，そうです。

## No.1 正解 **1**

**放送文** *A:* These newspapers are heavy!  *B:* Are you recycling them?
*A:* Yes. Could you help me?

**1** Sure, Mom.  **2** I like reading.  **3** I don't understand.

**訳** A：この新聞紙は重いわ！  B：新聞紙をリサイクルしてるの？  A：そうよ。手伝ってくれるかしら。

**選択肢の訳** **1** もちろんだよ，お母さん。  **2** ぼくは読書が好き。
**3** わからないよ。

**解説** A（＝母親）が新聞紙の束を目の前にCould you help me?「手伝ってくれるかしら」と頼んでいるので，「もちろんだよ，お母さん」と依頼に応える**1**のSure, Mom.が正解。

## No.2 正解 **1**

**放送文** *A:* Is your sister in a band, too?  *B:* Yes.  *A:* What does she play?

**1** The trumpet.  **2** At high school.  **3** Our music teacher.

**訳** A：あなたのお姉［妹］さんも楽団に入っているの？ B：そうだよ。
A：お姉［妹］さんは何を演奏してるの？

**選択肢の訳** **1** トランペット。 **2** 高校で。 **3** ぼくたちの音楽の先生。

**解説** イラストから吹奏楽部の生徒同士の対話と想像する。話題は最初のA（＝少女）の発言にあるyour sister（少年のお姉［妹］さん）のこと。楽団に入っているとわかると，What does she play?とたずねている。ここでのplayは「（楽器を）演奏する」という意味。「何を演奏してるの？」に**1**のThe trumpet.「トランペット」と楽器名を答える。

## *No.3* 正解 **1**

**放送文** *A:* What are you going to get for Dad's birthday? *B:* Some socks. How about you? *A:* I'll make him a photo frame.

    **1** He'll like that. **2** He'll call later.

    **3** He'll get some cake.

**訳** A：お父さんの誕生日に何を買うつもり？ B：靴下を何足か。君は？
A：写真立てを作るつもり。

**選択肢の訳** **1** それはお父さんが気に入るだろうね。 **2** あとでお父さんが電話をかけてくるよ。 **3** お父さんがケーキを買うだろうね。

**解説** 話題はA（＝少女）の最初の発言にあるDad's birthday「お父さんの誕生日」。Aは2回目にI'll make him a photo frame.「お父さんに写真立てを作るつもり」と言っているので，それについて感想を述べる**1**のHe'll like that.「それはお父さんが気に入るだろね」を選ぶと話の流れに合う。

## *No.4* 正解 **3**

**放送文** *A:* Mr. Warner, you have a visitor. *B:* Who is it? *A:* Mr. Smith.

    **1** Two o'clock is fine. **2** This is my report.

    **3** I'll be there soon.

**訳** A：ワーナーさん，お客様がいらしています。 B：どなたですか。 A：スミスさんです。

**選択肢の訳** **1** 2時が都合がいいです。 **2** これが私の報告書です。 **3**

すぐに行きます。

解説 A（＝女性）の最初の発言のyou have a visitorは直訳すると「あなたには訪問者がいます」なので，女性は訪問者が来ていることを伝えに来ている。**3**のI'll be there soon.「すぐに行きます」と答えると対話が成り立つ。I'll be there soon.は直訳すると「私はすぐにそこ（＝訪問者が待つ場所）にいるでしょう」という意味。

## No.5 正解 **2**

放送文 *A:* Happy birthday, James.　*B:* Thanks, Grandma.　*A:* Are you going to have a party tonight?

**1**　Yes, it was delicious.　**2**　Yes, at a restaurant.
**3**　Yes, a new jacket.

訳 A：ジェームズ，お誕生日おめでとう。　B：ありがとう，おばあちゃん。A：今夜はパーティーをするのかい？

選択肢の訳 **1**　うん，それはおいしかったよ。　**2**　うん，レストランで。
**3**　うん，新しいジャケット。

解説 A（＝おばあさん）は2回目にAre you going to have a party tonight?「今夜はパーティーをするのかい？」と〈be動詞＋going to〉の未来の文で今夜の予定をたずねている。Yes「うん」と答えたあとにat a restaurant「レストランで」とパーティーの場所を答える**2**が正解。

## No.6 正解 **2**

放送文 *A:* What did you do yesterday?　*B:* I watched a movie about birds.　*A:* How was it?

**1**　I have two fish.　**2**　It was interesting.　**3**　That's all.

訳 A：昨日は何したの？　B：鳥の映画を見たんだ。　A：どうだった？

選択肢の訳 **1**　ぼくは魚を2匹飼ってるよ。　**2**　面白かった。　**3**　それだけのこと。

解説 A（＝少女）の2回目の発言How was it?は「どうだった？」と感想をたずねる表現。itはB（＝少年）の発言のa movie about birds「鳥の映画」をさしている。感想として**2**のIt was interesting.「面白かった」が適

せっ
切。

## *No.7* 正解 **1**

放送文 *A:* I went to the shopping mall today.  *B:* Did you buy anything?  *A:* Yes. These gloves.

       **1** They're nice.  **2** I'll find them.  **3** It's closed today.

訳 A：ぼくは今日ショッピングモールへ行きました。  B：何か買ったの？ A：はい。この手袋です。

選択肢の訳 **1** すてきね。  **2** 私はそれらを見つけるでしょう。  **3** 今日は閉まってる。

解説 A（＝少年）がショッピングモールで手に入れた手袋を見せている。手袋を見たB（＝女性）がThey're nice.「すてきね」と言って感想を述べると場面に合う。**1**が正解。手袋は2つで1組なので，ふつう複数形で表す。

## *No.8* 正解 **1**

放送文 *A:* Are you looking for a cap?  *B:* Yes. I want a white one.

       *A:* This one is only $10.

       **1** I'll take it.  **2** I think so.  **3** I can show you.

訳 A：帽子をお探しですか？  B：はい。白い帽子がほしいのです。  A：この帽子は10ドルでお買い求めいただけます。

選択肢の訳 **1** それを買います。  **2** 私はそう思います。  **3** 私はあなたにお見せできます。

解説 B（＝女性）が店で帽子を選んでいる。A（＝店員）のThis one is only $10.「この帽子は10ドルでお買い求めいただけます」に**1**のI'll take it.「それを買います」で答えると自然な会話になる。takeはここでは「買う」の意味。

## *No.9* 正解 **3**

放送文 *A:* Let's buy some flowers for your mother.  *B:* Good idea.

       *A:* Is there a flower shop near here?

       **1** I bought 12 roses.  **2** They're very pretty.

**3**　There's one by the supermarket.

訳　Ａ：きみのお母さんに花を買おうよ。　Ｂ：いい考えね。　Ａ：この近くに生花店はあるかな?

選択肢の訳　**1**　私はバラを12本買ったわ。　**2**　それらはとてもきれいね。
**3**　スーパーのそばに1つあるわよ。

解説　Ａ（＝男性）は2回目に There is ～. 「～がある［いる］」の疑問文を使って Is there a flower shop near here?「この近くに生花店はあるかな?」とたずねている。同じ There is ～. を使って答える 3 の There's one by the supermarket.「スーパーのそばに1つあるわよ」が正解。

## No.10　正解　**3**

放送文　**A:** Do you have any pets?　**B:** Yes, I have two hamsters.　**A:** Where are they?

　　　**1**　They're 10 months old.　**2**　They like carrots.

　　　**3**　They're in my bedroom.

訳　Ａ：何かペットを飼ってる?　Ｂ：ええ, ハムスターを2匹飼ってるわ。Ａ：それらはどこにいるの?

選択肢の訳　**1**　それらは生まれて10か月よ。　**2**　それらはニンジンが好きなの。　**3**　私の寝室にいるの。

解説　Ａ（＝少年）は2回目に Where「どこに［へ］」を使ってハムスターのいる場所をたずねている。場所を答えている 3 の They're in my bedroom.「私の寝室にいるの」が正解。

---

第**2**部　**リスニング**　(問題編pp.112〜113)　CD 青-12 〜 CD 青-22

## No.11　正解　**2**

放送文　**A:** Mom, I need to go to school early tomorrow.　**B:** Why?
　　　**A:** I have band practice for the concert.　**B:** OK.
　　　***Question:*** Why does the boy have to go to school early tomorrow?

**訳** A：お母さん，明日は早く学校に行く必要があるんだ。　B：どうして？
A：コンサートのためのバンド練習があるんだ。　B：わかったわ。

**質問の訳** 少年はなぜ明日早く学校へ行かなければならないのですか。

**選択肢の訳** **1** コンサートを見るため。　**2** バンドと練習するため。
**3** 宿題をするため。　**4** 教室をそうじするため。

**解説** B（＝母親）の1回目のWhy?「どうして？」に対するA（＝息子）の応答が質問の答えとなる。AはI have band practice for the concert.「コンサートのためのバンド練習がある」と述べているので，**2**のTo practice with the band.「バンドと練習するため」が正解。

## No.12 正解 1

**放送文** *A:* I'm sorry I'm late, Dad.　*B:* Did you take the bus?　*A:* No. It didn't come, so I walked home.　*B:* Next time, call me. I'll pick you up.

*Question:* Why was the girl late?

**訳** A：お父さん，遅れてごめんなさい。　B：バスに乗ったのかい？
A：ううん。それが来なかったから家まで歩いたの。　B：今度は電話をしてきなさい。車で迎えにいくから。

**質問の訳** 少女はなぜ遅れたのですか。

**選択肢の訳** **1** バスが来なかった。　**2** 電車が止まった。　**3** 電話を見つけることができなかった。　**4** 違うバスに乗った。

**解説** 少女の遅れた理由はA（＝少女）の発言を注意して聞く。少女は2回目でIt didn't come, so I walked home.「それが来なかったから家まで歩いた」と言っている。Itは，直前のB（＝父親）のthe bus（バス）をさすので，**1**のThe bus didn't come.「バスが来なかった」が正解。

## No.13 正解 4

**放送文** *A:* Marcy, walk the dog.　*B:* Can I do it after lunch? I'm watching TV now.　*A:* No, we're going to visit Grandpa then. *B:* OK, I'll do it.

*Question:* What is Marcy doing now?

**訳** A：マーシー，犬を散歩させて。 B：昼ごはんのあとでいい？ 今テレビを見ているの。 A：だめだよ，昼食後はおじいちゃんをたずねる予定なんだから。 B：わかった，するよ。

**質問の訳** マーシーは今何をしていますか。

**選択肢の訳** 1 おじいさんをたずねている。 2 犬の散歩をしている。 3 昼食を料理している。 4 テレビを見ている。

**解説** 質問文は What is Marcy doing now?「マーシーは今何をしていますか」と〈be動詞＋動詞のing形〉の現在進行形でたずねている。B（＝マーシー）は1回目で同じ現在進行形を使って I'm watching TV now.「今テレビを見ている」と言っているので，4の Watching TV.「テレビを見ている」が正解。

## No.14 正解 **2**

**放送文** *A:* Do you want to play tennis? *B:* I left my racket at school.
*A:* That's OK. You can use my mom's. *B:* Great, thanks.
*Question:* Whose tennis racket will the girl use?

**訳** A：テニスをしない？ B：学校にラケットを置いてきちゃった。 A：構わないよ。ぼくのお母さんのを使っていいよ。 B：とてもすてき，ありがとう。

**質問の訳** 少女はだれのテニスラケットを使いますか。

**選択肢の訳** 1 少年のもの。 2 少年の母親のもの。 3 彼女自身のもの。 4 彼女の母親のもの。

**解説** A（＝少年）とB（＝少女）の2回目のやりとりに注意する。AのYou can use my mom's.「ぼくのお母さんのを使っていいよ」に対してBは Great, thanks.「とてもすてき，ありがとう」と応答しているので，2の The boy's mother's.「少年の母親のもの」が正解。

## No.15 正解 **2**

**放送文** *A:* Mom, do you know Uncle Bill's address? *B:* Yes. Why?
*A:* I want to send him a birthday card. *B:* That's nice of you.
*Question:* What does the boy want to do?

**訳** Ａ：お母さん,ビルおじさんの住所を知ってる？ Ｂ：ええ。どうして？ Ａ：誕生日カードを送りたいんだ。 Ｂ：優しいのね。

**質問の訳** 少年は何をしたいと思っていますか。

**選択肢の訳** **1** 地図を買う。 **2** カードを送る。 **3** おじさんに電話をかける。 **4** コンピュータを使う。

**解説** 質問文にある〈want to＋動詞の原形(do)〉は「～したい」という意味。2回目の放送ではＡ（＝少年）の発言を注意して聞く。Ａは2回目にI want to send him a birthday card.「誕生日カードを送りたい」と言っているので, **2** のSend a card.「カードを送る」が正解。

## No.16 正解 **3**

**放送文** *A:* Hello? *B:* Hi, Mike. Are you watching the basketball game on TV? *A:* Of course. *B:* Jaylen Porter is playing very well. *A:* Yes, he is.

*Question:* What are they talking about?

**訳** Ａ：もしもし？ Ｂ：こんにちは,マイク。テレビでバスケットボールの試合を見ている？ Ａ：もちろん。 Ｂ：ジェイレン・ポーターのプレーがとてもいいわね。 Ａ：うん,そうだね。

**質問の訳** 彼らは何について話していますか。

**選択肢の訳** **1** 彼らのバスケットボールのコーチ。 **2** 彼らの新しいテレビ。 **3** バスケットボールの試合。 **4** 新しい先生。

**解説** 電話での会話の場面。Ｂ（＝女性）は1回目にAre you watching the basketball game on TV?「テレビでバスケットボールの試合を見ている？」とたずね,2回目でJaylen Porter is playing very well.「ジェイレン・ポーターのプレーがとてもいいわね」と選手の話をしている。したがって,**3** のA basketball game.「バスケットボールの試合」が正解。

## No.17 正解 **3**

**放送文** *A:* What did you do today, Tim? *B:* I went to the shopping center to buy a notebook. *A:* Is it for school? *B:* Yes, for Spanish class.

***Question:*** Why did Tim go to the shopping center?

訳 Ａ：ティム，今日は何をしたの？　Ｂ：ノートを買いにショッピングセンターに行ったんだ。　Ａ：学校用の？　Ｂ：うん，スペイン語の授業用。

質問の訳 ティムはなぜショッピングセンターに行ったのですか。

選択肢の訳 **1** 同級生に会うため。　**2** 母親に会うため。　**3** ノートを買うため。　**4** スペインの食べ物を買うため。

解説 Ｂ（＝ティム）は1回目にI went to the shopping center to buy a notebook.「ノートを買いにショッピングセンターに行った」と言っているので，**3**のTo buy a notebook.「ノートを買うため」が正解。

## *No.18* 正解 1

放送文 ***A:*** Happy birthday, Jim.　***B:*** Thanks, Ms. Clark.　***A:*** Did you get any cards from your classmates?　***B:*** I got one from Maria and one from Sam.

***Question:*** Whose birthday is it today?

訳 Ａ：ジム，お誕生日おめでとう。　Ｂ：ありがとうございます，クラーク先生。　Ａ：同級生から何かカードをもらったの？　Ｂ：マリアから1枚と，サムから1枚もらいました。

質問の訳 今日はだれの誕生日ですか。

選択肢の訳 **1** ジム。　**2** マリア。　**3** サム。　**4** クラーク先生。

解説 Ａ（＝クラーク先生）は最初にHappy birthday, Jim.「ジム，お誕生日おめでとう」と言っているので，**1**のJim's.「ジム」が正解。

## *No.19* 正解 4

放送文 ***A:*** Dad, do you have to work this weekend?　***B:*** Only on Saturday morning.　***A:*** Can we go to the park on Sunday afternoon?　***B:*** Sure.

***Question:*** When will they go to the park?

訳 Ａ：お父さん，今週末に仕事に行かなきゃいけないの？　Ｂ：土曜日の午前だけだよ。　Ａ：日曜日の午後はいっしょに公園に行ける？　Ｂ：いいよ。

質問の訳 彼らはいつ公園に行きますか。

選択肢の訳 **1** 土曜日の午前。 **2** 土曜日の午後。 **3** 日曜日の午前。
**4** 日曜日の午後。

解説 A（＝娘）とB（父親）の2回目のやりとりに注意する。AがCan we
go to the park on Sunday afternoon?「日曜日の午後はいっしょに公園に
行ける？」とたずねると，BはSure.「いいよ」と言っているので，**4**のOn
Sunday afternoon.「日曜日の午後」が正解。同じSで始まるSundayと
Saturday，時間帯のmorning「午前」とafternoon「午後」の組み合わせ
をメモをとりながら整理して聞こう。

## No.20 正解 **2**

放送文 *A:* Hello. What would you like? *B:* Two sandwiches and one
rice ball, please. *A:* Would you like some drinks, too?
*B:* Yes. Three bottles of cola.

*Question:* How many sandwiches does the woman want?

訳 A：こんにちは。何になさいますか。 B：サンドイッチ2個とおにぎ
り1個ください。 A：飲み物もいかがですか。 B：はい。コーラを3本。

質問の訳 女性はサンドイッチを何個ほしいですか。

選択肢の訳 **1** 1個。 **2** 2個。 **3** 3個。 **4** 4個。

解説 注文の場面の対話。サンドイッチの数を問われているので，サンドイッ
チの前に読まれる数を正確に聞き取ろう。Two sandwichesとあるので，**2**
のTwo.「2個」が正解。

---

## 第3部 リスニング （問題編pp.114～115）

CD 青-23 ～ CD 青-33

## No.21 正解 **2**

放送文 Here is your key. Your room number is 205. The restaurant
on the second floor is open until ten o'clock. Enjoy your stay.

*Question:* Where is the man talking?

訳 こちらがお客様のカギです。お部屋の番号は205です。2階のレスト
ランは10時まで開いています。滞在をお楽しみください。

質問の訳 男性はどこで話していますか。

選択肢の訳 **1** 学校。 **2** ホテル。 **3** カフェ。 **4** 電車の駅。

解説 key「カギ」，room number「部屋の番号」，Enjoy your stay.「滞在をお楽しみください」から **2** の In a hotel.「ホテル」が正解。

## No.22 正解 **4**

放送文 My American friends came to Japan last week. I took them to a sumo tournament. We also went sightseeing, but they enjoyed eating sushi the most.

*Question:* What did the man's friends enjoy the most?

訳 アメリカ人の友人たちが先週日本に来ました。私は彼らを相撲観戦に連れていきました。私たちは観光にも行きましたが，彼らが最も楽しんだのはすしを食べることでした。

質問の訳 男性の友人たちは何を最も楽しみましたか。

選択肢の訳 **1** 相撲観戦。 **2** 観光に行くこと。 **3** 日本式の風呂に入ること。 **4** すしを食べること。

解説 男性は最後に they enjoyed eating sushi the most「彼らが最も楽しんだのはすしを食べることでした」と言っているので，**4** の Eating sushi.「すしを食べること」が正解。enjoy 〜 the most は「〜を最も楽しむ」の意味。

## No.23 正解 **3**

放送文 My friend Sarah had a party tonight. But I was sick and couldn't go. I stayed at home.

*Question:* What did the boy do tonight?

訳 ぼくの友人のサラは今晩パーティーを開きました。けれどもぼくは病気で行くことができませんでした。ぼくは家にいました。

質問の訳 少年は今晩何をしましたか。

選択肢の訳 **1** パーティーに行った。 **2** 友人をたずねた。 **3** 家にいた。 **4** 病院に行った。

解説 質問文は the boy「少年」がしたことをたずねている。最終文の I

stayed at home. 「ぼくは家にいました」から，**3**のHe stayed at home. 「家にいた」を選ぶ。病気だったが，病院に行ってはいないので，**4**は誤り。

## No.24　正解　1

放送文　This morning, Sally made a doll. Tomorrow, she's going to visit her grandfather. She wants to show him the doll.

*Question:* What is Sally going to do tomorrow?

訳　今朝，サリーは人形を作りました。明日，彼女はおじいさんをたずねる予定です。サリーはおじいさんに人形を見せたいと思っています。

質問の訳　サリーは明日何をする予定ですか。

選択肢の訳　**1**　おじいさんをたずねる。　**2**　人形を作る。　**3**　玩具店に行く。　**4**　人形を買う。

解説　tomorrow「明日」については第2文でTomorrow, she's going to visit her grandfather.「明日，彼女はおじいさんをたずねる予定です」と述べているので，**1**のVisit her grandfather.「おじいさんをたずねる」が正解。

## No.25　正解　3

放送文　It's my father's birthday today, so I'm making a cake. It's in the oven now, but I just remembered something important. I forgot to use sugar!

*Question:* What is the girl's problem?

訳　今日は父の誕生日なので，私はケーキを作っています。今ケーキはオーブンの中にありますが，私は重大なことを思い出しました。砂糖を使うのを忘れました！

質問の訳　少女の問題は何ですか。

選択肢の訳　**1**　台所をそうじしなかった。　**2**　プレゼントを買わなかった。　**3**　砂糖を使うのを忘れた。　**4**　ケーキを買うのを忘れた。

解説　少女は最後にI forgot to use sugar!「砂糖を使うのを忘れました！」と言っているので，**3**のShe forgot to use sugar.「砂糖を使うのを忘れた」が正解。forgotはforget「忘れる」の過去形。

***No.26*** 正解 **1**

放送文 Good morning, class. This week, we have some exciting events at school. The speech contest is on Wednesday. And on Friday, a jazz band will perform in the gym.

***Question:*** When is the speech contest?

訳 みなさん，おはようございます。今週は校内でわくわくするイベントがあります。スピーチコンテストが水曜日にあります。そして金曜日にはジャズバンドの演奏が体育館であります。

質問の訳 スピーチコンテストはいつですか。

選択肢の訳 **1** 水曜日。 **2** 木曜日。 **3** 金曜日。 **4** 週末。

解説 質問はspeech contest「スピーチコンテスト」についてなので，第3文のThe speech contest is on Wednesday.「スピーチコンテストが水曜日にあります」から，**1**のOn Wednesday. を選ぶ。

***No.27*** 正解 **3**

放送文 Debra wanted to take her umbrella to school today because it was raining. It wasn't by the front door, so she looked in her father's car. She found it there.

***Question:*** Where was Debra's umbrella?

訳 雨が降っていたので，デブラは今日学校に傘を持っていきたいと思った。傘が玄関口のそばになかったので，彼女は父親の車の中を見た。彼女はそこで傘を見つけた。

質問の訳 デブラの傘はどこにありましたか。

選択肢の訳 **1** 学校。 **2** 玄関口のそば。 **3** 父親の車の中。 **4** 彼女の部屋。

解説 最終文のShe found it there.「彼女はそこでそれを見つけた」のitは探していた「傘」，thereは直前のin her father's car「父親の車の中」をさしているので，**3**のIn her father's car.「父親の車の中」が正解。

*No.28* 正解 **1**

放送文 Yuka loves cooking. She cooks dinner for her family twice a week. She also makes pancakes for breakfast once a month.

*Question:* How often does Yuka make pancakes for breakfast?

訳 ユカは料理が大好きです。彼女は週に2回家族に夕食を作ります。月に1度朝食にパンケーキも作ります。

質問の訳 ユカはどのくらいの頻度で朝食にパンケーキを作りますか。

選択肢の訳 **1** 月に1度。 **2** 月に2回。 **3** 週に1度。 **4** 週に2回。

解説 質問文のpancakes「パンケーキ」については最終文でShe also makes pancakes for breakfast once a month.「月に1度朝食にパンケーキも作ります」と述べているので，**1**のOnce a month.「月に1度」が正解。once「1回」とtwice「2回」，week「週」とmonth「月」の組み合わせをメモしながら聞こう。

*No.29* 正解 **2**

放送文 I like making clothes. Last month, I made a sweater and a dress. Next, I'm going to make a scarf for my husband.

*Question:* What will the woman make next?

訳 私は服を作るのが好きです。先月，私はセーターとドレスを作りました。次は，夫のスカーフ［マフラー］を作る予定です。

質問の訳 女性は次は何を作るつもりですか。

選択肢の訳 **1** セーター。 **2** スカーフ[マフラー]。 **3** ドレス。 **4** シャツ。

解説 質問文と同じnextは最終文に出てくる。Next, I'm going to make a scarf for my husband.「次は，夫のスカーフ［マフラー］を作る予定です」と言っているので，**2**のA scarf.「スカーフ［マフラー］」が正解。〈will＋動詞の原形〉，〈be動詞＋going to＋動詞の原形〉はともに未来を表す形。

*No.30* 正解 **4**

放送文 Yesterday, Matt's basketball team had a picnic. He took some potato chips, and his friend took some cookies. His coach took many drinks.

*Question:* What did Matt take to the picnic?

訳 昨日，マットのバスケットボールチームはピクニックをしました。マットはポテトチップスを持っていき，友人はクッキーを持っていきました。コーチは飲み物をたくさん持っていきました。

質問の訳 マットはピクニックに何を持っていきましたか。

選択肢の訳 **1** サラダ。 **2** クッキー。 **3** 飲み物。 **4** ポテトチップス。

解説 質問文はマットがピクニックに持っていったものをたずねているので，第2文の He took some potato chips「彼はポテトチップスを持っていきました」から，**4**の Potato chips.「ポテトチップス」を選ぶ。He は第1文の Matt をさす。

**114**

# 2022年度 第1回

筆記　解答・解説　pp.116〜128
リスニング　解答・解説　pp.128〜142

## 解答欄

| 問題番号 | 1 | 2 | 3 | 4 |
|---|---|---|---|---|
| (1) | | | ● | |
| (2) | ● | | | |
| (3) | | ● | | |
| (4) | | | | ● |
| (5) | ● | | | |
| (6) | | ● | | |
| (7) | | | ● | |
| (8) | ● | | | |
| (9) | | ● | | |
| (10) | | | ● | |
| (11) | | | ● | |
| (12) | | | ● | |
| (13) | ● | | | |
| (14) | | | ● | |
| (15) | ● | | | |

(セクション 1)

## 解答欄

| | 問題番号 | 1 | 2 | 3 | 4 |
|---|---|---|---|---|---|
| 2 | (16) | | ● | | |
| | (17) | | | ● | |
| | (18) | | ● | | |
| | (19) | | | | ● |
| | (20) | | ● | | |
| 3 | (21) | ● | | | |
| | (22) | ● | | | |
| | (23) | ● | | | |
| | (24) | | | | ● |
| | (25) | | | ● | |
| 4 | (26) | | ● | | |
| | (27) | | | ● | |
| | (28) | | | ● | |
| | (29) | ● | | | |
| | (30) | | ● | | |
| | (31) | | ● | | |
| | (32) | ● | | | |
| | (33) | ● | | | |
| | (34) | | | ● | |
| | (35) | | | | ● |

## リスニング解答欄

| | 問題番号 | 1 | 2 | 3 | 4 |
|---|---|---|---|---|---|
| | 例題 | | | ● | |
| 第1部 | No. 1 | | | ● | |
| | No. 2 | ● | | | |
| | No. 3 | | ● | | |
| | No. 4 | | | ● | |
| | No. 5 | | | ● | |
| | No. 6 | ● | | | |
| | No. 7 | | | ● | |
| | No. 8 | ● | | | |
| | No. 9 | | | ● | |
| | No. 10 | | ● | | |
| 第2部 | No. 11 | | | ● | |
| | No. 12 | | ● | | |
| | No. 13 | | | | ● |
| | No. 14 | ● | | | |
| | No. 15 | | | ● | |
| | No. 16 | | | | ● |
| | No. 17 | | | | ● |
| | No. 18 | ● | | | |
| | No. 19 | | | ● | |
| | No. 20 | | ● | | |
| 第3部 | No. 21 | | | | ● |
| | No. 22 | | | ● | |
| | No. 23 | | | ● | |
| | No. 24 | | ● | | |
| | No. 25 | | | ● | |
| | No. 26 | ● | | | |
| | No. 27 | | ● | | |
| | No. 28 | ● | | | |
| | No. 29 | | | | ● |
| | No. 30 | | | ● | |

*(1)* **正解** **3**

**訳** A：次の電車が来るまでどのくらい時間があるの？　B：5分くらい。

**選択肢の訳** **1** なくした　**2** 晴れた　**3** 次の　**4** 重い

**解説** 空所の後ろのtrain「電車」がヒントとなる。**3**のnext「次の」を入れて，次の電車が来るまでの待ち時間をたずねる文にすると自然な会話になる。

*(2)* **正解** **1**

**訳** A：今日はどのくらいの時間テニスをしたの？　B：2時間だよ。

**選択肢の訳** **1** 〜の間　**2** 〜以来　**3** 〜といっしょに　**4** 〜を通って

**解説** How long 〜?「どのくらい〜？」は時間や期間の長さをたずねる。**1**のFor「〜の間」を入れて，For two hours.「2時間」とする。

*(3)* **正解** **2**

**訳** A：あっ，しまった！　日付をまちがえて書いた。きみの消しゴムを使ってもいい？　B：いいよ。はい，どうぞ。

**選択肢の訳** **1** ベルト　**2** 消しゴム　**3** コート　**4** 地図

**解説** Aの2文目のwroteに注目する。wroteはwrite「書く」の過去形で不規則に変化した形。wrote the wrong dateは「まちがった日付を書いた（＝日付をまちがえて書いた）」という意味になるので，これを訂正するために**2**のeraser「消しゴム」を使わせてもらいたいという流れになる。

*(4)* **正解** **4**

**訳** 冬，カナダのいくつかの都市では気温がとても低い。

**選択肢の訳** **1** 故郷　**2** 住所　**3** 問題　**4** 気温

**解説** 空所の後ろのvery cold「とても寒い」に注目する。選択肢の中で寒暖を表すことばといっしょに使われるのは**1**のhometownと**4**のtemperatureだが，場所については文の後半にin some cities in Canada「カナダのいく

つかの都市では」とあるので，**4**のtemperature「温度，気温」を入れて，the temperature is very cold「気温がとても寒い（＝低い）」とする。temperatureは「体温」にも使われる。

## (5)　正解　**1**

> 訳　毎年，私は祖母に花を送ります。彼女の誕生日はクリスマスの日です。

> 選択肢の訳　**1** 送る　**2** 保管する　**3** 信じる　**4** 忘れる

> 解説　空所の後ろにあるto my grandmotherに注目する。〈動詞＋もの＋to人〉は「（人）に（もの）を～する」という形。**1**のsend「送る」を入れて，I send flowers to my grandmother「私は祖母に花を送ります」とする。

## (6)　正解　**1**

> 訳　A：とても眠いけど，宿題を終える必要があるんだ。　B：寝て，明日早く起きなさい。

> 選択肢の訳　**1** 眠い　**2** 地方の　**3** つまらない　**4** 金持ちの

> 解説　空所の後ろのbut「しかし」に注目する。butの前後は話の流れが逆になるので，文の後半のI need to finish my homework「宿題を終える必要がある」に対して，文の前半は「宿題を終えられないかもしれない」という内容にする。ここでは**1**のsleepy「眠い」を入れて，I'm so sleepy「とても眠い（ので宿題を終えられない）」とする。

## (7)　正解　**3**

> 訳　A：お母さん，今週末いっしょに買い物に行ける？　B：日曜日に行きましょう。土曜日は忙しいの。

> 選択肢の訳　**1** 速い　**2** 弱い　**3** 忙しい　**4** 気をつける

> 解説　週末に買い物に行きたがっているA（＝子ども）に，B（＝母親）はLet's go on Sunday.「日曜日に行きましょう」と答えている。つまり，続く文のon Saturday「土曜日に」の前には「行けない」理由が入る。**3**のbusy「忙しい」が適切。

**(8)　正解　1**

> **訳**　A：きみは走るのが速すぎるよ。スピードをおとしてくれる？　B：いいよ。

> **選択肢の訳**　**1** 下がって　**2** 約　**3** 長く　**4** しばしば

> **解説**　Aは最初に too fast「速すぎる」と言い，2文目では Can you ～?「～してくれますか」とBに何かをたのんでいる。**1**の down を選んで slow down「スピードを落とす」ことをたのむと会話の流れに合う。

**(9)　正解　2**

> **訳**　A：テレビを消して。すぐにここに来て，私を手伝って。　B：わかったよ，お母さん。

> **解説**　熟語の問題。空所の後ろの once に注目して at once「すぐに」とする。**2**の at が正解。

**(10)　正解　3**

> **訳**　バートン先生には学校のコンサートのためのいいアイデアがあります。彼女は授業の後に私たちと話したいと思っています。

> **選択肢の訳**　**1** 方法　**2** 横　**3** アイデア　**4** 米

> **解説**　第2文の She wants to speak to us「彼女は私たちと話したいと思っています」から，その理由として Ms. Barton has a good idea for the school concert.「バートン先生には学校のコンサートのためのいいアイデアがあります」とすると，話の流れに合う。**3**の idea「アイデア」が正解。

**(11)　正解　3**

> **訳**　A：おじいちゃん，いっしょにニュースを見よう。　B：ちょっと待って。メガネを取ってくるよ。

> **選択肢の訳**　**1** めんどう　**2** 授業　**3** ちょっとの間　**4** ポケット

> **解説**　熟語の問題。Just a moment. で「ちょっと待って」という意味。**3**の moment「ちょっとの間」を選ぶ。Wait a moment., Just a minute. もほぼ同じ意味で使われる。

## (12) 正解 **3**

**訳** A：あなたのお兄 [弟] さんは有名な歌手のように見えるね。 B：本当？ 兄 [弟] に伝えるわ。

**選択肢の訳** **1** ～の上に **2** ～について **3** ～のように **4** ～へ

**解説** 空所の前のlooksに着目する。lookには「見る」という意味と「～に見える」という意味がある。ここでは〈look like ＋名詞〉の形で見た目から「～のように見える」という意味を作る。**3**のlikeが正解。この場合のlikeは前置詞「～のように」の意味。

## (13) 正解 **1**

**訳** A：どこへ行くの？ B：ジョーの家でテレビゲームをする予定なんだ。 A：夕食前に帰宅してね。

**解説** 文法問題。〈be動詞 (am) ＋ going to ＋動詞の原形〉は未来表現で「～する予定です」という意味。空所の前にgoingがあるので，**1**のto playを続けてI'm going to play video games「テレビゲームをする予定なんだ」という文にする。Aの最初の発言のWhere are you going?「どこへ行くの？」は近未来を表す現在進行形〈be動詞＋動詞のing形〉で，このgoingは「行く」の意味。

## (14) 正解 **3**

**訳** おじは人を助けることが好きなので，警察官になりました。

**解説** 文法問題。動詞likesの後ろに動詞helpをどの形で置くかが問われている。「～することが好き」と言うとき，likeの後ろには不定詞〈to＋動詞の原形〉または動名詞（動詞のing形）を置くことができる。選択肢には〈to＋動詞の原形〉の形がないため，**3**のhelpingを選ぶ。

## (15) 正解 **1**

**訳** A：お客様，この帽子を箱にお入れしましょうか。 B：はい，お願いします。それは息子へのプレゼントなんです。

**解説** BがYes, please.「はい，お願いします」と返答しているので，Aは何

かを申し出たと考えられる。空所の後ろのIに着目して，Shall I ～?「(私が)
～しましょうか」とする。1のShallが正解。

---

| **2** | **筆記** (問題編p.120) |

## (16) 正解 2

**訳** 娘：今日は市民プールに泳ぎに行ったんだよ。 父親：それは楽しそ
うだね。バスに乗ったの? 娘：ううん，歩いたの。

**選択肢の訳** 1 それは新しいの? 2 バスに乗ったの? 3 いっしょに
行ってもいい? 4 晴れてた?

**解説** 娘が2回目にNo, I walked.「ううん，歩いたの」と交通手段を答えて
いる。2のDid you take the bus?「バスに乗ったの?」を入れると会話
の流れに合う。takeはここでは「(乗り物に) 乗る」の意味。

## (17) 正解 3

**訳** 息子：お母さん，ぼくとこのコンピュータゲームをやりたい?
母親：それはとても難しそうに見えるわ。 息子：心配しないで。簡単だよ。

**選択肢の訳** 1 私も1つ買ったの。 2 1つは仕事で使ってるの。
3 それはとても難しそうに見えるわ。 4 それは私の大好きなゲームよ。

**解説** 息子の2回目の発言Don't worry. It's easy.「心配しないで。簡単だよ」
から，母親が心配していることを答える。3のIt looks really difficult.「そ
れ（＝コンピュータゲーム）はとても難しそうに見えるわ」を入れると会話
の流れに合う。〈look＋形容詞〉は「～に見える」という意味。

## (18) 正解 2

**訳** 妻：このカレーはとてもおいしいね。もう少しもらってもいい?
夫：もちろん。はい，どうぞ。

**選択肢の訳** 1 どうやって作ったの? 2 もう少しもらってもいい?
3 それはいくらだった? 4 私のためにそれをしてくれる?

**解説** 夫がOf course. Here you are.「もちろん。はい，どうぞ」と，妻の

依頼を受け入れて何かを差し出しているので，カレーのおかわりを求める**2**の Can I have some more?「もう少しもらってもいい？」を入れると会話が成り立つ。

## (19)　正解　**4**

**訳**　少年１：英語クラブには何人生徒がいるの？　少年２：30人くらい。少年１：わあ！　それは多いね。

**選択肢の訳**　**1**　たったの５ドル。　**2**　週に２回。　**3**　２時45分に。**4**　30人くらい。

**解説**　少年１が数をたずねる How many 〜?「いくつの〜？」を使って，英語クラブの人数をたずねている。数字で答えている**4**の About 30.「30人くらい」を選ぶ。**1**は How much 〜?「いくら〜？」，**2**は How often 〜?「どのくらいのひん度で〜？」，**3**は What time 〜?「何時に〜？」に対する答え。

## (20)　正解　**2**

**訳**　母親：クリス，何か食べたい？　息子：うん，お願い。ポテトチップスがほしいな。

**選択肢の訳**　**1**　ぼくのを使っていいよ。　**2**　ポテトチップスがほしいな。**3**　それはスーパーマーケットのそばだよ。　**4**　彼女に質問してみるね。

**解説**　母親の発言の something to eat は「何か食べるもの」という意味。to eat が something を後ろから修飾している。食べたいものを答える**2**の I'd like some potato chips.「ポテトチップスがほしい」を選ぶと話の流れに合う。I'd like 〜. は I want 〜. と同じように使うことができる。

---

| **3** | **筆記** （問題編p.121） |
|---|---|

## (21)　正解　**1**

**正しい語順**　tell me your new address　⑤①③②④

**解説**　「(人)に(もの)を教える」は〈tell＋人＋もの〉の語順で表す。tell には「話す，言う」のほかに「教える」の意味もある。

## (22)　正解　**1**

正しい語順　do we need a calculator for　⑤②④③①

解説　we「私たちは」を主語とする一般動詞の疑問文do we need ～?の形を作り，「～」にa calculator「電卓」を置く。「数学のテストに」は「数学のテストのために」と考えfor the math testとなる。文のはじめのMr. Smith,はカンマ（,）があるので呼びかけの語。

## (23)　正解　**1**

正しい語順　stop practicing the piano and have　②①④③⑤

解説　〈Let's＋動詞の原形～.〉は「～しよう」と相手を誘う言い方。ここではstop practicing the piano「ピアノを練習することを止める」とhave some tea「お茶を飲む」という2つの動作をand「そして」で結ぶ。「～することを止める」は〈stop＋動詞のing形～〉で表す。また，haveには「持っている」の意味のほかに「食べる，飲む」という意味がある。

## (24)　正解　**4**

正しい語順　Is Meg a member of the drama club　⑤④②①③

解説　be動詞（is）の疑問文は主語の前にbe動詞を置く。「～のメンバー」はa member of ～。

## (25)　正解　**3**

正しい語順　see the baseball game between Japan and　④②①③⑤

解説　「日本対アメリカの野球の試合」を「日本とアメリカの間の野球の試合」と考え，between ～ and …「～と…の間の」を用いてthe baseball game between Japan and the United Statesと表す。

---

## 4[A]　筆記 （問題編pp.122～123）

Key to Reading　ここではちらしや掲示物が出題される。今回は校内で行われ

122

る演奏会のお知らせである。「日付」「時間」「場所」「チケット」について項目別に情報が簡潔に与えられている。質問文と同じ語句または似た意味をもつ語句を本文内からさがしあて，その周囲から答えを見つけよう。

**訳** すばらしい音楽の夜をお楽しみください

キングストン高校のギタークラブがコンサートを開催します。

日付：5月3日，土曜日

時間：午後6時から午後8時

場所：学校の体育館

チケット：生徒5ドル

　　　　　保護者10ドル

コンサート終了後，どなたでも学校のカフェテリアで軽食をとったり，飲み物を飲んだりすることができます。体育館は午後5時に開場します。

**重要表現** high school「高校」　p.m.「午後」　place「場所」　gym「体育館」　snack「軽食」　cafeteria「カフェテリア」

## (26) 正解 **2**

**質問の訳** 生徒のチケットはいくらですか。

**選択肢の訳** 1 2ドル。 2 5ドル。 3 7ドル。 4 10ドル。

**解説** 質問文はa ticket for students「生徒のチケット」についてたずねているので，お知らせ内のTickets「チケット」を見る。$5 for studentsとあるので，**2**の$5.「5ドル」を選ぶ。

## (27) 正解 **4**

**質問の訳** 人びとはコンサートのあとで，何をすることができますか。

**選択肢の訳** 1 ギターをひく。 2 学校の体育館内を走る。 3 CDを何枚か聞く。 4 カフェテリアで食べたり飲んだりする。

**解説** 質問文と同じafter the concertはお知らせ内の最後から2文目にある。Everyone can have some snacks and drinks in the school cafeteria after the concert.「コンサート終了後，どなたでも学校のカフェテリアで軽食をとったり，飲み物を飲んだりすることができます」から，**4**のEat and drink in the cafeteria.「カフェテリアで食べたり飲んだりする」を

選ぶ。

## 4[B] 筆記 (問題編pp.124〜125)

**Key to Reading** 2番目の長文ではEメールか手紙文が出題される。近年はEメールの出題が続いている。今回は祖母と孫のEメールのやりとりである。問われている内容が孫の行動[状態，感情]であれば，孫のEメールを，祖母の行動[状態，感情]であれば，祖母が書いたEメールを読むとよい。

**訳** 差出人：デイビッド・プライス
宛先：エル・プライス
日付：8月10日
件名：宿題

おばあちゃんへ,

先週の浜辺への旅行はどうだった？　お願いがあるんだ。古い家族写真が何枚か必要なんだ。歴史の授業で使いたいんだよ。おばあちゃんは写真をたくさん持ってるよね？　今度の土曜日，おばあちゃんのところに何枚か受け取りに行ってもいいかな？　ぼくはお父さんの写真が気に入ってる。そのころお父さんは若かったよね。

それでは,

デイビッド


差出人：エル・プライス
宛先：デイビッド・プライス
日付：8月11日
件名：あなたの訪問

デイビッド，こんにちは,

私は旅行をとても楽しみましたよ。土曜日は買い物に行くつもりだけど，日曜日の午後は来てもいいわよ。そのときに菜園も手伝ってくれるかしら。トマトを育てているの。いくつか収穫できるから，あなたにトマトスープを作ってあげましょう。トマトを持って帰ってお母さんにあげてもいいわよ。

124

サラダを作るのに使えるでしょうから。

それでは,

おばあちゃん

**重要表現** Grandma「おばあちゃん」 photo「写真」 history「歴史」 dad「お父さん」 I'll「I will を短くした形」 then「そのとき」 grow「育てる」 tomato「トマト」 pick「(花・実などを) つむ」 soup「スープ」 take ～ home「家に～を持っていく」 give「あげる」

*(28)* **正解** **3**

**質問の訳** デイビッドは…必要があります。

**選択肢の訳** **1** 歴史の本を読む **2** 新しいカメラを買う **3** 家族の写真を何枚か手に入れる **4** 父親の絵をかく

**解説** 質問文と同じ need「必要としている」は, 1つ目のEメールの本文3文目に I need some old family photos.「古い家族写真が何枚か必要なんだ」とある。また, 6文目で Can I visit you this Saturday and get some?「今度の土曜日, おばあちゃんのところに何枚か受け取りに行ってもいいかな」とたずねていて, some は some pictures「何枚かの写真」を指している。3の get some family photos.「家族の写真を何枚か手に入れる」が本文の内容に合う。

*(29)* **正解** **1**

**質問の訳** デイビッドのおばあさんは土曜日に何をするつもりですか。

**選択肢の訳** **1** 買い物に行く。 **2** 浜辺へ旅行に行く。 **3** サラダを作る。 **4** デイビッドの家を訪れる。

**解説** おばあさんの予定は, おばあさんがデイビッドに送ったEメールに答えがあると予測する。本文2文目に I'll go shopping on Saturday「土曜日は買い物に行くつもり」とある。1の Go shopping.「買い物に行く」が正解。

*(30)* **正解** **2**

**質問の訳** デイビッドのおばあさんはデイビッドに何と言っていますか。

**選択肢の訳** **1** 彼女はデイビッドに昼食を買うつもりである。 **2** 彼女は

デイビッドにトマトスープを作るつもりである。　**3**　彼女はトマトが好きではない。　**4**　彼女はデイビッドのお母さんと話したい。

**解説**　質問文はおばあさんが書いていることをたずねているので，2つ目のEメールから答えをさがす。本文5文目に I'll make tomato soup for you「あなたにトマトスープを作ってあげましょう」とある。**2**のShe will make tomato soup for him.「彼女はデイビッドにトマトスープを作るつもりである」が正解。

# 4[C] 筆記 （問題編pp.126〜127）

**Key to Reading**　最後の長文は長め。段落ごとに何が書かれているかを整理しながら読み進めよう。英文量は多くても，出題箇所は長文の段落を追うように順番に出題されることが多いため，答えは見つけやすい。

**訳**　新しい友達

　サムは大学1年生です。彼の大学は家から遠いので，彼はたいてい週末に図書館で勉強しています。はじめは彼は退屈で，孤独を感じていました。

　ある日，サムの歴史の授業にいる女の子がサムに話しかけてきました。彼女は「私の名前はミンディ。今週末，私と私の友人たちといっしょにキャンプに行きませんか？」と言いました。サムは「もちろん！」と言いました。

　それはサムのはじめてのキャンプでした。金曜日に彼はミンディから特別なリュックサックと寝袋を借りました。彼女はサムに「暖かい服を持ってきて。テントは友人たちが持っているわ」と伝えました。サムは「みんなとてもおなかがすくだろう」と思いました。それで，リュックサックにたくさんの食べ物を入れました。

　土曜日に彼らはかみそり山を登りました。サムのリュックサックは重かったので，彼は疲れました。ミンディの友人たちがキャンプファイアで夕食を調理しました。サムが食べ物をたくさん持ってきたので，みんなは喜びました。サムは楽しんで，彼らは再びキャンプに行く計画を立てました。

**重要表現**　far from 〜「〜から遠い」　bored「退屈した」　lonely「さびしい，孤独な」　one day「ある日」　spoke「speak（話す）の過去形」　speak to ～「～に話しかける」 borrow「借りる」 told「tell（伝える）の過去形」 clothes「衣服」 thought「think（思う）の過去形」 heavy「重い」 brought「bring（持ってくる）の過去形」

## (31) 正解 **2**

**質問の訳** サムはたいてい週末に何をしていますか。

**選択肢の訳** 1 大学で働いている。 2 図書館で勉強している。 3 夕食を調理する。 4 ミンディの家に滞在している。

**解説** 質問文と同じon weekends「週末に」は第1段落第2文にあり，he usually studies at the library on weekends「彼はたいてい週末に図書館で勉強しています」とあるので，2のHe studies at the library.「図書館で勉強している」が正解。

## (32) 正解 **1**

**質問の訳** 金曜日にサムは…。

**選択肢の訳** 1 ミンディからリュックサックと寝袋を借りた。 2 ミンディと彼女の友人たちに昼食を作った。 3 歴史のテストのためにミンディといっしょに勉強した。 4 ミンディの友人たちと買い物に行った。

**解説** Friday「金曜日」のできごとは第3段落に書かれている。第2文にOn Friday, he borrowed a special backpack and a sleeping bag from Mindy.「金曜日に彼はミンディから特別なリュックサックと寝袋を借りました」とあるので，1のborrowed a backpack and a sleeping bag from Mindy.「ミンディからリュックサックと寝袋を借りた」が正解。

## (33) 正解 **1**

**質問の訳** ミンディはサムに何と言いましたか。

**選択肢の訳** 1 暖かい服を持ってきたほうがいい。 2 新しいテントを買ったほうがいい。 3 くつを買ったほうがいい。 4 地図を買ったほうがいい。

**解説** 話しことばは，英文では" "で表される。ミンディのことばは第2段落と第3段落にあるが，持ち物に関係する部分は第3段落第3文にBring some warm clothes. 「暖かい服を持ってきて」とあるので，**1**のHe should bring warm clothes. 「暖かい服を持ってきたほうがいい」が正解。

## (34)　正解　**3**

**質問の訳** サムはなぜ疲れたのですか。

**選択肢の訳** **1** あまりよく眠れなかった。　**2** 食べ物を十分食べなかった。 **3** 彼のリュックサックが重かった。　**4** 山がとても大きかった。

**解説** 質問文のtired「疲れた」は第4段落第2文にSam's backpack was heavy, so he was tired. 「サムのリュックサックは重かったので，彼は疲れました」で出てくる。soは「だから，それで」の意味で結果を述べるときに使う。つまり，この文の前半Sam's backpack was heavyが疲れた理由となる。**3**のHis backpack was heavy. 「彼のリュックサックが重かった」が正解。

## (35)　正解　**4**

**質問の訳** ミンディと彼女の友達はなぜうれしかったのですか。

**選択肢の訳** **1** サムが彼女たちに昼食を作ってくれた。　**2** サムがキャンプファイアを始めた。　**3** サムがパーティーの計画を立てた。　**4** サムがたくさんの食べ物を持ってきた。

**解説** 質問文のhappy「うれしい」は第4段落第3文everyone was happy because Sam brought a lot of food 「サムが食べ物をたくさん持ってきたので，みんなは喜びました」にある。because「なぜなら〜」は理由を表す接続詞なので，becauseの後ろがhappyの理由となる。**4**のSam brought a lot of food. 「サムがたくさんの食べ物を持ってきた」が正解。

---

**第1部** **リスニング** （問題編pp.128〜129）　CD 青-34 〜 CD 青-44

〔例題〕　*A:* Hi, my name is Yuta.　*B:* Hi, I'm Kate.　*A:* Do you live near here?

**1** I'll be there.　**2** That's it.　**3** Yes, I do.　〔正解〕**3**

訳　A：こんにちは，ぼくの名前はユウタです。　B：こんにちは，私はケイトです。　A：あなたはこの近くに住んでいるのですか。

選択肢の訳　**1** 私はそこへ行くつもりです。　**2** それです。　**3** はい，そうです。

## *No.1*　正解　**3**

放送文　*A:* Look at my new ring.　*B:* Was it a present?　*A:* No. I bought it.

　　　　**1** More than 50 dollars.　**2** You're welcome.　**3** It's pretty.

訳　A：新しい指輪を見て。　B：プレゼントだったの？　A：ううん，自分で買ったの。

選択肢の訳　**1** 50ドルを超える。　**2** どういたしまして。　**3** きれいだね。

解説　A（＝女性）が自分で買った指輪をB（＝男性）に見せている。感想を述べている**3**のIt's pretty.「きれいだね」を入れると自然な流れの会話になる。

## *No.2*　正解　**1**

放送文　*A:* Hello.　*B:* Hi. Can you clean this shirt by Friday?　*A:* Yes. It'll be ready on Thursday.

　　　　**1** That's great.　**2** This is my favorite.　**3** I'd like to have my shirt.

訳　A：こんにちは。　B：こんにちは。このシャツを金曜日までにきれいにしてもらえますか？　A：はい。木曜日には仕上がります。

選択肢の訳　**1** それはすばらしい。　**2** これは私のお気に入りなんです。　**3** 私のシャツをもらいたいのですが。

解説　クリーニング店の店員と客の会話。金曜日までのできあがりを希望しているB（＝客）に，A（＝店員）はIt'll be ready on Thursday.「木曜日には仕上がります」と答えているので，**1**のThat's great.「それはすばらしい」と気持ちを伝えるのが適切。

## *No.3* 正解 2

放送文 ***A:*** What do you do, Peter? ***B:*** I'm a pilot. How about you?

***A:*** I teach piano to children.

**1** In the future. **2** That sounds like fun.

**3** Yes, one daughter.

訳 A：お仕事は何をしているのですか，ピーター？ B：パイロットです。あなたは？ A：私は子どもにピアノを教えています。

選択肢の訳 **1** 将来ね。 **2** 楽しそうですね。 **3** はい，娘が1人。

解説 A（＝女性）の最初の発言What do you do?「何をしていますか」は相手の職業をたずねるときの表現。たがいに職業を伝え合い，Aがピアノを子どもに教えていることを知ったB（＝ピーター）は，**2のThat sounds like fun.**「楽しそうですね」で感想を述べると会話の流れに合う。〈sound like＋名詞〉は「～のように思われる，聞こえる」という意味。

## *No.4* 正解 3

放送文 ***A:*** Dad, look at those birds. ***B:*** They're pretty. ***A:*** Are they looking for food?

**1** I'll try. **2** I'm hungry. **3** I think so.

訳 A：お父さん，あの鳥たちを見て。 B：かわいいね。 A：食べ物をさがしているのかしら。

選択肢の訳 **1** やってみるよ。 **2** おなかがすいたな。 **3** そう思うよ。

解説 鳥を指さしながらAre they looking for food?「食べ物をさがしているのかしら」とたずねるA（＝娘）に同意して，**I think so.**「そう思うよ」と返答すると自然な会話になる。**3**が正解。

## *No.5* 正解 3

放送文 ***A:*** Your birthday is next week, right? ***B:*** Yes, it's on Monday.

***A:*** Will you have a party?

**1** Right, I came late. **2** Yes, a new camera.

**3** No, not this year.

訳 A：あなたの誕生日は来週でしょ？　B：うん，月曜日。　A：パーティーをするの？

選択肢の訳 **1** そうなんだ，遅く来たんだ。　**2** うん，新しいカメラ。
**3** ううん，今年はしない。

解説 birthday「誕生日」が話題になっている。A（＝少女）の2回目の発言 Will you have a party?「パーティーをするの？」に，今年の予定として No, not this year.「ううん，今年はしない」と答えると自然な会話になる。**3** が正解。

## No.6　正解　**1**

放送文 *A:* You're walking very slowly today, Steve.　*B:* I'm sorry, Mom.　*A:* Do you feel sick?

**1** No, I'm just tired.　**2** Yes, it was a race.

**3** OK, let's eat something.

訳 A：スティーブ，今日はずいぶんゆっくり歩いているわね。　B：ごめんね，お母さん。　A：具合が悪いの？

選択肢の訳 **1** ううん，疲れているだけ。　**2** うん，競争だったんだ。
**3** いいよ，何か食べよう。

解説 いつもと様子がちがうA（＝息子）にB（＝母親）が Do you feel sick?「具合が悪いの？」とたずねている。**1** の No, I'm just tired.「ううん，疲れているだけ」を選ぶと，絵の状況に合う。

## No.7　正解　**3**

放送文 *A:* Do you want to play video games today?　*B:* Of course.

*A:* Can you come to my house at ten?

**1** Yes, I know that game.　**2** No, I didn't win.

**3** OK, see you soon.

訳 A：今日テレビゲームをする？　B：もちろん。　A：10時に私の家に来れる？

選択肢の訳 **1** うん，ぼくはそのゲームを知ってるよ。　**2** ううん，勝てなかった　**3** いいよ，じゃああとでね。

解説 A（＝少女）がB（＝少年）を誘って，Can you come to my house at ten?「10時に私の家に来れる？」とたずねている。時間と場所について OK, see you soon.「いいよ，じゃああとでね」と答える**3**が正しい。

## *No.8* 正解 **1**

放送文 *A:* I need a new notebook.　*B:* OK. Let's go to the bookstore.

　　　*A:* Where is it?

　　　**1**　There's one on the second floor.

　　　**2**　Yes, it's very good.　**3**　I bought one yesterday.

訳 A：新しいノートが必要なんだ。　B：わかったわ。書店に行きましょう。　A：それはどこにあるの？

選択肢の訳 **1**　2階にあるわ。　**2**　ええ，それはとてもいいの。
**3**　私は昨日1つ買ったわ。

解説 A（＝息子）の2回目の発言は Where is it?「それはどこにあるの？」と，Where「どこに［へ］」を使って場所をたずねている。場所を答えているのは**1**の There's one on the second floor.「2階にあるわ」のみ。

## *No.9* 正解 **3**

放送文 *A:* Wow, that's a nice jacket, Mary.　*B:* Thanks!　*A:* When did
　　　you buy it?

　　　**1**　My mother.　**2**　Red and blue.　**3**　Last Sunday.

訳 A：おお，それはすてきなジャケットだね，メアリー。　B：ありがとう！
A：いつ買ったの？

選択肢の訳 **1**　母よ。　**2**　赤と青。　**3**　この前の日曜日に。

解説 A（＝男性）は2回目にB（＝メアリー）が着ているジャケットについて When did you buy it?「いつ買ったの？」と When「いつ」を使ってたずねている。時を答える**3**の Last Sunday.「この前の日曜日に」が適切。

## *No.10* 正解 **2**

放送文 *A:* Let's travel to another country next summer.　*B:* Great
　　　idea.　*A:* Where do you want to go?

**1** For two weeks. **2** China or Japan. **3** In my suitcase.

訳 A：今度の夏は別の国に旅行しようよ。 B：とてもいい考えね。
A：どこに行きたい？

選択肢の訳 **1** 2週間。 **2** 中国か日本。 **3** 私のスーツケースの中よ。

解説 A（＝男性）の2回目の発言はWhere「どこに［へ］」を使って行き先をたずねている。**2**のChina or Japan.「中国か日本」が合う。**3**はものがある場所を答えていると考えられるので合わない。

### No.11 正解 **3**

放送文 *A:* Is that a picture of Osaka? *B:* Yes. I lived there when I was younger. *A:* Really? *B:* Yeah. My grandparents still live there now.

*Question:* Who lives in Osaka now?

訳 A：あれは大阪の写真？ B：そうだよ。ぼくは小さいときそこに住んでたんだ。 A：本当？ B：うん。ぼくの祖父母は今もまだそこに住んでいるよ。

質問の訳 今だれが大阪に住んでいますか。

選択肢の訳 **1** 少年。 **2** 少女。 **3** 少年の祖父母。 **4** 少女の祖父母。

解説 B（＝少年）は2回目にMy grandparents still live there now.「ぼくの祖父母は今もまだそこに住んでいる」と言っている。ここでのthereはA（＝少女）の最初の発言のOsaka「大阪」を指しているので，**3**のThe boy's grandparents.「少年の祖父母」が正解。

### No.12 正解 **2**

放送文 *A:* Mom, Sarah's cat had five babies. *B:* Wow! *A:* Can I have one? *B:* Let's ask Dad.

*Question:* What does the boy want to do?

訳 A：お母さん，サラのネコが5匹の赤ちゃんを産んだんだって。

B：へえ！　A：1匹飼ってもいい？　B：お父さんにたずねましょう。

**質問の訳** 少年は何をしたいと思っていますか。

**選択肢の訳** 1　動物園をおとずれる。　2　ペットのネコを手に入れる。
3　友達と遊ぶ。　4　店に行く。

**解説** A（＝少年）は2回目でCan I have one?と言っている。このoneは1回目の発言のfive babies「5匹の赤ちゃん（ネコ）」の1匹を指しているので，「1匹飼ってもいい？」という意味になる。つまり少年がしたいことは2のGet a pet cat.「ペットのネコを手に入れる」である。

## *No.13* 正解 **4**

**放送文** *A:* You look tired, Billy.　*B:* I am.　*A:* Did you go to bed late last night?　*B:* No, I got up early this morning to walk my dog.

　　　*Question:* Why is Billy tired?

**訳** A：ビリー，疲れているみたいね。　B：そうなんだ。　A：昨夜は遅くに寝たの？　B：ううん，今朝犬の散歩のために早起きしたんだ。

**質問の訳** ビリーはなぜ疲れているのですか。

**選択肢の訳** 1　昨夜遅くに寝た。　2　飼い犬を洗った。　3　走りに出かけた。　4　今朝早起きをした。

**解説** A（＝女性）のDid you go to bed late last night?「昨夜は遅くに寝たの？」に対してB（＝ビリー）はNoと答えているので1は誤り。BはNoのあとでI got up early this morning to walk my dog「今朝犬の散歩のために早起きした」と言っているので，4のHe got up early this morning.「今朝早起きをした」が正解。

## *No.14* 正解 **1**

**放送文** *A:* Mom, I need a suit.　*B:* Why?　*A:* I'm going to sing in the school concert next Wednesday.　*B:* OK. We can go shopping on Saturday.

　　　*Question:* What will the boy do next Wednesday?

**訳** A：お母さん，スーツが必要なんだ。　B：どうして？　A：来週の水

曜日に学校のコンサートで歌うんだ。　B：わかったわ。土曜日に買い物に行けるわ。

**質問の訳** 少年は来週の水曜日に何をしますか。

**選択肢の訳 1** コンサートで歌う。　**2** 買い物に行く。　**3** 映画を見る。
**4** ジャケットを買う。

**解説** A（＝少年）は2回目の発言でI'm going to sing in the school concert next Wednesday.「来週の水曜日に学校のコンサートで歌う」と言っているので，**1**のSing in a concert.「コンサートで歌う」が正解。

## No.15　正解 **2**

**放送文** *A:* Look at that beautiful boat.　*B:* Wow. Let's take a photo. Where's your camera?　*A:* : In my bag. Where's yours?
*B:* I left it in the car.

*Question:* Where is the woman's camera?

**訳** A：あのきれいなボートを見て。　B：わあ。写真をとりましょう。あなたのカメラはどこ？　A：ぼくのかばんの中。きみのはどこ？　B：車の中に置いてきちゃった。

**質問の訳** 女性のカメラはどこにありますか。

**選択肢の訳 1** 男性のかばんの中。　**2** 車の中。　**3** 家に。　**4** ボートに。

**解説** 選択肢から場所が問われるとわかる。質問文はthe woman's camera「女性のカメラ」の場所をたずねている。B（＝女性）は2回目の発言で自分のカメラについてI left it in the car.「車の中に置いてきちゃった」と言っているので，**2**のIn the car.「車の中」が正解。

## No.16　正解 **4**

**放送文** *A:* How was your math test, Tom?　*B:* Not bad. There were only ten questions.　*A:* Were they difficult?　*B:* Eight were easy, and two were difficult.

*Question:* How many questions were on the test?

**訳** A：トム，数学のテストはどうだった？　B：悪くないよ。10問しかなかった。　A：難しかった？　B：8問は易しくて，2問は難しかった。

解答・解説

22年度第1回 リスニング No.13〜No.16

135

質問の訳 テストには何問ありましたか。

選択肢の訳 **1** 2問。 **2** 6問。 **3** 8問。 **4** 10問。

解説 選択肢から数が問われることがわかる。質問文はテストの問題数をたずねている。B（＝少年）は1回目の発言でThere were only ten questions.「10問しかなかった」と言っているので，**4**のTen.「10問」が正解。ここの数字を聞きのがしたとしても，Bは2回目でEight were easy, and two were difficult.「8問は易しくて，2問は難しかった」と言っているので，合計で10問だとわかる。

## No.17 正解 **4**

放送文 **A:** Oh no! My blue pen is broken. **B:** You can use mine.

**A:** Thanks. **B:** It's in my locker. I'll get it now.

**Question:** What is the girl's problem?

訳 A：あら，やだ！　私の青のペンが壊れてる。　B：ぼくのを使っていいよ。　A：ありがとう。　B：ロッカーにあるんだ。今取ってくる。

質問の訳 少女の問題は何ですか。

選択肢の訳 **1** 彼女は宿題をしなかった。 **2** ロッカーを見つけられない。 **3** 青いジャケットが汚れている。 **4** ペンが壊れている。

解説 A（＝少女）の最初の発言Oh no!「あら，やだ！」はおどろいたときや，がっかりしたときに使われる。したがって，このあとに問題が明らかになると考えられる。AはMy blue pen is broken.「私の青のペンが壊れてる」と言っているので，**4**のHer pen is broken.「ペンが壊れている」が正解。

## No.18 正解 **1**

放送文 **A:** Mom, can I borrow your book about Japanese art?

**B:** Do you need it for a school report? **A:** No, I just like looking at the pictures. **B:** OK.

**Question:** What are they talking about?

訳 A：お母さん，日本美術についてのお母さんの本を借りてもいい？　B：学校のレポートのためにそれが必要なの？　A：いや，絵を見るのが好きなだけだよ。　B：いいわよ。

質問の訳 彼らは何について話していますか。

選択肢の訳 **1** 本。 **2** 美術館。 **3** 旅行。 **4** 学校の図書室。

解説 A（＝息子）は最初に Mom, can I borrow your book about Japanese art?「お母さん，日本美術についてのお母さんの本を借りてもいい？」と言っているので，**1**の A book.「本」が正解。

## No.19　正解　**3**

放送文 *A:* Dad, can we have curry for lunch?　*B:* We had curry yesterday. Let's have pizza.　*A:* I don't like pizza. How about spaghetti?　*B:* OK.

*Question:* What will they eat for lunch today?

訳 A：お父さん，昼食にカレーを食べられる？　B：昨日カレーを食べたよね。ピザを食べようよ。　A：ピザは好きじゃないの。スパゲッティはどう？ B：いいよ。

質問の訳 彼らは今日昼食に何を食べるつもりですか。

選択肢の訳 **1** スープ。 **2** ピザ。 **3** スパゲッティ。 **4** カレー。

解説 A（＝娘）とB（父親）の2回目のやりとりに注意する。AがHow about spaghetti?「スパゲッティはどう？」と提案すると，BはOK.「いいよ」と同意しているので，**3**の Spaghetti.「スパゲッティ」が正解。

## No.20　正解　**2**

放送文 *A:* Your Halloween party is on Sunday, right?　*B:* Yes. It starts at 4:30.　*A:* I have to go home at six.　*B:* That's fine.

*Question:* When will the party start?

訳 A：きみのハロウィーンパーティーは日曜日だよね？　B：そうよ。4時30分に始まるよ。　A：ぼくは6時に帰らなければならないんだ。 B：だいじょうぶよ。

質問の訳 パーティーはいつ始まりますか。

選択肢の訳 **1** 4時に。 **2** 4時30分に。 **3** 6時に。 **4** 6時30分に。

解説 質問文はパーティーの始まる時間をたずねている。B（＝少女）は1回目にパーティーについて It starts at 4:30.「4時30分に始まる」と言ってい

るので，**2**の At 4:30.「4時30分に」が正解。

### No.21　正解　4

**放送文** I grow vegetables in my garden. In summer, I can get many tomatoes. I use them when I cook. Sometimes, I give them to my friends.

*Question:* Where does the woman get her tomatoes?

**訳** 私は庭で野菜を育てています。夏にはたくさんのトマトが収穫できます。私は料理をするとき，それらを使います。ときどき友達にそれらをあげています。

**質問の訳** 女性はトマトをどこで手に入れていますか。

**選択肢の訳** 1　スーパーマーケットから。　2　友達から。　3　両親から。　4　自分の庭から。

**解説** 女性は第1文で庭で野菜を育てていることを紹介し，第2文でIn summer, I can get many tomatoes.「夏にはたくさんのトマトが収穫できます」と言っているので，**4**の From her garden.「自分の庭から」が正解。

### No.22　正解　3

**放送文** My sister's birthday is on Sunday. My parents will give her a new smartphone, and I'll buy her a phone case. My grandfather will make a cake for her.

*Question:* What will the boy buy for his sister's birthday?

**訳** 姉［妹］の誕生日が日曜日にあります。両親は彼女に新しいスマートフォンをあげる予定で，ぼくは彼女に電話のケースを買うつもりです。祖父は彼女にケーキを作るでしょう。

**質問の訳** 少年はお姉［妹］さんの誕生日に何を買うつもりですか。

**選択肢の訳** 1　スマートフォン。　2　ケーキ。　3　電話のケース。　4　本。

**解説** 質問文は少年が買うものをたずねている。少年は第2文でI'll buy her

a phone case「ぼくは彼女に電話のケースを買うつもりです」と言っているので，3の A phone case.「電話のケース」が正解。

## No.23　正解　**3**

放送文 I'll go to Hawaii next Friday for my vacation. Last night, I took out my suitcase, but it was broken. I'll buy a new one tomorrow.

*Question:* When will the woman go to Hawaii?

訳　私は今度の金曜日に休暇でハワイに行きます。昨夜，私はスーツケースを取り出しましたが，壊れていました。明日新しいのを買うつもりです。

質問の訳 女性はいつハワイに行きますか。

選択肢の訳　**1** 今夜。　**2** 明日の夜。　**3** 今度の金曜日。　**4** 来年。

解説 質問文はハワイに行く日をたずねているので，第1文の I'll go to Hawaii next Friday「私は今度の金曜日にハワイに行きます」から，3の Next Friday.「今度の金曜日」を選ぶ。

## No.24　正解　**2**

放送文 Yesterday, my mom was in a swimming race. I went to watch it with my dad and my brother. We were so happy when she won.

*Question:* Who won the swimming race?

訳　昨日，お母さんが水泳競技に参加しました。私は父と兄［弟］といっしょにそれを見に行きました。お母さんが勝ったとき，私たちはとてもうれしかったです。

質問の訳 だれが水泳競技で勝ちましたか。

選択肢の訳　**1** 少女。　**2** 少女の母親。　**3** 少女の父親。　**4** 少女のお兄［弟］さん。

解説 質問文の won は win「勝つ」の過去形。第1文に my mom was in a swimming race「お母さんが水泳競技に参加しました」，最終文に she won「彼女は勝ちました」とあるので，2の The girl's mother.「少女の母親」が正解。家庭内では mother「お母さん」の意味で mom がよく使われる。

## No.25  正解  **3**

放送文 Emily's friends are going to go fishing this afternoon. Emily can't go because she has to get ready for her school trip.

*Question:* What does Emily have to do today?

訳 エミリーの友達は今日の午後つりに行く予定です。エミリーは修学旅行の準備をしなければならないので行くことができません。

質問の訳 エミリーは今日何をしなければなりませんか。

選択肢の訳 **1** つりに行く。 **2** 友達にカードを書く。 **3** 旅行の準備をする。 **4** 早く学校へ行く。

解説 〈have ［has］to＋動詞の原形〉「〜しなければならない」と get ready for 〜「〜の準備をする」の2つの熟語に注意する。第2文でエミリーについて she has to get ready for her school trip「エミリーは修学旅行の準備をしなければならない」と言っているので，**3** の Get ready for a trip.「旅行の準備をする」が正解。

## No.26  正解  **1**

放送文 I like taking photos in my free time. I often take photos of flowers and trees. I also take many photos at my brother's soccer games.

*Question:* What is the boy talking about?

訳 ぼくは自由な時間に写真をとることが好きです。よく花や木の写真をとります。兄［弟］のサッカーの試合でもたくさん写真をとります。

質問の訳 少年は何について話していますか。

選択肢の訳 **1** 趣味。 **2** 美術の授業。 **3** 大好きなスポーツ。 **4** 兄［弟］のカメラ。

解説 第3部の放送文は3文程度で，第1文で主題（話題）を述べ，第2〜3文でそれについてくわしく伝えたり，感想を述べたりする場合が多い。ここでは第1文に I like taking photos in my free time.「ぼくは自由な時間に写真をとることが好きです」とあるので，「写真」や「好きなこと」が主題だと考えられる。「好きなこと」と同様の意味の **1** の His hobby. が正解。

## No.27　正解　**2**

放送文　I live near my grandparents. I go to their house after school every Tuesday and Thursday. They often come to my house on Sundays.

*Question:* How often does the girl go to her grandparents' house?

訳　私は祖父母の近くに住んでいます。私は毎週火曜日と木曜日の放課後に彼らの家に行きます。祖父母は日曜日によく私の家に来ます。

質問の訳　少女はどのくらいのひん度で祖父母の家に行きますか。

選択肢の訳　**1**　週に1回。　**2**　週に2回。　**3**　週に3回。　**4**　毎日。

解説　質問文は少女が祖父母の家に行くひん度をたずねている。少女は第2文でI go to their house after school every Tuesday and Thursday.「私は毎週火曜日と木曜日の放課後に彼らの家に行きます」と言っているので, 2のTwice a week.「週に2回」が正解。

---

## No.28　正解　**1**

放送文　Oliver likes cooking. He makes dinner for his family on Wednesdays. On weekends, he cooks breakfast and makes cakes.

*Question:* What does Oliver do on Wednesdays?

訳　オリバーは料理が好きです。彼は毎週水曜日に家族に夕食を作ります。週末には朝食を料理し, ケーキを作ります。

質問の訳　オリバーは毎週水曜日に何をしますか。

選択肢の訳　**1**　夕食を作る。　**2**　朝食を料理する。　**3**　ケーキを作る。
**4**　レストランへ行く。

解説　質問文はWednesday「水曜日」にすることをたずねている。水曜日については第2文でHe makes dinner for his family on Wednesdays.「彼は毎週水曜日に家族に夕食を作ります」と述べているので, 1のHe makes dinner.「夕食を作る」を選ぶ。

---

## No.29　正解　**4**

放送文　I'll go to England next year. First, I'll go to London to see

some famous buildings. Then, I'll watch a soccer game in Liverpool.

***Question:*** Why will the man go to London?

**訳** ぼくは来年イギリスに行きます。はじめに有名な建物を見るためにロンドンへ行きます。それからリバプールでサッカーの試合を見ます。

**質問の訳** 男性はなぜロンドンに行くのですか。

**選択肢の訳** **1** 友人をたずねるため。 **2** 有名人に会うため。 **3** サッカーの試合を見るため。 **4** 建物をいくつか見るため。

**解説** 放送文では England「イギリス」, London「ロンドン」, Liverpool「リバプール（イギリスのイングランド北西部の港町）」の3つの国名・地名が出てくるが、質問文は London に行く目的をたずねている。男性は第2文で I'll go to London to see some famous buildings「有名な建物を見るためにロンドンへ行きます」と述べているので、**4** の To see some buildings.「建物をいくつか見るため」を選ぶ。〈to＋動詞の原形〉は「～するために」の意味で理由・目的を表す。

## *No.30* 正解 **3**

**放送文** My brother and I often go running after school. He runs 2 kilometers, and I usually run 3 kilometers. Tomorrow, I want to run 4 kilometers.

***Question:*** How many kilometers does the girl usually run?

**訳** 兄［弟］と私はよく放課後ランニングをしに行きます。兄［弟］は2キロ走り、私はたいてい3キロ走ります。明日、私は4キロ走りたいです。

**質問の訳** 少女はたいてい何キロ走りますか。

**選択肢の訳** **1** 1キロ。 **2** 2キロ。 **3** 3キロ。 **4** 4キロ。

**解説** 質問文は少女がふだん走る距離をたずねている。第2文で I usually run 3 kilometers「私はたいてい3キロ走ります」と言っているので、**3** の Three.「3キロ」が正解。兄弟の走る距離や、明日走りたいと思っている距離を選ばないように注意する。

# 2021年度 第3回

筆記　解答・解説　pp.144〜155
リスニング　解答・解説　pp.155〜170

## 解答欄

| 問題番号 | 1 | 2 | 3 | 4 |
|---|---|---|---|---|
| (1) | ① | ② | ③ | ● |
| (2) | ● | ② | ③ | ④ |
| (3) | ① | ② | ③ | ● |
| (4) | ① | ② | ● | ④ |
| (5) | ① | ● | ③ | ④ |
| (6) | ● | ② | ③ | ④ |
| (7) | ① | ② | ③ | ● |
| (8) | ● | ② | ③ | ④ |
| (9) | ① | ● | ③ | ④ |
| (10) | ① | ② | ● | ④ |
| (11) | ① | ② | ③ | ● |
| (12) | ● | ② | ③ | ④ |
| (13) | ① | ● | ③ | ④ |
| (14) | ① | ② | ③ | ● |
| (15) | ① | ● | ③ | ④ |

*（問題番号欄に「1」）*

## 解答欄

| 問題番号 | 1 | 2 | 3 | 4 |
|---|---|---|---|---|
| (16) | ① | ● | ③ | ④ |
| (17) | ● | ② | ③ | ④ |
| (18) | ① | ② | ● | ④ |
| (19) | ● | ② | ③ | ④ |
| (20) | ① | ② | ③ | ● |
| (21) | ① | ② | ● | ④ |
| (22) | ● | ② | ③ | ④ |
| (23) | ① | ● | ③ | ④ |
| (24) | ① | ② | ● | ④ |
| (25) | ① | ② | ③ | ● |
| (26) | ● | ② | ③ | ④ |
| (27) | ① | ② | ● | ④ |
| (28) | ● | ② | ③ | ④ |
| (29) | ① | ● | ③ | ④ |
| (30) | ① | ② | ● | ④ |
| (31) | ① | ② | ● | ④ |
| (32) | ① | ② | ● | ④ |
| (33) | ● | ② | ③ | ④ |
| (34) | ● | ② | ③ | ④ |
| (35) | ● | ② | ③ | ④ |

*（問題番号欄に「2」「3」「4」）*

## リスニング解答欄

| 問題番号 | 1 | 2 | 3 | 4 |
|---|---|---|---|---|
| 例題 | ① | ② | ● | |
| No. 1 | ① | ● | ③ | |
| No. 2 | ① | ● | ③ | |
| No. 3 | ① | ② | ● | |
| No. 4 | ① | ● | ③ | |
| No. 5 | ① | ② | ● | |
| No. 6 | ● | ② | ③ | |
| No. 7 | ● | ② | ③ | |
| No. 8 | ① | ② | ● | |
| No. 9 | ① | ● | ③ | |
| No. 10 | ● | ② | ③ | |
| No. 11 | ① | ● | ③ | ④ |
| No. 12 | ① | ② | ③ | ● |
| No. 13 | ① | ② | ● | ④ |
| No. 14 | ① | ② | ③ | ● |
| No. 15 | ● | ② | ③ | ④ |
| No. 16 | ① | ② | ● | ④ |
| No. 17 | ● | ② | ③ | ④ |
| No. 18 | ① | ② | ● | ④ |
| No. 19 | ① | ② | ● | ④ |
| No. 20 | ● | ② | ③ | ④ |
| No. 21 | ① | ● | ③ | ④ |
| No. 22 | ① | ② | ③ | ● |
| No. 23 | ① | ② | ● | ④ |
| No. 24 | ① | ② | ● | ④ |
| No. 25 | ● | ② | ③ | ④ |
| No. 26 | ① | ② | ③ | ● |
| No. 27 | ① | ● | ③ | ④ |
| No. 28 | ● | ② | ③ | ④ |
| No. 29 | ● | ② | ③ | ④ |
| No. 30 | ① | ② | ③ | ● |

*（問題番号欄に「第1部」「第2部」「第3部」）*

## (1)　正解　**4**

**訳**　A：泳げないからレッスンを受けたいんだ。　B：市のプールに電話するといいよ。私はそこで習ったよ。

**選択肢の訳**　**1** 例　**2** 花　**3** 分　**4** レッスン

**解説**　so「それで，だから」に注目する。I can't swim「泳げない」からどうするのかを考える。take lessons「レッスンを受ける」とすると意味が通る。正解は**4**のlessons。

## (2)　正解　**1**

**訳**　朝に雨がやんだので，私たちは公園に行きました。

**選択肢の訳**　**1** やんだ　**2** 勉強した　**3** 買った　**4** 聞いた

**解説**　so「それで，だから」の前は原因や理由を表すので，「雨がやんだ」から「公園に行った」という流れにする。**1**のstopped「やんだ」が正解。

## (3)　正解　**4**

**訳**　インターネットはすぐに情報を得るのにとても役に立ちます。

**選択肢の訳**　**1** 教科　**2** 教室　**3** テープ　**4** 情報

**解説**　the Internet「インターネット」とget「得る，手に入れる」という語句から，インターネットから得られるものとして，**4**のinformation「情報」を選ぶと意味が通る。

## (4)　正解　**3**

**訳**　カレンには人をわくわくさせる知らせがあります。彼女はフランスに引っ越す予定です。

**選択肢の訳**　**1** それぞれの　**2** すべての　**3** （人を）わくわくさせる　**4** 簡単な

**解説**　eachやeveryは数えられる名詞の単数形の前に置くのが基本。news

「知らせ，ニュース」は数えられない名詞なのでここでは使えない。exciting news「人をわくわくさせる知らせ」とすると意味が通る。正解は**3**の exciting。

## (5)　正解　**2**

**訳**　A：ラリー，もう1つハンバーガーほしい？　B：いや，いらない。おなかいっぱいだよ。

**選択肢の訳**　**1**　すべての　**2**　もう一つの　**3**　同じ　**4**　少ししかない

**解説**　all と few のあとの数えられる名詞は複数形になるので，ここではあてはまらない。same は the same の形で使われるので合わない。食べ物のおかわりのときによく使われる**2**の another「もう一つの」を選ぶ。

## (6)　正解　**1**

**訳**　市は私の近所に新しい学校を建てる予定です。

**選択肢の訳**　**1**　建てる　**2**　～になる　**3**　磨く　**4**　持ってくる

**解説**　〈be動詞(is) ＋ going to ＋動詞の原形〉は「～する予定である」という未来を表す形。動詞 build「建てる」を入れて，build a new school「新しい学校を建てる」とすると意味が通る。**1**の build が正解。

## (7)　正解　**4**

**訳**　ロバーツさんはいつも忙しいけれども，毎朝Eメールをチェックします。

**選択肢の訳**　**1**　閉じる　**2**　変える　**3**　電話をかける　**4**　チェックする

**解説**　**4**の check(s)は「チェックする」の意味で日本語にもなっている語。checks his e-mail「Eメールをチェックする」とすると意味が通る。

## (8)　正解　**1**

**訳**　A：きみはおじいさんをよく訪ねるの？　B：いや，でも毎週末よく会話をするよ。

**選択肢の訳**　**1**　ほかの　**2**　いくつかの　**3**　次の　**4**　多くの

**解説**　speak to ～は「～と話す」の意味。**1**の other を入れて each other「おたがい」という熟語を作ると，「たがいに話す」→「会話する」の意味になる。

*(9)*　**正解**　**2**

訳）私はお母さんと何についても話すことができるので，彼女は私の親友です。

選択肢の訳）**1** 〜のあとに　**2** 〜について　**3** 〜の下に　**4** 〜の近くに

解説）2のabout「〜について」を入れて，talk about 〜「〜について話す」という意味をつくる。

*(10)*　**正解**　**3**

訳）キョウコはいつも朝早く起きます。彼女は仕事に行く前に昼食を作ります。

選択肢の訳）**1** つかまえる　**2** 忘れる　**3** 目をさます　**4** とっておく

解説）early in the morning「朝早く」にすることを完成させる。3のwakesを選んでwakes up「起きる，目をさます」とする。

*(11)*　**正解**　**4**

訳）私の両親は働いているので，日中は家にいません。

選択肢の訳）**1** 下に　**2** 〜の前に　**3** 〜に反対して　**4** 〜の間に

解説）dayには「日，1日」という意味のほかに「昼間」という意味がある。4のduringを入れるとduring the day「日中」となる。

*(12)*　**正解**　**1**

訳）毎年ますます多くの人が観光と買い物を楽しむために日本へ旅行します。

選択肢の訳）**1** そして　**2** または　**3** しかし　**4** 〜よりも

解説）more and moreで「ますます多くの」という意味になるので1のandを選ぶ。more and more peopleで「ますます多くの人」を表す。

*(13)*　**正解**　**2**

訳）生徒たちは昨日学校のプールで50メートル泳ぎました。

解説）文法問題。yesterday「昨日」があるのでswim「泳ぐ」の過去形を選ぶ。swimは不規則に変化してswamとなるので，2が正解。

*(14)* **正解 4**

**訳** マイクはマンガが好きです。彼は毎日それらを読みます。

**選択肢の訳** 1 それを 2 私を 3 彼を 4 それらを

**解説** 1つ目の文のcomic booksを2つ目の文では代名詞で表す。comic books「マンガ」は複数の「もの」なので，**4**のthem「それらを」を選ぶ。

*(15)* **正解 2**

**訳** A：えんぴつを忘れました。あなたのを使わせてもらってよろしいですか，マーク。 B：いいですよ。はい，どうぞ。

**解説** Can I ～?「～してもいいですか」はcanを過去形のcouldにすると，Could I ～?「～してもよろしいですか」とていねいな依頼の文になる。**2**のCouldが正解。

---

**2** **筆記**（問題編p.138）

*(16)* **正解 2**

**訳** 少年1：あれは美しいギターだね。だれのもの？ 少年2：父のものだよ。去年それを買ったんだ。

**選択肢の訳** 1 それはいつだった？ 2 それはだれのもの？ 3 彼は元気？ 4 彼はどこへ行ったの？

**解説** 少年2がIt's my father's.「父のものだよ」と答えているので，持ち主をたずねる**2**のWhose is it?「だれのもの？」が適切。

*(17)* **正解 1**

**訳** 少年：きみは自分のサッカーボールを持ってきたの？ 少女：今日は持ってきていないけど，明日は持ってくるわ。

**選択肢の訳** 1 今日は持ってきていない 2 私は体育が好き 3 ちょっと待って 4 あなたのプレーはよかった

**解説** 空所の後ろで「けれども，私は明日それを持ってくるわ」と言っている。

147

but「しかし」の前後は逆のことが述べられるので，空所の前は「それを持ってきていない」とする。1のNot today,は少年の発言を受けてI did not bring my soccer ball today「今日は自分のサッカーボールを持ってきませんでした」という意味なので，これが正解となる。

## (18)　正解　3

**訳**　娘：お父さん，社会の教科書が見つからないの。　父親：台所のテーブルの上にあるよ。　娘：ありがとう。

**選択肢の訳**　1　難しい教科だね。　2　それはとてもおもしろかったよ。
3　台所のテーブルの上にあるよ。　4　きみのお兄［弟］さん用だよ。

**解説**　I can't find my social studies textbook.「社会の教科書が見つからないの」とさがし物をしている娘が，2回目の発言でThanks.「ありがとう」と言っているので，父親は教科書がある場所を伝えたと考えられる。3のIt's on the kitchen table.「台所のテーブルの上にあるよ」が正解。

## (19)　正解　1

**訳**　少女1：ルーシー，今夜はあなたのパーティーでとても楽しい時間を過ごしたわ！　少女2：来てくれてありがとう。またね！

**選択肢の訳**　1　来てくれてありがとう。　2　それはおいしかった。
3　すぐにそこへ行くね。　4　これを試してみる。

**解説**　少女1のI had a great time at your party「あなたのパーティーでとても楽しい時間を過ごしたわ」と少女2のSee you!「またね！」から，パーティーが終わって別れる場面だとわかる。招待した側の少女2がThanks for coming.「来てくれてありがとう」とあいさつをすると自然な流れになる。1が正解。食べ物の話題は出てきていないので，2は合わない。

## (20)　正解　4

**訳**　少女1：窓を開けるわ。　少女2：それはとてもいい考えね。ここはとても暑いわ。

**選択肢の訳**　1　それを買います。　2　あれが私たちの教室よ。
3　私も1つ持っているわ。　4　それはとてもいい考えね。

解説 少女1のI'm going to open the window.「(私は)窓を開けるわ」と少女2のIt's really hot in here.「ここはとても暑いわ」から，2人とも「暑い」と思っていることがわかる。少女1に同意する**4**のThat's a great idea.「それはとてもいい考えね」を選ぶと自然な会話になる。

# 3 筆記 (問題編p.139)

## (21) 正解 3

正しい語順 Who is the fastest runner on ①③②⑤④

解説 「～は誰ですか」は，Who is ～?で表す。「～」には最上級を使った「いちばん速い走者」the fastest runnerが入る。最後に「チームで」を表すon the teamを置く。

## (22) 正解 1

正しい語順 used three tomatoes to make ⑤④②①③

解説 「このサラダを作るために」は目的を表す〈to＋動詞の原形〉を使って，to make this saladとする。

## (23) 正解 2

正しい語順 My bedroom has some posters on ④③⑤①②

解説 「私の寝室には，～があります」を「私の寝室は～を持っています」と考える。My bedroom has ～.の形にする。「壁に」はon the wall。

## (24) 正解 3

正しい語順 Would you like some more cake ⑤③②①④

解説 Would you like ～?は「～はいかがですか」と人に勧める表現。

## (25) 正解 4

正しい語順 is not good at playing ③①⑤②④

解説 「～が得意である」は〈be動詞＋good at ～〉で表す。ここでは「得

意ではありません」という否定文なので，be動詞のあとにnotを置いてis not good atとなる。

---

## 4[A] 筆記 <sub>（問題編pp.140〜141）</sub>

**Key to Reading** ここではちらしや掲示などの文章が出題される。今回はフェスティバルについての掲示物である。フェスティバルの日時，場所と会場の位置，フェスティバルの内容が記されている。出題にかかわる部分がどこに示されているのかを正確に見つけて，答えを選ぼう。

**訳** ウィンターフェスティバル
時　：2月1日〜8日，午前11時〜午後8時
場所：リバーパーク
おいしい食べ物と音楽をお楽しみください！　毎日午後3時はホットチョコレートを無料でさしあげます。2月5日午後4時からスペシャルダンスショーがあります。
リバーパークへはベイカー駅から徒歩10分。リバーサイド図書館のそばです。

**重要表現** a.m.「午前」　p.m.「午後」　free「無料の」　There is[are] 〜.「〜がある［いる］」　〈will＋動詞の原形〉「〜でしょう」（未来を表す表現）

## (26)　正解　1

**質問の訳** フェスティバルはどこでありますか。
**選択肢の訳** 1　リバーパーク。　2　リバーサイド図書館。　3　ベイカー駅のとなり。　4　コンサートホールのそば。
**解説** 質問文と同じWhereと書かれたところを確認する。River Park「リバーパーク」とあるので，1が正解。

## (27)　正解　3

**質問の訳** スペシャルダンスショーは…に始まります。
**選択肢の訳** 1　2月1日午前11時。　2　2月1日午後3時。　3　2月5日午後4時。　4　2月8日午後6時。

**解説** 質問文の A special dance show をふくむ文は掲示内の5〜6行目にある。There will be a special dance show on February 5 at 4 p.m.「2月5日午後4時からスペシャルダンスショーがあります」とあるので，**3**の4 p.m. on February 5.「2月5日午後4時」が正解。There will be 〜. は，There is[are] 〜. の未来を表す形。

---

# 4[B] 筆記 (問題編pp.142〜143)

**Key to Reading** 2番目の長文ではEメールか手紙文が出題される。近年はEメールの出題が続いている。今回は友人間のEメールのやりとり。Subject「件名」でEメールの内容を予測する。出題文と同じ，または似たような意味をもつ語句を2つのEメール内からさがし，答えにつながるところをじっくり読むようにしよう。

**訳** 差出人：リタ・アルバレス
宛先：デーナ・カーペンター
日付：7月21日
件名：メキシコ料理

デーナ，こんにちは，

今度の土曜日は予定がある？　おばあちゃんが今週末，ここコロラドに私たちに会いにくる予定で，私にメキシコ料理の作り方を教えてくれるの。彼女はメキシコで生まれたんだけど，カリフォルニアで育ったの。デーナはメキシコ料理が大好きでしょ？　私たちはカルネ・アサーダを作る予定よ。それはメキシコのステーキなの。あなたは来れる？

あなたの友より，

リタ


差出人：デーナ・カーペンター
宛先：リタ・アルバレス
日付：7月21日
件名：ありがとう

リタ，こんにちは，

うん，土曜日はひまだよ。土曜日はたいてい自分の部屋のそうじをするけど，そうじは日曜日にするわ。タコスが大好きよ。昨年テキサスのレストランでおいしいチーズナチョスを食べたの。でも，カルネ・アサーダを作りたい。また明日ね！

バイバイ

デーナ

重要表現 Mexican「メキシコの」 〈be動詞＋going to 〜〉「〜する予定だ」she'll「she willを短くした形」 〈be動詞＋born〉「生まれる」 grow up「成長する」 grew「growの過去形」 steak「ステーキ」

## (28) 正解 1

質問の訳 リタのおばあさんはどこで育ちましたか。

選択肢の訳 1 カリフォルニア。 2 メキシコ。 3 テキサス。
4 コロラド。

解説 grow upは「成長する」という意味。1つ目のリタからデーナに送られたEメール本文第3文she grew up in California「カリフォルニアで育ったの」に出てくる。sheはリタのおばあさん（grandma）のことなので，1のIn California.「カリフォルニア」が正解。

## (29) 正解 1

質問の訳 日曜日にデーナは…予定です。

選択肢の訳 1 自分の部屋をそうじする 2 リタのおばあさんに会う
3 レストランで食べる 4 カルネ・アサーダを食べてみる

解説 出題文のOn Sundayは2つ目のEメールの本文第2文に出てくる。I usually clean my room on Saturday, but I'll do that on Sunday.「土曜日はたいてい自分の部屋のそうじをするけど，そうじは日曜日にするわ」とあるので，1のclean her room.「自分の部屋をそうじする」が正解。

## (30) 正解 3

質問の訳 リタとデーナはどんな種類の食べ物を作るつもりですか。

選択肢の訳 **1** アメリカンステーキ。 **2** チーズナチョス。 **3** メキシカンステーキ。 **4** タコス。

解説 具体的な食べ物名を出して「作る」「調理する」という文は，1つ目のEメールの本文第5〜6文 We're going to cook *carne asada*. It's Mexican steak.「私たちはカルネ・アサーダを作る予定よ。それはメキシコのステーキなの」と2つ目のEメールの本文第5文 I want to make *carne asada*.「カルネ・アサーダを作りたい」にある。共通しているのは*carne asada*「カルネ・アサーダ」というMexican steak「メキシカンステーキ」を作るということなので，**3**のMexican steak.が正解。

# 4[C] 筆記 (問題編pp.144〜145)

**Key to Reading** 最後の長文は長め。出題は文章の流れにそって順に問われることがほとんどのため，文全体は長くても答えが書かれている箇所を見つけるのは比較的難しくはない。質問文と本文で共通する語をキーワードにして，その周囲をよく読もう。

訳 冬の楽しみ

　マイケルはアメリカ合衆国のペンシルバニア州に住んでいます。彼は春が好きですが，いちばん好きな季節は夏です。秋にマイケルは悲しくなり始めます。天候は寒くなり，昼間が短いです。冬はたいてい家にいてテレビゲームをします。

　去年の12月，マイケルはバーモント州にいるいとこのジャックを訪ねました。ある日，ジャックはマイケルをスキー場に連れていきました。マイケルははじめてスノーボードに挑戦しました。はじめは，たくさん転びました。4時間ほど経つと，マイケルはじょうずになりました。彼がそれをとても楽しんだので，ジャックとマイケルは次の日もまたスノーボードをしに出かけました。

　マイケルは帰宅すると，それについて両親に話しました。彼の父親は「この近くにスキー場があるよ。車で1時間だ」と言いました。マイケルの母親は彼にスノーボードを買ってあげました。また，彼女は彼をその冬3回スキー

153

場に連れていきました。マイケルは春がくると幸せでしたが，今は新しい趣味が気に入っているので，冬も楽しみにしています。

**重要表現** feel「～と感じる」 get「～になる」 cousin「いとこ」 took「take（連れていく）の過去形」 for the first time「はじめて」 fell down「fall down（転ぶ）の過去形」 better「goodの比較級」 bought「buy（買う）の過去形」 look forward to ～「～を楽しみに待つ」

## (31) 正解 **3**

**質問の訳** マイケルはいつ悲しくなり始めますか。

**選択肢の訳** **1** 春に。 **2** 夏に。 **3** 秋に。 **4** 冬に。

**解説** 第1段落第3文にIn fall, Michael starts to feel sad.「秋にマイケルは悲しくなり始めます」とあるので，**3**のIn fall.「秋に」が正解。質問文のbeginと本文のstartは「～を始める」というほぼ同じ意味。

## (32) 正解 **3**

**質問の訳** マイケルは去年の12月に何をしましたか。

**選択肢の訳** **1** 新しいテレビゲームを手に入れた。 **2** 毎日家にいた。 **3** いとこを訪ねた。 **4** バーモント州に引っ越した。

**解説** 第2段落第1文にLast December, Michael visited his cousin Jack in Vermont.「去年の12月，マイケルはバーモント州にいるいとこのジャックを訪ねました」とあるので，**3**のHe visited his cousin.「いとこを訪ねた」が正解。**4**のmove to ～は「～へ引っ越す」という意味なので，誤り。

## (33) 正解 **1**

**質問の訳** マイケルとジャックは何回いっしょにスノーボードに行きましたか。

**選択肢の訳** **1** 2回。 **2** 3回。 **3** 4回。 **4** 5回。

**解説** マイケルがジャックを訪ねたときのことは第2段落に書かれている。第2文にOne day, Jack took Michael to a ski resort.「ある日，ジャックはマイケルをスキー場に連れていきました」，最終文にJack and Michael went snowboarding again the next day「ジャックとマイケルは次の日

もまたスノーボードをしに出かけました」とあるので，**1**のTwice.「2回」が正解。

## (34)　正解　**3**

質問の訳　マイケルの父親はマイケルに何と言いましたか。

選択肢の訳　**1**　スキー場にマイケルを車で連れていく。　**2**　マイケルにスノーボードを買ってあげる。　**3**　家の近くにスキー場がある。　**4**　家の近くに新しいスキーショップがある。

解説　父親のことばは第3段落第2文にある。His father said, "There's a ski resort near here. …."「彼の父親は『この近くにスキー場があるよ。…』と言いました」とあるので，**3**のThere is a ski resort near their house.「家の近くにスキー場がある」が正解。" "は人の発言をそのまま引用するときに使う。

## (35)　正解　**1**

質問の訳　マイケルは現在なぜ冬を楽しみにしているのですか。

選択肢の訳　**1**　彼には新しい趣味がある。　**2**　長い冬休みがある。　**3**　ジャックが毎年彼を訪ねてくる。　**4**　彼の母親の誕生日が冬にある。

解説　質問文と同じlook forward to ～が，最終文にhe also looks forward to winter because he likes his new hobby「新しい趣味が気に入っているので，冬も楽しみにしています」で出てくる。becauseは理由を表す語なので，そのあとのhe likes his new hobbyが答えの部分となる。**1**のHe has a new hobby.「彼には新しい趣味がある」がほぼ同じ意味を表す。

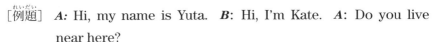

第**1**部　**リスニング**（問題編pp.146～147）　青-67 ～ 青-77

［例題］　*A:* Hi, my name is Yuta.　*B*: Hi, I'm Kate.　*A:* Do you live near here?

　　　　**1**　I'll be there.　**2**　That's it.　**3**　Yes, I do.　　［正解］**3**

**訳** A：こんにちは，ぼくの名前はユウタです。　B：こんにちは，私はケイトです。　A：あなたはこの近くに住んでいるのですか。

**選択肢の訳** **1** 私はそこへ行くつもりです。　**2** それです。　**3** はい，そうです。

## *No.1* 正解 2

**放送文** *A*: I can't find my blue pen.　*B*: Is this it?　*A*: Yes. Where was it?

　　　**1** Go straight.　**2** In the meeting room.　**3** It's four dollars.

**訳** A：青いペンが見つからないよ。　B：これ？　A：そう。どこにあったの？

**選択肢の訳** **1** まっすぐ進んで。　**2** 会議室よ。　**3** 4ドルよ。

**解説** A（＝男性）は2回目にWhere was it?「どこにあったの？」と場所をたずねているので，場所を答える2のIn the meeting room.「会議室よ」が正解。meetingはカタカナ語で「ミーティング」と日本語でも使われている。

## *No.2* 正解 2

**放送文** *A*: Can I have a snack, Mom?　*B*: Have an apple.　*A*: But I want some cake.

　　　**1** Vanilla, please.　**2** Not now.　**3** He's seven years old.

**訳** A：ママ，おやつを食べてもいい？　B：リンゴを食べなさい。
A：でもぼくはケーキがほしい。

**選択肢の訳** **1** バニラをお願い。　**2** 今はだめよ。　**3** 彼は7歳よ。

**解説** イラストから食事前の会話だとわかる。おなかをすかせたA（＝息子）に対してB（＝母親）はHave an apple.「リンゴを食べなさい」と勧めているが，AはI want some cake.「ケーキがほしい」と言っている。食事前ということから，2のNot now.「今はだめよ」を選ぶと自然な会話になる。

## *No.3* 正解 3

**放送文** *A:* What do you want for your birthday?　*B:* I really want a turtle.　*A:* What kind?

156

**1** In the box. **2** About six. **3** A small one.

（訳） A：誕生日に何がほしいの？　B：カメがとてもほしいの。　A：どんな種類の？

（選択肢の訳） **1** 箱の中。　**2** 6個くらい。　**3** 小さいの。

（解説） I really want a turtle.「カメがとてもほしいの」と言うB（＝娘）に対して，A（＝父親）はWhat kind?「どんな種類の？」とたずねている。カメの様子を伝える**3**のA small one.「小さいの」を選ぶと自然な会話になる。oneはここではturtle「カメ」をさしている。

## No.4　正解 **2**

（放送文） *A:* I went hiking last weekend. *B:* That's nice. *A:* What did you do?

**1** I found it. **2** I visited my grandparents. **3** I came by bike.

（訳） A：私はこの前の週末ハイキングに行ったの。　B：それはいいね。A：あなたは何をしたの？

（選択肢の訳） **1** ぼくはそれを見つけたよ。　**2** ぼくは祖父母を訪ねたよ。 **3** ぼくは自転車で来たよ。

（解説） 話題はlast weekend「この前の週末」のこと。A（＝少女）にWhat did you do?「あなたは何をしたの？」と聞かれて，したことを答える**2**のI visited my grandparents.「ぼくは祖父母を訪ねたよ」が適切。

## No.5　正解 **3**

（放送文） *A:* Dad, there's a baseball game at the stadium tomorrow.

*B:* Do you want to go together? *A:* Yes, please.

**1** I'll practice with you. **2** I'll give you some pictures.

**3** I'll buy some tickets today.

（訳） A：お父さん，明日スタジアムで野球の試合があるよ。　B：いっしょに行きたいのかい？　A：うん，お願い。

（選択肢の訳） **1** 私がいっしょに練習しよう。　**2** きみに写真を何枚かあげよう。　**3** 今日チケットを買うね。

（解説） 話題はA（＝娘）の最初の発言のa baseball game at the stadium

tomorrow「明日のスタジアムでの野球の試合」。B（＝父親）がDo you want to go together?「いっしょに行きたいのかい？」とたずねると，AはYesで答えているので，チケットを買う流れとなる**3**のI'll buy some tickets today.「今日チケットを買うね」が適切。

## *No.6*　正解　**1**

放送文　*A:* Excuse me.　*B:* How can I help you?　*A:* Do you have apple juice?

**1**　Sorry, we only have orange juice.　**2**　No, I just ate one.

**3**　Thanks a lot for coming.

訳　A：すみません。　B：どのようなご用件でしょうか。　A：リンゴジュースはありますか。

選択肢の訳　**1**　申し訳ありませんが，あるのはオレンジジュースだけです。
**2**　いいえ，ちょうど1つ食べました。　**3**　お越しいただきどうもありがとうございます。

解説　場面は店内。A（＝男性）がDo you have apple juice?「リンゴジュースはありますか」とたずねているので，B（＝店員）の答えとして適切なのはリンゴジュースがないことを伝える**1**のSorry, we only have orange juice.「申し訳ありませんが，あるのはオレンジジュースだけです」が適切。

## *No.7*　正解　**1**

放送文　*A:* The movie starts at three.　*B:* What time is it now?

*A:* It's 2:45.

**1**　Let's hurry!　**2**　A comedy movie.　**3**　An hour ago.

訳　A：映画は3時に始まるよ。　B：今，何時？　A：2時45分だ。

選択肢の訳　**1**　急ぎましょ！　**2**　コメディー映画。　**3**　1時間前。

解説　A（＝男性）の2つの発言The movie starts at three.「映画は3時に始まる」，It's 2:45.「2時45分」から，映画まで15分しかないことがわかる。したがって，**1**のLet's hurry!「急ぎましょ！」を選ぶと自然な応答になる。

## No.8　正解　3

放送文　*A:* I'll go to France this summer.　*B:* That sounds fun.

　　　　 *A:* Will you go somewhere?

　　　　 **1**　I have a map of France.　**2**　It was a good vacation.

　　　　 **3**　I want to travel to Brazil.

訳　A：今年の夏はフランスに行くのよ。　B：それは楽しそうだね。
A：あなたはどこかへ行くの？

選択肢の訳　**1**　ぼくはフランスの地図を持ってるよ。　**2**　いい休暇だったよ。
**3**　ぼくはブラジルに旅行に行きたいな。

解説　話題はA（＝女性）の最初の発言のthis summer「今年の夏」。Aは2回目にWill you go somewhere?「あなたはどこかへ行くの？」とたずねている。同じwillの未来形で答えている選択肢はないが，願望を伝える**3**のI want to travel to Brazil.「ぼくはブラジルに旅行に行きたいな」を選ぶと自然な会話の流れになる。

## No.9　正解　2

放送文　*A:* You look sad, Jane.　*B:* I am.　*A:* What's wrong?

　　　　 **1**　I like history class.　**2**　I lost my science textbook.

　　　　 **3**　I have another pen.

訳　A：悲しそうだね，ジェーン。　B：そうなの。　A：どうしたの？

選択肢の訳　**1**　私は歴史の授業が好き。　**2**　理科の教科書をなくしたの。
**3**　ぼくはもう1本ペンを持ってるよ。

解説　A（＝少年）の発言You look sad「悲しそうだね」とWhat's wrong?「どうしたの？」から，悲しい理由を答える**2**のI lost my science textbook.「理科の教科書をなくしたの」が適する。lookはここでは「～に見える」の意味。また，What's wrong?は調子の悪いものや人について，様子をたずねるときに使う表現。

## No.10　正解　1

放送文　*A:* What are your favorite subjects?　*B:* I love English and art.　**A:** Do you like math?

**1**　No, it's too difficult.　**2**　Yes, next week.

**3**　OK, you can use mine.

訳　A：あなたの好きな教科は何？　B：ぼくは英語と美術が大好きなんだ。A：数学は好き？

選択肢の訳　**1**　いや，数学は難しすぎるよ。　**2**　うん，来週ね。　**3**　いいよ，ぼくのを使って。

解説　A（＝少女）は2回目にDo you like math?「数学は好き？」とたずねている。これはYesまたはNoで答える疑問文なので，**1**と**2**のどちらかが正解となる。また，話の流れから，Noと答えたあとのit's too difficultが数学の難しさを理由にしていると考えられるため，**1**のNo, it's too difficult.「いや，数学は難しすぎるよ」を選ぶ。

---

第**2**部　リスニング （問題編pp.148〜149）　CD青-78 〜 CD青-88

***No.11*** 正解 **2**

放送文　**A:**Is your new classmate from Canada?　**B:**No, she's from Australia.　**A:**Didn't you go there last year?　**B:**No, I went to New Zealand.

***Question:***Where is the new student from?

訳　A：きみの新しいクラスメートはカナダ出身？　B：ううん，彼女はオーストラリア出身よ。　A：去年きみはそこへ行かなかった？　B：ううん，私はニュージーランドに行ったのよ。

質問の訳　新入生はどこの出身ですか。

選択肢の訳　**1**　ニュージーランド。　**2**　オーストラリア。　**3**　イギリス。　**4**　カナダ。

解説　選択肢から場所が問われることがわかる。質問は新しいクラスメートの出身地をたずねている。B（＝少女）は1回目にshe's from Australiaと言っているので，**2**のAustralia.が正解。ニュージーランドはBが自分が訪れた国としてI went to New Zealand.「私はニュージーランドに行った」

160

と言っているだけである。

## No.12　正解　**4**

放送文 *A:* Do you want a cup of tea, Grandma?　*B:* No, thanks.

*A:* How about a coffee?　*B:* I'll just have some water, thanks.

*Question:* What does the boy's grandmother want to drink?

訳　A：おばあちゃん, 紅茶を1杯飲む？　B：いや, いらないよ。　A：コーヒーはどう？　B：水だけもらおうかな, ありがとう。

質問の訳　少年のおばあさんは何を飲みたいと思っていますか。

選択肢の訳　**1** 牛乳。　**2** 紅茶。　**3** コーヒー。　**4** 水。

解説　選択肢から飲み物が話題になることがわかる。質問文はthe boy's grandmother「少年のおばあさん」についてたずねているので, B（＝おばあさん）の発言に注意して聞く。Bは2回目にI'll just have some water「水だけもらおうかな」と言っているので, **4**のWater.「水」が正解。

## No.13　正解　**3**

放送文　*A:* How was your weekend, Scott?　*B:* Saturday was good, but I had a headache last night.　*A:* Do you feel better this morning?　*B:* Yes, thanks.

*Question:* When did Scott have a headache?

訳　A：週末はどうだった, スコット？　B：土曜日はよかったけれど, 昨夜は頭痛がしたんだ。　A：今朝は気分はいいの？　B：うん, ありがとう。

質問の訳　スコットはいつ頭痛がありましたか。

選択肢の訳　**1** 土曜日の午後。　**2** 昨日の朝。　**3** 昨夜。　**4** 今朝。

解説　選択肢から時に注意して聞く。質問文はWhen did Scott have a headache?「スコットはいつ頭痛がありましたか」。B（＝スコット）は1回目にI had a headache last night「昨夜は頭痛がした」と言っているので, **3**のLast night.が正解。病状を伝えるとき, 動詞にはhaveがよく使われる。

*No.14* 正解 **4**

**放送文** *A:* The test will begin at one thirty.　*B:* How long will it take, Mrs. Peterson?　*A:* About 50 minutes.　*B:* Thank you.

**Question:** How long will the test take?

**訳** A：テストは1時30分に始まります。　B：時間はどのくらいかかりますか，ピーターソン先生。　A：およそ50分です。　B：ありがとうございます。

**質問の訳** テストはどのくらいの時間かかりますか。

**選択肢の訳** **1** 約5分。　**2** 約15分。　**3** 約30分。　**4** 約50分。

**解説** 選択肢から時間に注意して聞く。質問文は How long will the test take?「テストはどのくらいの時間かかりますか」とテストの時間の長さをたずねている。2回目にA（＝ピーターソン先生）は About 50 minutes.「およそ50分です」と言っているので，**4**の About 50 minutes. が正解。take には「（時間が）かかる」の意味がある。

*No.15* 正解 **1**

**放送文** *A:* Did you enjoy your homestay with us?　*B:* Of course. Thank you so much.　*A:* Send us an e-mail when you get back home.　*B:* I will.

**Question:** What did the girl enjoy?

**訳** A：私たちのところでのホームステイを楽しんでくれましたか？B：もちろんです。どうもありがとうございました。　A：家に帰ったら私たちにEメールを送ってください。　B：送ります。

**質問の訳** 少女は何を楽しみましたか。

**選択肢の訳** **1** ホームステイ。　**2** コンピュータクラブ。　**3** Eメールを読むこと。　**4** 妹［姉］と話すこと。

**解説** 質問文は girl「少女」が enjoy「楽しむ」したことをたずねている。同じ enjoy はA（＝男性）の最初の発言にある。Did you enjoy your homestay with us?「私たちのところでのホームステイを楽しんでくれましたか？」と言っている。B（＝少女）はこれに対して Of course.「もちろん

**162**

です」と答えているので，**1**のHer homestay.「ホームステイ」が正解。

## *No.16* 正解 **3**

放送文　*A:* Will you make dinner tonight?　*B:* Yes, I'll make a pizza.

*A:* Great. I'll go shopping and wash the dishes after dinner.

*B:* Thanks.

***Question:*** What is the woman going to do tonight?

訳　A：今日はきみが夕食を作るの？　B：そうよ，ピザを作るつもり。
A：すばらしい。ぼくは買い物と夕食後の食器洗いをしよう。　B：ありがとう。

質問の訳　女性は今晩何をする予定ですか。

選択肢の訳　**1**　買い物に行く。　**2**　ピザのレストランに行く。　**3**　夕食を作る。　**4**　食器を洗う。

解説　質問文はthe woman「女性」の行動をたずねているので，2度目は特にB（＝女性）の発言に注意して聞く。最初のやりとりで，A（＝男性）がWill you make dinner tonight?「今日はきみが夕食を作るの？」とたずねると，B（＝女性）はYes, I'll make a pizza.「そうよ，ピザを作るつもり」と言っているので，**3**のMake dinner.「夕食を作る」が正解。本文では未来形をwillで表し，質問文では〈be動詞＋going to ～〉が使われている。

## *No.17* 正解 **1**

放送文　*A:* Where were you yesterday?　*B:* I went to the doctor. What did you do in English class?　*A:* We sang some songs.

*B:* That sounds fun.

***Question:*** What did the girl do yesterday?

訳　A：昨日はどこにいたの？　B：医者に行ったの。英語の授業では何をしたの？　A：ぼくたちは歌を歌ったよ。　B：楽しそうね。

質問の訳　少女は昨日何をしましたか。

選択肢の訳　**1**　医者に行った。　**2**　学校へ行った。　**3**　歌のレッスンがあった。　**4**　ラジオを聞いた。

解説　質問文では少女の行動をたずねているので，2度目は特に少女の発言に

注意して聞く。最初のやりとりでWhere were you yesterday?「昨日はどこにいたの？」とたずねられるとB（＝少女）はI went to the doctor.「医者に行ったの」と答えているので，**1**のShe went to the doctor.「医者に行った」が正解。doctor「医者」はhospital「病院」をさして言っている。

## No.18　正解　2

放送文　*A:* Do you have your smartphone?　*B:* Yes, Mom, but I can't find my wallet.　*A:* Is it in your bag?　*B:* No, I just looked there.

*Question:* What is the boy looking for?

訳　A：スマートフォンを持ってる？　B：うん，お母さん，でも財布が見つからないんだ。　A：かばんの中は？　B：今見たけど，ないよ。

質問の訳　少年は何をさがしていますか。

選択肢の訳　**1** 彼のかばん。　**2** 彼の財布。　**3** 彼の電話。　**4** 彼の筆箱。

解説　質問文のlook for ～は「～をさがす」という意味の熟語。B（＝少年）は1回目の発言でI can't find my wallet.「財布が見つからない」と言っているので，**2**のHis wallet.「彼の財布」が正解。

## No.19　正解　3

放送文　*A:* Welcome to Nice Spice Curry. What would you like?

*B:* Chicken curry, rice, and a tomato salad, please.

*A:* That's \$30. It'll be ready in 20 minutes.　*B:* Thanks.

*Question:* When will the man's food be ready?

訳　A：ナイス・スパイス・カレーへようこそ。何になさいますか？
B：チキンカレー，ライス，トマトサラダをお願いします。　A：30ドルになります。20分後に用意できます。　B：ありがとう。

質問の訳　男性の食べ物はいつ準備が整いますか。

選択肢の訳　**1** 2分後。　**2** 10分後。　**3** 20分後。　**4** 30分後。

解説　カレー店の店員と客の対話。質問文と同じready「準備ができて」はA（＝カレー店の店員）の最後の言葉に出てくる。注文を受けた店員はIt'll be ready in 20 minutes.「20分後に用意できます」と言っているので，**3**

の In 20 minutes.「20分後<ruby>ぶん<rt></rt></ruby>」が正解。

### No.20　正解 1

**放送文** *A:* Dad, I'll be home late today.　*B:* Do you have a club meeting?　*A:* No. I'll study in the library after school.　*B:* OK.

***Question:*** Why will the girl be home late today?

**訳** A：お父さん，今日は帰るのが遅くなるね。　B：クラブのミーティングがあるのかい？　A：ちがうよ，放課後に図書室で勉強するの。　B：わかったよ。

**質問の訳** 少女は今日なぜ帰りが遅くなりますか。

**選択肢の訳** 1　彼女は図書室で勉強するつもりだ。　2　彼女はクラブのミーティングがある。　3　彼女は友だちを訪ねる。　4　彼女は学校の清掃をする。

**解説** A（＝少女）は2回目に I'll study in the library after school.「放課後に図書室で勉強する」と言っているので，1の She will study in the library.「彼女は図書室で勉強するつもりだ」が正解。2の club meeting「クラブのミーティング」については，B（＝父親）の Do you have a club meeting?「クラブのミーティングがあるのかい？」に対してAが No. で答えている。

---

**第3部** **リスニング** （問題編pp.150〜151）

### No.21　正解 2

**放送文** I always buy a sandwich for lunch. I usually get a roast beef or cheese sandwich, but today I got a chicken one. It was good.

***Question:*** What kind of sandwich did the man buy today?

**訳** 私はいつも昼食にサンドイッチを買います。ふつうはローストビーフまたはチーズサンドイッチを買うのですが，今日はチキンサンドイッチを買いました。それはおいしかったです。

**質問の訳** 男性は今日何の種類のサンドイッチを買いましたか。

選択肢の訳　**1** チーズ。　**2** チキン。　**3** ローストビーフ。　**4** 魚。

解説　男性は第2文でI usually get a roast beef or cheese sandwich, but today I got a chicken one.「ふつうはローストビーフまたはチーズサンドイッチを買うのですが，今日はチキンサンドイッチを買いました」と述べているので，**2**のChicken.「チキン」が正解。usually［always］〜, but …「ふつうは［いつもは］〜だけれども…」が聞こえたときは，いつもと違うことが起きていると考えられるので，butの後ろを注意して聞こう。getはbuy「買う」の意味でも使われる。

## *No.22*　正解　**4**

放送文　Rosewood Funland will close at 10:30 tonight. Restaurants are open until 10:00, and you can ride the Super Roller Coaster until 9:30. Have a fun evening.

*Question:* What time does Rosewood Funland close today?

訳　ローズウッド遊戯場は今晩10時30分に閉場します。レストランは10時までの営業でスーパー・ジェットコースターは9時30分までご乗車になれます。楽しい夜をお過ごしください。

質問の訳　ローズウッド遊戯場は今日何時に閉場しますか。

選択肢の訳　**1** 9時。　**2** 9時30分。　**3** 10時。　**4** 10時30分。

解説　選択肢から時刻が問われることがわかる。質問文はRosewood Funland「ローズウッド遊戯場」の今日の閉場時刻をたずねているので，第1文のRosewood Funland will close at 10:30 tonight.「ローズウッド遊戯場は今晩10時30分に閉場します」から，**4**のAt 10:30.を選ぶ。**3**の10:00はレストランが閉まる時刻で，**2**の9:30はジェットコースターが終わる時刻。

## *No.23*　正解　**3**

放送文　I forgot to bring my friend's comic book to school today. He was a little angry. I'll remember to bring it tomorrow.

*Question:* What did the girl forget?

訳　私は今日学校に友だちのマンガ本を持ってくるのを忘れました。彼は

少し怒っていました。私は明日それを忘れずに持ってきます。

**質問の訳** 少女は何を忘れましたか。

**選択肢の訳** 1 昼食。 2 教科書。 3 友だちのマンガ本。 4 友だちの傘。

**解説** 質問文は少女が忘れたものを forget「忘れる」を使ってたずねている。少女は第1文で過去形 forgot を使って I forgot to bring my friend's comic book to school today.「私は今日学校に友だちのマンガ本を持ってくるのを忘れました」と述べているので，**3** の Her friend's comic book.「友だちのマンガ本」が正解。

## No.24　正解　**3**

**放送文** Asami will go to Europe. She will spend five days in London and then go to Paris. She'll stay there for three days.

*Question:* How many days will Asami be in London?

**訳** アサミはヨーロッパに行きます。彼女はロンドンで5日間過ごし，それからパリに行くつもりです。彼女はそこで3日間滞在します。

**質問の訳** アサミは何日間ロンドンにいるでしょうか。

**選択肢の訳** 1 3日間。 2 4日間。 3 5日間。 4 6日間。

**解説** 質問文の How many days ～?「何日～?」と London「ロンドン」を聞き取る。放送文で日数は five days「5日間」と three days「3日間」が出てくるが，London については第2文で She will spend five days in London「彼女はロンドンで5日間過ごし」と述べているので，**3** の Five.「5日間」が正解。

## No.25　正解　**1**

**放送文** There was a parade in town yesterday. My parents took me, but there were too many people. I couldn't see anything.

*Question:* What was the boy's problem?

**訳** 昨日町でパレードがありました。両親はぼくを連れていってくれましたが，あまりに多くの人がいました。ぼくは何も見ることができませんでした。

**質問の訳** 少年にとっての問題は何でしたか。

**選択肢の訳** **1** パレードを見ることができなかった。 **2** 両親が忙しかった。 **3** 目が痛かった。 **4** バスに乗り遅れた。

**解説** 第1文のa parade「パレード」が話題。第2文のbutのあとに there were too many people. I couldn't see anything.「あまりに多くの人がいました。ぼくは何も見ることができませんでした」とあるので，**1**のHe couldn't see the parade.「パレードを見ることができなかった」が適切。

---

## No.26　正解　4

**放送文** This morning, I went to a museum with my friends. In the afternoon, we ate lunch in the park and played soccer.

***Question:*** Where did the boy go this morning?

**訳** 今日の午前中ぼくは友だちと博物館に行きました。午後は公園で昼食を食べ，サッカーをしました。

**質問の訳** 少年は今日の午前中どこへ行きましたか。

**選択肢の訳** **1** レストラン。 **2** 公園。 **3** サッカースタジアム。 **4** 博物館。

**解説** 質問文にあるthis morning「今日の午前中」のできごとは第1文で述べられている。This morning, I went to a museum with my friends.「今日の午前中ぼくは友だちと博物館に行きました」と言っているので，**4**のTo a museum.「博物館」が正解。**2**は午後に行った場所で，**3**はサッカーをしたとは述べているが午後のことで，また，stadium「スタジアム」という単語は放送文に出てこないので誤り。

---

## No.27　正解　2

**放送文** Sam loves sports. He plays tennis with his sister every Saturday. He also often plays basketball with his classmates or his brother.

***Question:*** Who does Sam play tennis with?

**訳** サムはスポーツが大好きです。彼は毎週土曜日に妹［お姉］さんとテニスをします。彼はまた，よくクラスメートや弟［お兄］さんとバスケット

ボールをします。

質問の訳 サムはだれといっしょにテニスをしますか。

選択肢の訳 **1** 弟［お兄］さん。 **2** 妹［お姉］さん。 **3** 彼の先生。

**4** クラスメート。

解説 話題は第1文にあるSam「サム」。質問文はplay tennis「テニスをする」についてサムがいっしょにする相手をたずねている。第2文でHe plays tennis with his sister every Saturday.「彼は毎週土曜日に妹［お姉］さんとテニスをします」と述べているので, **2**のHis sister.「妹［お姉］さん」が正解。

## *No.28* 正解 **1**

放送文 Amy gets up at six every Monday and goes jogging. From Tuesday to Saturday, she gets up at seven. On Sundays, she stays in bed until nine.

***Question:*** When does Amy get up at six?

訳 エイミーは毎週月曜日は6時に起きてジョギングに行きます。火曜日から土曜日は7時に起きます。毎週日曜日は9時までベッドで寝ています。

質問の訳 エイミーはいつ6時に起きますか。

選択肢の訳 **1** 月曜日。 **2** 火曜日。 **3** 土曜日。 **4** 日曜日。

解説 選択肢から曜日が問われるとわかるので, 曜日とできごとをメモをとるなどして整理しながら聞くようにしよう。質問文は, エイミーが6時に起きるのがいつかをたずねている。第1文のAmy gets up at six every Monday and goes jogging.「エイミーは毎週月曜日は6時に起きてジョギングに行きます」から, **1**のOn Mondays.「月曜日」を選ぶ。

## *No.29* 正解 **1**

放送文 Today was really fun! I drew pictures in the park with my friends. When I got home, I played computer games.

***Question:*** What is the boy talking about?

訳 今日はとても楽しかった！ ぼくは友だちと公園で絵をかきました。家に着くと, テレビゲームをしました。

少年は何について話していますか。

**1** 楽しい日。 **2** 大好きな芸術家。 **3** 新しいコンピュータ。
**4** 彼の家。

**解説** 質問文は放送文の話題をたずねている。何について話しているか，話そうとしているかはほとんどの場合第1文から想像がつく。第1文で話題の中心を述べ，2文目以降はそれについての具体的なことや比較，感想などが述べられることが多い。ここでの第1文は Today was really fun!「今日はとても楽しかった！」である。2文目以降で楽しかったことを時間を追って説明しているので，全体としての話題はやはり第1文である。選択肢から選ぶならば **1** の His fun day.「楽しい日」が適切。

## *No.30* 正解 **4**

**放送文** I just finished high school. I like children, so I want to become a teacher. Maybe I can teach English.

*Question:* What does the woman want to do?

**訳** 私は学校を終えたばかりです。私は子どもが好きなので，教師になりたいと思っています。たぶん英語を教えることができると思います。

**質問の訳** 女性は何をしたいと思っていますか。

**選択肢の訳** **1** イギリスに住む。 **2** 高校を終える。 **3** 病院で働く。
**4** 教師になる。

**解説** 質問文と同じ want to「～したい」は第2文の後半にある。I want to become a teacher「教師になりたい」と述べているので，**4** の Become a teacher.「教師になる」を選ぶ。

# 英検®4級　解答用紙

**【注意事項】**

①解答にはHBの黒鉛筆（シャープペンシルも可）を使用し、解答を訂正する場合には消しゴムで完全に消してください。

②解答用紙は絶対に汚したり折り曲げたり、所定以外のところへの記入はしないでください。

マーク例

| 良い例 | 悪い例 |
|---|---|
| ● | ◓ ╳ ◓ |

 これ以下の濃さのマークは読めません。

## 解 答 欄

| 問題番号 | | 1 | 2 | 3 | 4 |
|---|---|---|---|---|---|
| **1** | (1) | ① | ② | ③ | ④ |
| | (2) | ① | ② | ③ | ④ |
| | (3) | ① | ② | ③ | ④ |
| | (4) | ① | ② | ③ | ④ |
| | (5) | ① | ② | ③ | ④ |
| | (6) | ① | ② | ③ | ④ |
| | (7) | ① | ② | ③ | ④ |
| | (8) | ① | ② | ③ | ④ |
| | (9) | ① | ② | ③ | ④ |
| | (10) | ① | ② | ③ | ④ |
| | (11) | ① | ② | ③ | ④ |
| | (12) | ① | ② | ③ | ④ |
| | (13) | ① | ② | ③ | ④ |
| | (14) | ① | ② | ③ | ④ |
| | (15) | ① | ② | ③ | ④ |

## 解 答 欄

| 問題番号 | | 1 | 2 | 3 | 4 |
|---|---|---|---|---|---|
| **2** | (16) | ① | ② | ③ | ④ |
| | (17) | ① | ② | ③ | ④ |
| | (18) | ① | ② | ③ | ④ |
| | (19) | ① | ② | ③ | ④ |
| | (20) | ① | ② | ③ | ④ |
| **3** | (21) | ① | ② | ③ | ④ |
| | (22) | ① | ② | ③ | ④ |
| | (23) | ① | ② | ③ | ④ |
| | (24) | ① | ② | ③ | ④ |
| | (25) | ① | ② | ③ | ④ |
| **4** | (26) | ① | ② | ③ | ④ |
| | (27) | ① | ② | ③ | ④ |
| | (28) | ① | ② | ③ | ④ |
| | (29) | ① | ② | ③ | ④ |
| | (30) | ① | ② | ③ | ④ |
| | (31) | ① | ② | ③ | ④ |
| | (32) | ① | ② | ③ | ④ |
| | (33) | ① | ② | ③ | ④ |
| | (34) | ① | ② | ③ | ④ |
| | (35) | ① | ② | ③ | ④ |

## リスニング解答欄

| 問題番号 | | 1 | 2 | 3 | 4 |
|---|---|---|---|---|---|
| | 例題 | ① | ② | ● | |
| **第1部** | No. 1 | ① | ② | ③ | |
| | No. 2 | ① | ② | ③ | |
| | No. 3 | ① | ② | ③ | |
| | No. 4 | ① | ② | ③ | |
| | No. 5 | ① | ② | ③ | |
| | No. 6 | ① | ② | ③ | |
| | No. 7 | ① | ② | ③ | |
| | No. 8 | ① | ② | ③ | |
| | No. 9 | ① | ② | ③ | |
| | No. 10 | ① | ② | ③ | |
| **第2部** | No. 11 | ① | ② | ③ | ④ |
| | No. 12 | ① | ② | ③ | ④ |
| | No. 13 | ① | ② | ③ | ④ |
| | No. 14 | ① | ② | ③ | ④ |
| | No. 15 | ① | ② | ③ | ④ |
| | No. 16 | ① | ② | ③ | ④ |
| | No. 17 | ① | ② | ③ | ④ |
| | No. 18 | ① | ② | ③ | ④ |
| | No. 19 | ① | ② | ③ | ④ |
| | No. 20 | ① | ② | ③ | ④ |
| **第3部** | No. 21 | ① | ② | ③ | ④ |
| | No. 22 | ① | ② | ③ | ④ |
| | No. 23 | ① | ② | ③ | ④ |
| | No. 24 | ① | ② | ③ | ④ |
| | No. 25 | ① | ② | ③ | ④ |
| | No. 26 | ① | ② | ③ | ④ |
| | No. 27 | ① | ② | ③ | ④ |
| | No. 28 | ① | ② | ③ | ④ |
| | No. 29 | ① | ② | ③ | ④ |
| | No. 30 | ① | ② | ③ | ④ |

キ リ ト リ

くり返し解く場合は、コピーをとってご利用ください。

# 英検®4級 解答用紙

## 【注意事項】

① 解答にはHBの黒鉛筆（シャープペンシルも可）を使用し、解答を訂正する場合には消しゴムで完全に消してください。

② 解答用紙は絶対に汚したり折り曲げたり、所定以外のところへの記入はしないでください。

| マーク例 | 良い例 | 悪い例 |
|---|---|---|
|  | ● | ◓ ✖ ◓ |

これ以下の濃さのマークは読めません。

| 解　答　欄 | | | | | |
|---|---|---|---|---|---|
| 問題番号 | | 1 | 2 | 3 | 4 |
| 1 | (1) | ① | ② | ③ | ④ |
|  | (2) | ① | ② | ③ | ④ |
|  | (3) | ① | ② | ③ | ④ |
|  | (4) | ① | ② | ③ | ④ |
|  | (5) | ① | ② | ③ | ④ |
|  | (6) | ① | ② | ③ | ④ |
|  | (7) | ① | ② | ③ | ④ |
|  | (8) | ① | ② | ③ | ④ |
|  | (9) | ① | ② | ③ | ④ |
|  | (10) | ① | ② | ③ | ④ |
|  | (11) | ① | ② | ③ | ④ |
|  | (12) | ① | ② | ③ | ④ |
|  | (13) | ① | ② | ③ | ④ |
|  | (14) | ① | ② | ③ | ④ |
|  | (15) | ① | ② | ③ | ④ |

| 解　答　欄 | | | | | |
|---|---|---|---|---|---|
| 問題番号 | | 1 | 2 | 3 | 4 |
| 2 | (16) | ① | ② | ③ | ④ |
|  | (17) | ① | ② | ③ | ④ |
|  | (18) | ① | ② | ③ | ④ |
|  | (19) | ① | ② | ③ | ④ |
|  | (20) | ① | ② | ③ | ④ |
| 3 | (21) | ① | ② | ③ | ④ |
|  | (22) | ① | ② | ③ | ④ |
|  | (23) | ① | ② | ③ | ④ |
|  | (24) | ① | ② | ③ | ④ |
|  | (25) | ① | ② | ③ | ④ |
| 4 | (26) | ① | ② | ③ | ④ |
|  | (27) | ① | ② | ③ | ④ |
|  | (28) | ① | ② | ③ | ④ |
|  | (29) | ① | ② | ③ | ④ |
|  | (30) | ① | ② | ③ | ④ |
|  | (31) | ① | ② | ③ | ④ |
|  | (32) | ① | ② | ③ | ④ |
|  | (33) | ① | ② | ③ | ④ |
|  | (34) | ① | ② | ③ | ④ |
|  | (35) | ① | ② | ③ | ④ |

| リスニング解答欄 | | | | | |
|---|---|---|---|---|---|
| 問題番号 | | 1 | 2 | 3 | 4 |
|  | 例題 | ① | ② | ● | |
| 第1部 | No. 1 | ① | ② | ③ | |
|  | No. 2 | ① | ② | ③ | |
|  | No. 3 | ① | ② | ③ | |
|  | No. 4 | ① | ② | ③ | |
|  | No. 5 | ① | ② | ③ | |
|  | No. 6 | ① | ② | ③ | |
|  | No. 7 | ① | ② | ③ | |
|  | No. 8 | ① | ② | ③ | |
|  | No. 9 | ① | ② | ③ | |
|  | No. 10 | ① | ② | ③ | |
| 第2部 | No. 11 | ① | ② | ③ | ④ |
|  | No. 12 | ① | ② | ③ | ④ |
|  | No. 13 | ① | ② | ③ | ④ |
|  | No. 14 | ① | ② | ③ | ④ |
|  | No. 15 | ① | ② | ③ | ④ |
|  | No. 16 | ① | ② | ③ | ④ |
|  | No. 17 | ① | ② | ③ | ④ |
|  | No. 18 | ① | ② | ③ | ④ |
|  | No. 19 | ① | ② | ③ | ④ |
|  | No. 20 | ① | ② | ③ | ④ |
| 第3部 | No. 21 | ① | ② | ③ | ④ |
|  | No. 22 | ① | ② | ③ | ④ |
|  | No. 23 | ① | ② | ③ | ④ |
|  | No. 24 | ① | ② | ③ | ④ |
|  | No. 25 | ① | ② | ③ | ④ |
|  | No. 26 | ① | ② | ③ | ④ |
|  | No. 27 | ① | ② | ③ | ④ |
|  | No. 28 | ① | ② | ③ | ④ |
|  | No. 29 | ① | ② | ③ | ④ |
|  | No. 30 | ① | ② | ③ | ④ |

くり返し解く場合は、コピーをとってご利用ください。

キリトリ

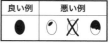

# 英検®4級　解答用紙

## 【注意事項】

①解答にはHBの黒鉛筆（シャープペンシルも可）を使用し、解答を訂正する場合には消しゴムで完全に消してください。

②解答用紙は絶対に汚したり折り曲げたり、所定以外のところへの記入はしないでください。

マーク例

| | 良い例 | 悪い例 |
|---|---|---|
| | ● | ◖ ✕ ◗ |

 これ以下の濃さのマークは読めません。

### 解　答　欄

| 問題番号 | | 1 | 2 | 3 | 4 |
|---|---|---|---|---|---|
| 1 | (1) | ① | ② | ③ | ④ |
| | (2) | ① | ② | ③ | ④ |
| | (3) | ① | ② | ③ | ④ |
| | (4) | ① | ② | ③ | ④ |
| | (5) | ① | ② | ③ | ④ |
| | (6) | ① | ② | ③ | ④ |
| | (7) | ① | ② | ③ | ④ |
| | (8) | ① | ② | ③ | ④ |
| | (9) | ① | ② | ③ | ④ |
| | (10) | ① | ② | ③ | ④ |
| | (11) | ① | ② | ③ | ④ |
| | (12) | ① | ② | ③ | ④ |
| | (13) | ① | ② | ③ | ④ |
| | (14) | ① | ② | ③ | ④ |
| | (15) | ① | ② | ③ | ④ |

### 解　答　欄

| 問題番号 | | 1 | 2 | 3 | 4 |
|---|---|---|---|---|---|
| 2 | (16) | ① | ② | ③ | ④ |
| | (17) | ① | ② | ③ | ④ |
| | (18) | ① | ② | ③ | ④ |
| | (19) | ① | ② | ③ | ④ |
| | (20) | ① | ② | ③ | ④ |
| 3 | (21) | ① | ② | ③ | ④ |
| | (22) | ① | ② | ③ | ④ |
| | (23) | ① | ② | ③ | ④ |
| | (24) | ① | ② | ③ | ④ |
| | (25) | ① | ② | ③ | ④ |
| 4 | (26) | ① | ② | ③ | ④ |
| | (27) | ① | ② | ③ | ④ |
| | (28) | ① | ② | ③ | ④ |
| | (29) | ① | ② | ③ | ④ |
| | (30) | ① | ② | ③ | ④ |
| | (31) | ① | ② | ③ | ④ |
| | (32) | ① | ② | ③ | ④ |
| | (33) | ① | ② | ③ | ④ |
| | (34) | ① | ② | ③ | ④ |
| | (35) | ① | ② | ③ | ④ |

### リスニング解答欄

| 問題番号 | | 1 | 2 | 3 | 4 |
|---|---|---|---|---|---|
| 第1部 | 例題 | ① | ② | ● | |
| | No. 1 | ① | ② | ③ | |
| | No. 2 | ① | ② | ③ | |
| | No. 3 | ① | ② | ③ | |
| | No. 4 | ① | ② | ③ | |
| | No. 5 | ① | ② | ③ | |
| | No. 6 | ① | ② | ③ | |
| | No. 7 | ① | ② | ③ | |
| | No. 8 | ① | ② | ③ | |
| | No. 9 | ① | ② | ③ | |
| | No. 10 | ① | ② | ③ | |
| 第2部 | No. 11 | ① | ② | ③ | ④ |
| | No. 12 | ① | ② | ③ | ④ |
| | No. 13 | ① | ② | ③ | ④ |
| | No. 14 | ① | ② | ③ | ④ |
| | No. 15 | ① | ② | ③ | ④ |
| | No. 16 | ① | ② | ③ | ④ |
| | No. 17 | ① | ② | ③ | ④ |
| | No. 18 | ① | ② | ③ | ④ |
| | No. 19 | ① | ② | ③ | ④ |
| | No. 20 | ① | ② | ③ | ④ |
| 第3部 | No. 21 | ① | ② | ③ | ④ |
| | No. 22 | ① | ② | ③ | ④ |
| | No. 23 | ① | ② | ③ | ④ |
| | No. 24 | ① | ② | ③ | ④ |
| | No. 25 | ① | ② | ③ | ④ |
| | No. 26 | ① | ② | ③ | ④ |
| | No. 27 | ① | ② | ③ | ④ |
| | No. 28 | ① | ② | ③ | ④ |
| | No. 29 | ① | ② | ③ | ④ |
| | No. 30 | ① | ② | ③ | ④ |

キリトリ

くり返し解く場合は、コピーをとってご利用ください。

# 英検®4級 解答用紙

## 【注意事項】
①解答にはHBの黒鉛筆（シャープペンシルも可）を使用し、解答を訂正する場合には消しゴムで完全に消してください。
②解答用紙は絶対に汚したり折り曲げたり、所定以外のところへの記入はしないでください。

マーク例

 これ以下の濃さのマークは読めません。

| 解答欄 | | | | |
|---|---|---|---|---|
| 問題番号 | 1 | 2 | 3 | 4 |
| 1 (1) | ① | ② | ③ | ④ |
| (2) | ① | ② | ③ | ④ |
| (3) | ① | ② | ③ | ④ |
| (4) | ① | ② | ③ | ④ |
| (5) | ① | ② | ③ | ④ |
| (6) | ① | ② | ③ | ④ |
| (7) | ① | ② | ③ | ④ |
| (8) | ① | ② | ③ | ④ |
| (9) | ① | ② | ③ | ④ |
| (10) | ① | ② | ③ | ④ |
| (11) | ① | ② | ③ | ④ |
| (12) | ① | ② | ③ | ④ |
| (13) | ① | ② | ③ | ④ |
| (14) | ① | ② | ③ | ④ |
| (15) | ① | ② | ③ | ④ |

| 解答欄 | | | | |
|---|---|---|---|---|
| 問題番号 | 1 | 2 | 3 | 4 |
| 2 (16) | ① | ② | ③ | ④ |
| (17) | ① | ② | ③ | ④ |
| (18) | ① | ② | ③ | ④ |
| (19) | ① | ② | ③ | ④ |
| (20) | ① | ② | ③ | ④ |
| 3 (21) | ① | ② | ③ | ④ |
| (22) | ① | ② | ③ | ④ |
| (23) | ① | ② | ③ | ④ |
| (24) | ① | ② | ③ | ④ |
| (25) | ① | ② | ③ | ④ |
| 4 (26) | ① | ② | ③ | ④ |
| (27) | ① | ② | ③ | ④ |
| (28) | ① | ② | ③ | ④ |
| (29) | ① | ② | ③ | ④ |
| (30) | ① | ② | ③ | ④ |
| (31) | ① | ② | ③ | ④ |
| (32) | ① | ② | ③ | ④ |
| (33) | ① | ② | ③ | ④ |
| (34) | ① | ② | ③ | ④ |
| (35) | ① | ② | ③ | ④ |

| リスニング解答欄 | | | | |
|---|---|---|---|---|
| 問題番号 | 1 | 2 | 3 | 4 |
| 例題 | ① | ② | ● | |
| 第1部 No. 1 | ① | ② | ③ | |
| No. 2 | ① | ② | ③ | |
| No. 3 | ① | ② | ③ | |
| No. 4 | ① | ② | ③ | |
| No. 5 | ① | ② | ③ | |
| No. 6 | ① | ② | ③ | |
| No. 7 | ① | ② | ③ | |
| No. 8 | ① | ② | ③ | |
| No. 9 | ① | ② | ③ | |
| No. 10 | ① | ② | ③ | |
| 第2部 No. 11 | ① | ② | ③ | ④ |
| No. 12 | ① | ② | ③ | ④ |
| No. 13 | ① | ② | ③ | ④ |
| No. 14 | ① | ② | ③ | ④ |
| No. 15 | ① | ② | ③ | ④ |
| No. 16 | ① | ② | ③ | ④ |
| No. 17 | ① | ② | ③ | ④ |
| No. 18 | ① | ② | ③ | ④ |
| No. 19 | ① | ② | ③ | ④ |
| No. 20 | ① | ② | ③ | ④ |
| 第3部 No. 21 | ① | ② | ③ | ④ |
| No. 22 | ① | ② | ③ | ④ |
| No. 23 | ① | ② | ③ | ④ |
| No. 24 | ① | ② | ③ | ④ |
| No. 25 | ① | ② | ③ | ④ |
| No. 26 | ① | ② | ③ | ④ |
| No. 27 | ① | ② | ③ | ④ |
| No. 28 | ① | ② | ③ | ④ |
| No. 29 | ① | ② | ③ | ④ |
| No. 30 | ① | ② | ③ | ④ |

キリトリ

くり返し解く場合は、コピーをとってご利用ください。

# 英検®4級　解答用紙

## 【注意事項】

①解答にはHBの黒鉛筆（シャープペンシルも可）を使用し、解答を訂正する場合には消しゴムで完全に消してください。

②解答用紙は絶対に汚したり折り曲げたり、所定以外のところへの記入はしないでください。

マーク例

| | 良い例 | 悪い例 |
|---|---|---|
| | ● | ◐ ✗ ◖ |

 これ以下の濃さのマークは読めません。

| 解　答　欄 | | | | |
|---|---|---|---|---|
| 問題番号 | 1 | 2 | 3 | 4 |
| | (1) | ① | ② | ③ | ④ |
| | (2) | ① | ② | ③ | ④ |
| | (3) | ① | ② | ③ | ④ |
| | (4) | ① | ② | ③ | ④ |
| | (5) | ① | ② | ③ | ④ |
| | (6) | ① | ② | ③ | ④ |
| | (7) | ① | ② | ③ | ④ |
| **1** | (8) | ① | ② | ③ | ④ |
| | (9) | ① | ② | ③ | ④ |
| | (10) | ① | ② | ③ | ④ |
| | (11) | ① | ② | ③ | ④ |
| | (12) | ① | ② | ③ | ④ |
| | (13) | ① | ② | ③ | ④ |
| | (14) | ① | ② | ③ | ④ |
| | (15) | ① | ② | ③ | ④ |

| 解　答　欄 | | | | |
|---|---|---|---|---|
| 問題番号 | 1 | 2 | 3 | 4 |
| | (16) | ① | ② | ③ | ④ |
| | (17) | ① | ② | ③ | ④ |
| **2** | (18) | ① | ② | ③ | ④ |
| | (19) | ① | ② | ③ | ④ |
| | (20) | ① | ② | ③ | ④ |
| | (21) | ① | ② | ③ | ④ |
| | (22) | ① | ② | ③ | ④ |
| **3** | (23) | ① | ② | ③ | ④ |
| | (24) | ① | ② | ③ | ④ |
| | (25) | ① | ② | ③ | ④ |
| | (26) | ① | ② | ③ | ④ |
| | (27) | ① | ② | ③ | ④ |
| | (28) | ① | ② | ③ | ④ |
| | (29) | ① | ② | ③ | ④ |
| | (30) | ① | ② | ③ | ④ |
| **4** | (31) | ① | ② | ③ | ④ |
| | (32) | ① | ② | ③ | ④ |
| | (33) | ① | ② | ③ | ④ |
| | (34) | ① | ② | ③ | ④ |
| | (35) | ① | ② | ③ | ④ |

| リスニング解答欄 | | | | |
|---|---|---|---|---|
| 問題番号 | 1 | 2 | 3 | 4 |
| | 例題 | ① | ② | ● | |
| | No. 1 | ① | ② | ③ | |
| | No. 2 | ① | ② | ③ | |
| | No. 3 | ① | ② | ③ | |
| 第 | No. 4 | ① | ② | ③ | |
| 1 | No. 5 | ① | ② | ③ | |
| 部 | No. 6 | ① | ② | ③ | |
| | No. 7 | ① | ② | ③ | |
| | No. 8 | ① | ② | ③ | |
| | No. 9 | ① | ② | ③ | |
| | No. 10 | ① | ② | ③ | |
| | No. 11 | ① | ② | ③ | ④ |
| | No. 12 | ① | ② | ③ | ④ |
| | No. 13 | ① | ② | ③ | ④ |
| 第 | No. 14 | ① | ② | ③ | ④ |
| 2 | No. 15 | ① | ② | ③ | ④ |
| 部 | No. 16 | ① | ② | ③ | ④ |
| | No. 17 | ① | ② | ③ | ④ |
| | No. 18 | ① | ② | ③ | ④ |
| | No. 19 | ① | ② | ③ | ④ |
| | No. 20 | ① | ② | ③ | ④ |
| | No. 21 | ① | ② | ③ | ④ |
| | No. 22 | ① | ② | ③ | ④ |
| | No. 23 | ① | ② | ③ | ④ |
| 第 | No. 24 | ① | ② | ③ | ④ |
| 3 | No. 25 | ① | ② | ③ | ④ |
| 部 | No. 26 | ① | ② | ③ | ④ |
| | No. 27 | ① | ② | ③ | ④ |
| | No. 28 | ① | ② | ③ | ④ |
| | No. 29 | ① | ② | ③ | ④ |
| | No. 30 | ① | ② | ③ | ④ |

キリトリ

くり返し解く場合は、コピーをとってご利用ください。

# 英検®4級 解答用紙

## 【注意事項】

①解答にはHBの黒鉛筆（シャープペンシルも可）を使用し、解答を訂正する場合には消しゴムで完全に消してください。

②解答用紙は絶対に汚したり折り曲げたり、所定以外のところへの記入はしないでください。

マーク例

| 良い例 | 悪い例 |
|---|---|
| ● | ◔ ✕ ◑ |

 これ以下の濃さのマークは読めません。

### 解 答 欄

| 問題番号 | | 1 | 2 | 3 | 4 |
|---|---|---|---|---|---|
| 1 | (1) | ① | ② | ③ | ④ |
| | (2) | ① | ② | ③ | ④ |
| | (3) | ① | ② | ③ | ④ |
| | (4) | ① | ② | ③ | ④ |
| | (5) | ① | ② | ③ | ④ |
| | (6) | ① | ② | ③ | ④ |
| | (7) | ① | ② | ③ | ④ |
| | (8) | ① | ② | ③ | ④ |
| | (9) | ① | ② | ③ | ④ |
| | (10) | ① | ② | ③ | ④ |
| | (11) | ① | ② | ③ | ④ |
| | (12) | ① | ② | ③ | ④ |
| | (13) | ① | ② | ③ | ④ |
| | (14) | ① | ② | ③ | ④ |
| | (15) | ① | ② | ③ | ④ |

### 解 答 欄

| 問題番号 | | 1 | 2 | 3 | 4 |
|---|---|---|---|---|---|
| 2 | (16) | ① | ② | ③ | ④ |
| | (17) | ① | ② | ③ | ④ |
| | (18) | ① | ② | ③ | ④ |
| | (19) | ① | ② | ③ | ④ |
| | (20) | ① | ② | ③ | ④ |
| 3 | (21) | ① | ② | ③ | ④ |
| | (22) | ① | ② | ③ | ④ |
| | (23) | ① | ② | ③ | ④ |
| | (24) | ① | ② | ③ | ④ |
| | (25) | ① | ② | ③ | ④ |
| 4 | (26) | ① | ② | ③ | ④ |
| | (27) | ① | ② | ③ | ④ |
| | (28) | ① | ② | ③ | ④ |
| | (29) | ① | ② | ③ | ④ |
| | (30) | ① | ② | ③ | ④ |
| | (31) | ① | ② | ③ | ④ |
| | (32) | ① | ② | ③ | ④ |
| | (33) | ① | ② | ③ | ④ |
| | (34) | ① | ② | ③ | ④ |
| | (35) | ① | ② | ③ | ④ |

### リスニング解答欄

| 問題番号 | | 1 | 2 | 3 | 4 |
|---|---|---|---|---|---|
| | 例題 | ① | ② | ● | |
| 第1部 | No. 1 | ① | ② | ③ | |
| | No. 2 | ① | ② | ③ | |
| | No. 3 | ① | ② | ③ | |
| | No. 4 | ① | ② | ③ | |
| | No. 5 | ① | ② | ③ | |
| | No. 6 | ① | ② | ③ | |
| | No. 7 | ① | ② | ③ | |
| | No. 8 | ① | ② | ③ | |
| | No. 9 | ① | ② | ③ | |
| | No. 10 | ① | ② | ③ | |
| 第2部 | No. 11 | ① | ② | ③ | ④ |
| | No. 12 | ① | ② | ③ | ④ |
| | No. 13 | ① | ② | ③ | ④ |
| | No. 14 | ① | ② | ③ | ④ |
| | No. 15 | ① | ② | ③ | ④ |
| | No. 16 | ① | ② | ③ | ④ |
| | No. 17 | ① | ② | ③ | ④ |
| | No. 18 | ① | ② | ③ | ④ |
| | No. 19 | ① | ② | ③ | ④ |
| | No. 20 | ① | ② | ③ | ④ |
| 第3部 | No. 21 | ① | ② | ③ | ④ |
| | No. 22 | ① | ② | ③ | ④ |
| | No. 23 | ① | ② | ③ | ④ |
| | No. 24 | ① | ② | ③ | ④ |
| | No. 25 | ① | ② | ③ | ④ |
| | No. 26 | ① | ② | ③ | ④ |
| | No. 27 | ① | ② | ③ | ④ |
| | No. 28 | ① | ② | ③ | ④ |
| | No. 29 | ① | ② | ③ | ④ |
| | No. 30 | ① | ② | ③ | ④ |

キ リ ト リ

くり返し解く場合は、コピーをとってご利用ください。

別冊 解答・解説

矢印の方向に引くと切り離せます。